法者，尺寸也，绳墨也，规矩也，
衡石也，斗斛也，角量也，谓之法。

衡石法学文丛

行政协议的
理论与实践

Theory and Practice of
Administrative Agreement

卞修全 ◆ 主编

中国政法大学出版社

2022·北京

图书在版编目（ＣＩＰ）数据

行政协议的理论与实践/卞修全主编. —北京：中国政法大学出版社，2022.6

ISBN 978-7-5764-0599-6

Ⅰ.①行…　Ⅱ.①卞…　Ⅲ.①行政法－研究－中国　Ⅳ.①D922.104

中国版本图书馆CIP数据核字(2022)第134361号

书　名	行政协议的理论与实践 XINGZHENG XIEYI DE LILUN YU SHIJIAN
出版者	中国政法大学出版社
地　址	北京市海淀区西土城路 25 号
邮　箱	fadapress@163.com
网　址	http://www.cuplpress.com (网络实名：中国政法大学出版社)
电　话	010-58908466(第七编辑部) 010-58908334(邮购部)
承　印	北京九州迅驰传媒文化有限公司
开　本	720mm×960mm　1/16
印　张	14.75
字　数	235 千字
版　次	2022 年 6 月第 1 版
印　次	2022 年 6 月第 1 次印刷
定　价	68.00 元

目　录

绪　论

随着习近平新时代社会主义法治思想的不断推进，政府逐渐由传统的权威性角色转型为合作式的法治政府，更加注重对行政权的控制和对民主合法权益的维护与保障，行政主体的行政手段也相应地由高权式的行政命令或行政处罚，转为更加富有弹性的行政行为，于是行政协议[1]得到了更为广泛的适用和蓬勃发展。我国行政协议的适用在行政活动中大量存在，由此也产生了大量的问题，都需要立法、司法与法学研究有所回应。2014年修正的《行政诉讼法》[2]将行政协议作为行政诉讼的受案范围纳入行政法的法律体系之中，但仍未跳脱出行政行为理论的羁绊，只是对行政协议的受案范围、裁判方式进行了简单规定，对于协议的订立、履行、变更、解除等内容，则主要依赖于民事合同的相关规定进行管制，行政诉讼法的司法解释也未能改变这一问题。随着法治化建设的不断推进，行政协议当事人的诉辩也不断迫使法院明确对于行政协议的态度，2019年关于行政协议司法解释的出台是行政协议司法实践发展的必然结果，也是司法机关对行政协议诉讼的较为全面的回应。但对于行政协议的缔结、履行、变更、解除等全过程仍缺少系统的全面的体系化理论研究，这还远不能满足立法以及时间的需要。"法院对于行政合同的认识，并非立法的体现，而是寻求学说支持的结果。"[3]我国关于行政协议的理论研究还有很长的路要走。

---

[1]　"行政协议"的名称之争在我国的行政法学界由来已久，这部分内容会在随后的章节予以具体讨论，为保持全书的一致性，以及与我国目前的法律规定相一致，笔者将统一沿用"行政协议"进行相关的理论分析和探讨。

[2]　为表述方便，本书中涉及的我国法律、法规直接使用简称，省去"中华人民共和国"字样，例如《中华人民共和国行政诉讼法》简称为《行政诉讼法》，全书统一，不再赘述。

[3]　叶必丰：《行政行为原理》，商务印书馆2019年版，第443页。

一、问题缘起：行政协议在我国行政法学研究中的勃兴

行政协议的产生和发展同世界范围内民主思潮的激荡，福利国家、给付行政等新型理论的出现相呼应。新时代政府的行政职能不再局限在 19 世纪的保护国家安全和独立，维护社会秩序，以及确保财政收入等消极秩序行政作用之中，而是不断地向环境保护、经济、地域空间等秩序行政方面，以及社会服务、社会保障与资金救助等给付行政方面扩展。除了受域外行政法学的新理念影响，我国行政协议理论研究的勃兴，也与改革开放以来，经济体制由计划经济向市场经济接轨而引发的政府职能和管理手段的变化密切相关。[1] 在党的十三大报告中，第一次明确提到："无论实行哪种经营责任制，都要运用法律手段，以契约形式确定国家与企业之间、企业所有者与企业经营者之间的责权利关系。"随着我国法治政府建设，以及国家治理现代化、体系化向行政管理领域的不断渗透，行政协议的签订履行对人们的日常生活的影响不容忽视。行政协议在我国最初的形式是在农业改革中，一直以来为人们长时间称道的土地承包责任制，以及在工业改革中出现的国有土地承包责任制都是其典型的适用范例。随后，无论是在 1992 年政府在重要物资管理中实行的国家订货方式取代指令性的计划管理，还是在国有资产方面，上海市人民政府施行的与企业签订授权经营合同以盘活房地产存量的政策，都取得了相应的成功，[2] 许多行政管理领域——例如城市建设拆迁补偿、市政工程建设、国有企业租赁承包经营等领域，也开始出现了各式各样"责任书"的签订，以及其他形式的行政协议类型。

（一）行政协议在实践中的广泛应用

近年来，随着我国行政管理领域的不断扩大、民主和法制的不断进步、

---

〔1〕 应松年主编：《行政行为法　中国行政法制建设的理论与实践》，人民出版社 1993 年版，第 594 页。

〔2〕 余凌云：《行政契约论》，中国人民大学出版社 2006 年版，第 3 页。涉及的政府文件为国家计委 1992 年 10 月 28 日印发的《关于对部分生产资料实行国家订货的暂行管理办法（草案）》和《一九九三年对部分生产资料实行国家订货的具体实施办法》等文件；朱剑红："上海盘活国有房地产存量试点开始　十四家企业与政府部门签订授权经营合同"，载《人民日报》1996 年 4 月 16 日，第 2 版。

市场经济的不断深入，以及十九大以来习近平新时代社会主义法治思想的确立，和法治政府理念的不断深化，政府职能逐步实现了由权力型向服务型政府的转变，行政协议集"权力因素和契约精神于一体"，[1]以其独有的平等、诚信的特点，以及体现的公平、合意等民主精神，越来越受到了行政主体和行政相对人的青睐。在招商引资、建设发展地方经济时，行政协议就是地方行政机关最经常使用的方式。以山东省梁山县人民政府为开发本地区的旅游业签订的《水泊梁山风景名胜区开发经营协议书》为例，该经营协议书规定由某公司负责景区的开发经营，同时规定，在协议期限内公司可以享有景区经营期间的受益权，这就是行政协议的一种较为广泛的适用形式。除了民事范畴内的事务，在行政管理事务中，行政机关也改变了单一的权力行政模式，采取平等协商的行政协议来加强执法，如"执法目标责任书"的签订，还有治安管理处罚中的"担保协议""夜间摊贩治安责任书""消防安全责任书"等。在全国"扫黄打非"工作中，工作小组就联合制发了《关于开展"保护知识产权，反盗版天天行动"进一步净化出版物市场的通知》，在通知中对图书出版、印刷，以及发行的年检登记等工作进行了重点强调，并提出相关行政机关主管部门，要同音像、书刊以及计算机软件等集中经营场所主办单位、经营者签订"承诺书"，这也属于行政协议的最初适用范畴。

现如今我国行政协议更是种类繁多，形态各异，各类行政协议已经逐步渗透到各个行政管理领域。有些行政管理色彩较重，如征收协议，这类协议主要是行政主体为了实现社会公共利益，强制征收相对人财产的一类协议；有些行政协议行政色彩明显较弱，如公益捐赠合同，将组织或个人捐献的特定物品用于特定的公益事业，如修建学校、医院，建立老人福利院或用于希望工程等而签订的协议，这类行政协议就有着明显的民事色彩。但无论是何种方式签订的行政协议，行政协议凸显的合作精神，都能够更大程度上体现行政机关与行政相对人的合意，更有利于行政机关体察民情，吸收听取人民群众的意见和需求，更好地为人民服务、还政于民。除此之外，行政协议作为一种管理手段，它的广泛适用也体现了政府权力一直在努力寻求与公民权

---

[1]　姜明安："新世纪行政法发展的走向"，载《中国法学》2002 年第 1 期。

利相互碰撞又彼此共存的最佳边界，实现公共利益和个人权益保障的双向共赢，这都是传统的行政手段不具备的功能，从而受到了行政主体的青睐。

（二）行政协议广泛应用引发的理论需求与立法需求

与此同时，伴随着行政协议的蓬勃发展和广泛使用，行政主体与相对人在行政协议的运行过程中，也会因行政协议的签订、履行、变更、撤销、情势变更等问题发生各种纠纷。从司法实践来看，行政协议的形态各异，纠纷的诉求也千差万别，行政机关与相对人之间的争议不断出现，不仅存在着民事、行政性质的交叉，行政法律法规、政策、措施的频繁变动也与公民权益不断发生碰撞，有关行政协议的纠纷和诉诸法院的案件不断增长。通过在中国裁判文书网中以"行政协议"为关键词进行检索，2015 年相关案件为1142 件，2016 年增长至 4852 件，同比增长了 3.2 倍；2017 年增至 7827 件，比 2016 年增长了 61%；2018 年达到了 11 864 件，比 2017 年增长了 52%；2019 年达到了 15 184 件，比 2018 年增长了 28%；2020 年达到了 18 198 件，此时已接近 2015 年案件的 16 倍。[1] 这仅仅是通过法院司法救济的案件数额，还不包括申请复议、内部裁决的案件纠纷，甚至还有这些救济渠道都没能处理的相关案件。

梳理这些行政协议的相关案件，可以发现，由于法律体系的不完善和相关理论构建的争议，司法实践中存在着很多由于理论研究的不足而产生的问题，它们分散于行政协议的缔结、变更、解除、司法审查等各个流程中，贯穿于协议订立的全程，笔者将以行政协议中识别标准的混乱和效力认定的困难两个较为突出的问题为例，来说明目前行政协议的理论基础的不足和行政协议管制对于立法的迫切的现实需求。

1. 行政协议的识别——以国有土地使用权出让合同为例

2014 年《行政诉讼法》改革将"政府特许经营协议""土地房屋征收补偿协议"明确规定在了法条中，但由于缺乏对行政协议概念的具体描述，仅

---

〔1〕 通过在中国裁判文书网中以"行政协议"为关键词对行政案件进行检索，检索网址为"https://wenshu.court.gov.cn/website/wenshu/181217BMTKHNT2W0/index.html？pageId＝f8647de3d79daec8ac1233f29ef4ced5&s21＝行政协议"，最后检索时间为 2022 年 1 月 19 日，由于 2021 年案件数据不完整，因此主要是对 2014 年将行政协议纳入行政诉讼受案范围之后，至 2020 年之间的案件数据进行分析。

在最高人民法院 2015 年的《关于适用〈中华人民共和国行政诉讼法〉若干问题的解释》（以下简称《过渡解释》）中对行政协议的概念作出了界定，即"行政机关为实现公共利益或者行政管理目标，在法定职责范围内，与公民、法人或者其他组织协商订立的具有行政法上权利义务内容的协议，属于行政诉讼法第十二条第一款第十一项规定的行政协议"，但 2018 年新司法解释的公布并未对行政协议的相关内容予以进一步规定和确认。因此，对于国有土地使用权出让合同属于行政协议还是民事合同的性质之争，在学术界和实务界还存在着争议没有解决。

在 2014 年公布的指导案例"萍乡市某房地产开发有限公司诉萍乡市国土资源局不履行行政协议案"[1]中，萍乡市土地收购储备中心在 2004 年受萍乡市肉类联合加工厂委托，经被告萍乡市国土资源局批准，在《萍乡日报》上刊登了国有土地使用权公开挂牌出让公告，萍乡市某房地产开发有限公司于 2006 年 2 月 12 日以投标竞拍方式并以 768 万元取得了该国有土地使用权，并于 2006 年 2 月 21 日与被告萍乡市国土资源局签订了《国有土地使用权出让合同》。在该案中，就对该合同的性质认定发生了争议，江西省萍乡市中级人民法院生效裁判认为："行政协议是行政机关为实现公共利益或者行政管理目标，在法定职责范围内与公民、法人或者其他组织协商订立的具有行政法上权利义务内容的协议，本案行政协议即是萍乡市国土资源局代表国家与某公司签订的国有土地使用权出让合同。行政协议强调诚实信用、平等自愿，一经签订，各方当事人必须严格遵守，行政机关无正当理由不得在约定之外附加另一方当事人义务或单方变更解除。"该案作为指导案例予以公布，在某种程度上是将国有土地使用权合同纳入了行政协议的范畴。

但在 2018 年"南京某酒店管理有限公司诉南京市国土资源局江宁分局案"[2]中，法院却采取了另外的识别路径。在该案中，南京市国土资源局江宁分局与某地铁集团有限公司签订了国有建设用地使用权出让合同，南京市中级人民法院在二审行政裁定书中表明："公民、法人或者其他组织提起行政诉讼，应当符合行政诉讼法规定的起诉条件。根据《最高人民法院关于

---

〔1〕　萍乡市中级人民法院（2014）萍行终字第 10 号行政判决书。
〔2〕　南京市中级人民法院（2018）苏 01 行终 545 号行政裁定书。

审理涉及国有土地使用权合同纠纷案件适用法律问题的解释》，该司法解释自 2005 年 8 月 1 日起施行，现行有效。该司法解释第 1 条规定的土地使用权出让合同，是指市、县人民政府土地管理部门作为出让方将国有土地使用权在一定年限内让与受让方，受让方支付土地使用权出让金的协议。因此，根据上述规定，国有土地使用权出让合同纠纷属于民事诉讼，不属于行政诉讼受案范围。上诉人提出国有土地使用权出让合同属于可诉的行政行为的主张，本院不予支持。"

上述两个案例表明，同样是在《行政诉讼法》开始施行之后法院进行审理的土地使用权出让合同纠纷，但江西省萍乡市中级人民法院将其定性为行政协议，而南京市中级人民法院将其定性为民事合同，对是否为行政协议的认定标准不同，产生了完全不同的判决结果，对当事人的权益产生了很大的影响，也不利于行政协议的长期发展。其实，"从 2014 年《行政诉讼法》修正生效至 2018 年 7 月，最高人民法院行政庭已经识别出下述各类无名行政协议：土地收储协议、国有土地使用权出让协议、自然资源开发协议、息诉息访协议、政府工程采购协议、教育委托培养协议、师范生免费教育协议、律师代理协议、购房安置协议、招商投资协议、和解协议、移民安置补偿协议、环保监督补偿协议、行政强制执行协议、行政合作协议"。[1]但是，这些协议的识别都是仅仅在个案中予以认定，始终不能作为法官在司法审查中的法律依据和判断标准，如果想真正解决行政协议在实践当中的判定问题，应当仔细分析实践当中认定行政协议的理由阐释，以发掘背后一以贯之的规律，在现实需要和现有理论的基础上，构建具有普适性的识别标准。

2. 行政协议的效力认定

除了识别标准混乱引发的问题，行政协议效力的司法审查标准也没有得到统一，在"孔某国诉安顺市人民政府案"[2]中，贵州省高级人民法院在

---

[1] 可依次参见：(2016) 最高法行申 947 号、(2017) 最高法行申 4623 号、(2016) 最高法行申 367 号、(2016) 最高法行申 2513 号、(2016) 最高法行申 4750 号、(2016) 最高法行申 5143 号、(2016) 最高法行申 1991 号、(2016) 最高法行申 2247 号、(2017) 最高法行申 3876 号、(2017) 最高法行申 3564 号、(2017) 最高法行申 8386 号、(2017) 最高法行申 6842 号、(2017) 最高法行申 195 号、(2017) 最高法行申 4285 号、(2017) 最高法行申 4783 号。转引自陈天昊："行政协议的识别与边界"，载《中国法学（文摘）》2019 年第 1 期。

[2] 贵州省高级人民法院（2017）黔行终 1528 号行政判决书。

对孔某国与开发区管委会签订的《房屋拆迁安置补偿协议》效力认定的过程中，以民事法律规范作为协议效力的认定标准。"依据《行政诉讼法》司法解释第 14 条的规定，人民法院审查行政机关是否依法履行、按照约定履行协议或者单方变更、解除协议是否合法，在适用行政法律规范的同时，可以适用不违反行政法和行政诉讼法强制性规定的民事法律规范。本案对行政协议效力的认定，可以适用民事法律规范。依据《民法通则》第 58 条第 1 款第 3 项的规定，一方以欺诈、胁迫的手段或者乘人之危，使对方在违背真实意思情况下所为的民事行为无效。又依据《合同法》第 54 条第 2 款的规定，一方以欺诈、胁迫的手段或者乘人之危，使对方在违背真实意思的情况下订立的合同，受损害方有权请求人民法院变更或者撤销。……因此，在本案中，开发区管委会在签订行政协议时是否存在欺诈、胁迫手段或是乘人之危的情形是确定该行政协议效力的关键。"可以看出，法院主要依照民事规范作为判定该行政协议有效的法律依据。这并不是个例，在"牛某民等 165 人诉陕西省商洛市国土资源局行政协议案"中，最高人民法院指出："本案中被诉征地协议虽存在征地协议文本不规范、社区负责人代替所划分的工作组代表人在协议附件签名及补偿费用未及时支付等瑕疵，但该协议系根据商洛市人民政府审批同意并依法公告的《西街片区旧城改造项目土地征收补偿实施方案》签订，协议内容并未违反法律、行政法规的效力性强制性规定，且不存在欺诈、胁迫、恶意串通、损害国家、集体、社会公共利益等情形。"[1]最终判定该行政协议有效。

但在"朱某莉与明光市人民政府拆迁行政协议案"[2]中，滁州市中级人民法院将行政协议是否有效的司法审查重点放在了行政行为的程序是否合法上，"根据《土地管理法实施条例》第 25 条规定，征收土地方案被批准后，方可由市、县人民政府组织实施，并要在被征收土地所在地的乡（镇）、村公告征收土地的用途、范围等，土地行政主管部门拟订征地补偿、安置方案，在被征收土地所在地的乡（镇）、村予以公告，并听取集体经济组织和农民的意见，征地补偿方案经市、县人民政府批准后，由土地行政主管部门

---

〔1〕　最高人民法院（2016）最高法行申 3468 号行政裁定书。
〔2〕　滁州市中级人民法院（2015）滁行初字第 00008 号行政判决书。

组织实施。……明光市人民政府违反上述规定的程序，在征收土地申报未被批复前即组织实施征收土地行为，且在原告未提供有效权属证明的情况下，与其签订补偿安置协议，该补偿安置协议在签订时缺乏依据且违反法律程序，应确认无效"。在该案中，法院依据行政协议违反行政行为的效力标准而认定为无效。

而在"笪某友诉马鞍山市花山区土地和房屋征收事务管理局案"[1]中，人民法院裁判依据表明行政协议属于行政行为的一种，对行政协议效力的判断应当适用《行政诉讼法》关于无效行政行为的规定。按照《行政诉讼法》第 75 条规定："行政行为有实施主体不具有行政主体资格或者没有依据等重大且明显违法情形，原告申请确认行政行为无效的，人民法院判决确认无效。……行政协议区别于一般的行政行为，兼具行政与合同的双重特征，对行政协议效力的判断可以适用相关民事法律规范的规定。"即马鞍山市中级人民法院对行政协议的效力进行认定时，采取了行政行为的效力与民事合同效力的双重认定标准。

"对行政协议的无效标准的确定，需要在依法律行政原则与契约严守原理、法律优位与法安定性、信赖保护原则之间不断进行价值衡量。"[2]"正是由于公法和私法元素并存于行政协议中，其差异的价值导向和构造模式，造成行政协议适用规则的冲突，与此同时，这种冲突也提供了公私法规则，在行政协议的场域中得以寻找共存的可能性。"[3]可以看出，单纯的适用民事合同的有关规范，还是仅仅依靠行政法的程序规则，显然都无法解决行政协议的效力问题。随着行政协议的适用空间不断向公共行政管理职能扩张，我国以单方行政行为中心构建的行政法体系，对其现有的行政协议规制内容显然无法满足现实需求，虽然对"重大且明显"、行政强制法等进行解释可以在一定程度上解决目前的司法实践案件，但这显然不是长久之计。

由此以来，针对行政协议的适用问题，加之行政程序法的立法缺失，行政协议的纠纷形态千差万别，我国目前仍然缺乏一套完备的制度体系对行政

---

〔1〕 马鞍山市中级人民法院（2019）皖 05 行终 29 号行政判决书。

〔2〕 王贵松："行政协议无效的认定"，载《北京航空航天大学学报（社会科学版）》2018 年第 5 期。

〔3〕 王敬波："司法认定无效行政协议的标准"，载《中国法学》2019 年第 3 期。

协议的制定、认定、执行和司法救济进行规制。学界对其的探讨也不够深入和具体，没有形成行政协议及其救济制度的完整理论体系，尤其是在救济模式和司法审查等方面，缺乏明确的操作流程，对于侧重保护公益还是私益上态度不够明朗，致使行政协议的救济渠道不畅，使得相对人的合法权益难以得到有效的保护，这又反过来制约了行政协议本身的发展。因此，在我国法治政府的建设进程中，对行政协议进行周延而有效的管理机制已经是势在必行的课题。

二、名称变革：从行政契约、行政合同到行政协议的确认

在 2014 年《行政诉讼法》采用"行政协议"一词进行法律意义上的规范之前，学界对其的表述就有行政契约、行政合同、政府合同、机关合同、行政协议等多种表达方式，但立法者最终采用了"行政协议"一词，其背后的原因和理论倾向值得关注和思考，这也将在本节内容中进行详细阐述。实际上，无论是哪一种理论学说，学者们对行政协议的具体内涵和看法都有着细微的差别或者是理论构建体系上的不同。

（一）"行政契约"概念的由来

不同于"行政合同""行政协议"在相关文献和官方文件中频繁出现，"行政契约"一词在实务界几乎没有使用的实例，但在理论研究中，"行政契约"受到了学者们的偏爱。

相对于其他概念，"行政契约"的概念更多是来自于德国、日本等国家及地区的相关规定，在著述中有时也与"公法契约"相混用，但由于要与宪法性质的公法契约相区别，目前"公法契约"逐渐被放弃。[1]以德国的规定为例，出于行政管理的实务需要，在理论存在争议的情况下，就对行政契约进行了专门规定。[2]在德国行政法上，行政主体以起源于警察国家时代并为现代行政法所改造的"国库理论"为理论依据，以私法主体资格，为达成国家任务而订立私法上的契约，甚至直接用司法手段达到行政目的。这种契

---

〔1〕　吴庚：《行政法之理论与实用》，中国人民大学出版社 2005 年版，第 361 页及注释①。

〔2〕　翁岳生："论西德一九六三年行政手续法草案——行政法法典化之新趋势"，载翁岳生：《行政法与现代法治国家》，台湾大学法学丛书编辑委员会 1990 年版，第 221 页。

约受到公法上的制约，但其法律关系仍属于司法关系，受普通法院管辖。[1]
为了与普通法院管辖的司法案件相区别，德国行政法规定的行政契约应当是
以行政法律关系作为契约标的，是行政法上权利义务的产生、消灭和变更，
以"契约标的"理论[2]为基础的行政法上的法律关系变更就属于德国学说
和判例中的行政契约，完全使用公法，并受到行政法院管辖。而日本传统的
行政法学说是将行政法上的契约划分为公法契约和私法契约，日本早期对于
行政契约的界定受到德国法上公法概念的影响，在判例中认定的概率很小，
这种观点自然也受到了日本现代行政法的批判，认为应当借鉴法国的法的利
益论（公务理论），将未达到行政目的而订立的私法契约也纳入行政法研究
中来，将行政主体未达到行政目的而缔结的契约统称为行政契约。[3]因此，
无论是在公共设施与公共企业方面，还是财政补助等财产的取得上，日本的
行政主体都积极地采用行政契约的手段进行管理。

我国的部分行政法学者则将行政主体之间、行政主体与行政相对人之间
达成的合意统一到一个概念里，即行政契约或公法上契约。如我国台湾地区
行政法学者林纪东先生，他将行政主体之间和行政主体与行政相对人之间达
成的合意称为公法上契约，并将其纳入"行政作用法"理论体系的研究规
范，也就是说林纪东先生认为"该合意为行政机关之公法上行为焉"。他认
为："公法上契约，谓以发生公法上效果为目的，由复数之当事人间，反对
方向意思之合致，而成立之公法行为也。亦称为公法契约，或行政契约。"
他还进一步将公法上契约分为对等关系之契约与不对等关系之契约："成立
于公共团体相互间之对等关系者"，谓之对等关系之契约；"成立于国家或公
共团体，与人民相互间之不对等关系者"，谓之不对等关系之契约。[4]

随着行政契约理论的深入发展和实践上的广泛应用，以及受到"合同"
和"契约"两者概念在日常生活以及民事法律关系中的频繁交替使用的影
响，我国大陆地区学者对行政合同与行政契约的同质性达成了一定的共识，

---

[1] 余凌云：《行政契约论》，中国人民大学出版社 2006 年版，第 22 页及注释②。

[2] Cf. Mahendra P. Singh, *German Administrative Law: in Common Law Perspective*, Springer-Verlag Berlin Heidelberg, 1985, p50.

[3] [日] 石井昇：《行政契约的理论和程序》，弘文堂 1988 年版，第 1~7 页。

[4] 林纪东：《行政法》，三民书局 1983 年版，第 355~357 页。

如罗豪才、应松年、陈光中等学者都不同程度上在其著作中表达了"行政契约"与"行政合同"在内涵和外延上一致性的观点，学者余凌云也在《行政契约论》中提及之所以采用"行政契约"的名称纯属个人偏好，在使用上是与"行政合同"具有相同意义的。因此，目前在我国的具体语境中，"行政契约"的使用越来越偏向于学者的个人偏向和学术界纯粹理论构建意义上的探讨，而在官方规范性文件以及行政法学教科书中使用更为频繁的是"行政协议"以及"行政合同"。

（二）"行政合同"的大量使用

在2014年《行政诉讼法》修正以前，"行政合同"的使用是最为频繁和官方的，2004年国务院出台的《全面推进依法行政实施纲要》就明确使用了"行政合同"的概念，其后我国地方行政程序法也不断对其进行了沿用，如2008年《湖南省行政程序规定》首次以专门一节的形式对行政合同的程序进行了规定，随后相继出台的《江苏省行政程序规定》《兰州市行政程序规定》都采取了这种形式，如《江苏省行政程序规定》第77条第1款规定，"本规定所称行政合同，是指行政机关为了维护公共利益，实现行政管理目的，与公民、法人和其他组织之间，经双方意思表示一致达成的协议。"还有部分省市采取了专门的行政机关合同管理办法、政府合同管理规定的其他形式。

实际上我国行政合同的概念同行政契约一样，是一个"舶来品"，由于"行政合同"的舶来品性质，它在我国行政法体系中的确认和理论研究经过了学者们不懈的努力。一直以来，法学界就对行政合同是否应当在合同法中占据一席之地进行了广泛的探讨和争论。由于我国并非判例法传统，而且以英国为鉴，虽然在原则上未确立行政合同的理论，但在实践上又要承认与民事合同的不同，使得操作过于繁琐，显然不如法国的相关制度适合我国的国情。以行政合同制度最具典型的法国为例，法国的行政机关主要可以签订两类合同：一是民事合同这种私法上的合同，二是行政法上的合同，又被称为公法合同。行政机关适用的事项有时由法律进行规定，例如公共工程的承包，但在绝大部分情况下是行政主体根据自行的需要和实际情况决定合同的性质。[1]同样的，不同的合同性质，它们在缔结程序和履行方式上都有着很

---

〔1〕　王名扬：《法国行政法》，北京大学出版社2016年版，第143～147页。

大的限制和差别，以此构成法国较为完备的行政合同体系。

早期很多行政法学者都赞同将行政合同作为一种特殊形式规定在《合同法》之中，[1]但这引起了民法学界的激烈反对，甚至对行政合同的含义和存在本身提出了质疑，如王利明、梁慧星等学者提出："行政合同究竟如何定义，其规范的对象是什么。恐怕仍是个值得探讨的问题。即使存在行政合同，是否要由合同法调整，亦不无疑问。"[2]"什么是行政合同，中国现实中有没有行政合同，哪些属于行政合同？这些问题当然有深入探讨的必要，……如果说有所谓行政合同的话，只能存在于行政权力使用领域，属于行政法律关系……"。[3]由于种种原因，《合同法》最后也未能将行政合同纳入其法律范畴，是法学界的一个遗憾，但是这段时间的争论和探讨使得行政合同的概念更加深入人心，对它的研究和学术探讨也有了明显的增加，同时，这也为行政合同研究的体系化、系统化提供了时机，使行政法学者们有时间进行更充分的理论准备和实践探索，为以后的立法提供更加完备的经验。

（三）"行政协议"的法律确认

行政协议在我国最初起源于区域经济一体化背景，国内一些学者最开始用"行政协议"一词来概括跨行政区域之间订立的合作协议。叶必丰教授在对长三角经济一体化的法制协调问题中提到"区域政府间的联席会议制度应当以所缔结的协议来定位"。[4]应松年教授也有过类似表述，认为此时的行政协议与普遍意义上行政合同的定义相剥离，更"类似于美国的州际协定的一种行政主体间的协议，该协议用于行政主体之间达成一种平等互助的合作关系"。[5]有的学者[6]则从实践的角度出发，将通常意义上所讲的行政协

---

〔1〕 应松年："行政合同不可忽视"，载《法制日报》1997年6月9日，第1版；刘莘："行政合同刍议"，载《中国法学》1995年第5期。

〔2〕 王利明："合同的概念与合同法的规范对象"，载《法学前沿》编辑委员会编：《法学前沿》（第二辑），法律出版社1998年版，第6页。

〔3〕 梁慧星："讨论合同法草案征求意见稿专家会议上的争论"，载《法学前沿》编辑委员会编：《法学前沿》（第二辑），法律出版社1998年版，第5页。

〔4〕 叶必丰："长三角经济一体化背景下的法制协调"，载《上海交通大学学报（哲学社会科学版）》2004年第6期。

〔5〕 应松年主编：《外国行政程序法汇编》，中国法制出版社1999年版，第151页。

〔6〕 熊文钊、郑毅："试述区域性行政协议的理论定位及其软法性特征"，载《广西大学学报（哲学社会科学版）》2011年第4期。

议定义为"在区域经济一体化的大前提下，政府为了顺应经济发展的趋势，不同的区域之间就协调行政目标，缓解地方政府之间权力对抗，简化政府间办事规章冲突等问题进行协调商议一致，从而签订一系列的合作合同的总称"。

　　但在修正《行政诉讼法》的过程中，为了凸显行政协议区别于民事合同的特殊性，立法未采纳"行政合同"的概念，而是选择以"行政协议"一词进行规定，随后 2015 年《过渡解释》于第 11 条第 1 款对行政协议进行了定义，行政协议是指"行政机关为实现公共利益或者行政管理目标，在法定职责范围内，与公民、法人或者其他组织协商订立的具有行政法上权利义务内容的协议"。这种名称上的变化，以及立法的偏好选择，其实与一直以来上文所述的民法学界与行政法学界的争论有着很大的关系，"考虑到《合同法》明确规定的'合同'未包括行政合同，为了避免不必要的争议，用了'协议'这个词"。[1]因此，《行政诉讼法》在立法过程中，考虑到法律的位阶以及法律的统一性问题，回避了行政合同的概念而采用了行政协议的表述，在理论意义上，行政协议实质就是行政合同。

　　值得注意的是，"行政协议"的名称在此之前之所以未得到学界的广泛应用，主要是因为虽然"协议"与"合同"在实践中的适用基本是重合的，但是"协议"更多饱含着国家、政党间的政治协定的意味，相对而言，"合同"显得更为平等和非权力性。因此，2014 年《行政诉讼法》出台前，行政协议在理论研究时，往往被狭义理解为行政机关之间的协议。例如有学者在早期行政协议的相关论文中写道："在应松年、姜明安、马怀德三位教授拟定的三个《行政程序法》试拟稿中，关于行政合同的界定除应松年教授版外采用的都是狭义的行政合同概念。即使在应松年教授版本的《行政程序法》中，行政合同在外延上包含行政协议，但是在行政合同的适用领域、适用规则等方面几乎看不见有行政协议的相关规定。至今，学界只有少数学者对行政协议进行了一定的研究，但是未全面、系统地研究行政协议，对行政

---

〔1〕　江必新、邵长茂：《最高人民法院关于适用〈中华人民共和国行政诉讼法〉若干问题的解释辅导读本》，中国法制出版社 2015 年版，第 105 页。

协议的概念、性质、范畴等一系列问题尚缺乏足够的认识。"〔1〕这种现象普遍存在，许多行政法学者此前在对行政协议与行政合同辨析之时，经常提到"行政协议与行政合同之间也存在明显差异：一是前者签订双方都是行政主体，而后者签订双方是行政主体与行政相对人；二是前者涉及的是有关促进区域政府的合作，而后者并不涉及此方面，所以前者在主体的资格认定、协议的内容、法律责任的承担等方面都不同于行政合同"。〔2〕2014 年《行政诉讼法》第 12 条及《过渡解释》规定了政府特许经营协议，以及土地房屋征收补偿协议属于行政协议的类型，并对行政协议的概念进行了明确的界定，从而将"行政协议"这一名称以立法的形式确认下来。因此，我国现行的法律规定打破了以往的以行政合同为主要称谓的理论体系，并对行政协议的理解进行了扩张，使之与行政合同的概念适用不断趋于一致，但由于理论观点的承继性和地方行政程序法仍普遍采用行政合同的现状，以及对概念辨析上的不够明晰，造成了使用上的混乱，许多学者在理论研究中仍使用行政合同的表述。笔者考虑到法律的位阶问题和实践操作中的趋向，为保证学术观点与法律规定的一致性，将在本书中统一适用"行政协议"进行理论探讨和表达，但在对此前的理论成果进行引用和阐述时，则尊重原作者的语言表达和写作习惯。

（四）聚焦"行政协议"的新司法解释

2019 年《最高人民法院关于审理行政协议案件若干问题的规定》（以下简称新司法解释）对行政协议的受案范围、诉讼主体资格的确定，以及管辖方式的确定都有了进一步的细化规定。这是自 2014 年《行政诉讼法》正式将行政协议纳入行政诉讼的受案范围以来，首次聚焦行政协议案件的主要问题，针对司法实践中出现的问题以及需求，考虑到行政协议案件相对于一般行政案件审理规则的特殊性，制定了较为详细和科学的司法解释。

行政协议新司法解释的制定过程并非一蹴而就。2014 年《行政诉讼法》

〔1〕 黄学贤、廖振权："行政协议法治化若干问题探讨"，载中国法学会行政法学研究会编：《中国法学会行政法学研究会 2008 年年会论文集（下册）》，中国法学会 2008 年版，第 269~275 页。

〔2〕 何渊：《区域性行政协议研究》，法律出版社 2009 年版，第 33 页。

的初步规定,[1]仅仅将行政协议纳入行政诉讼的受案范围,并明确规定了行政协议案件的裁判方式。随后,2015年制定的《过渡解释》在受案范围、诉讼请求以及行政协议的确定、诉讼时效、管辖等6个条文中进行了简单规定。由于《过渡解释》是为了配合新出台的《行政诉讼法》制定的,远远不能满足行政协议在行政管理活动中的实际需求,对于行政协议兼具"行政性"和"协议性"的特别属性,如何实现行政协议在依法治国理念下的合理运行,是立法机关、司法机关以及行政法学者们都热切关注的命题。

2016年《中共中央、国务院关于完善产权保护制度依法保护产权的意见》[2]突出强调了"完善政府守信践诺机制","……认真履行在招商引资、政府与社会资本合作等活动中与投资主体依法签订的各类合同,不得以政府换届、领导人员更替等理由违约毁约……因国家利益、公共利益或者其他法定事由需要改变政府承诺和合同约定的,要严格依照法定权限和程序进行……",该意见将行政协议的履行作为政府诚信建设的重点内容,严格了行政机关优益权的行使,使行政协议的立法必要性进一步凸显出来。同年,人民法院也正式启动了行政协议司法解释的起草工作,并开展了针对行政协议内容的多形式、多层次的立法调研活动,在广泛沟通和采纳意见的基础上讨论通过了

---

〔1〕 2014年《行政诉讼法》第12条第1款:"人民法院受理公民、法人或者其他组织提起的下列诉讼:……（十一）认为行政机关不依法履行、未按照约定履行或者违法变更、解除政府特许经营协议、土地房屋征收补偿协议等协议的;……"以及第78条:"被告不依法履行、未按照约定履行或者违法变更、解除本法第十二条第一款第十一项规定的协议的,人民法院判决被告承担继续履行、采取补救措施或者赔偿损失等责任。被告变更、解除本法第十二条第一款第十一项规定的协议合法,但未依法给予补偿的,人民法院判决给予补偿。"（2017年《行政诉讼法》修正时未变动）

〔2〕 2016年《中共中央、国务院关于完善产权保护制度依法保护产权的意见》第七条关于完善政府守信践诺机制中对行政协议进行了特别强调:"大力推进法治政府和政务诚信建设,地方各级政府及有关部门要严格兑现向社会及行政相对人依法作出的政策承诺,认真履行在招商引资、政府与社会资本合作等活动中与投资主体依法签订的各类合同,不得以政府换届、领导人员更替等理由违约毁约,因违约毁约侵犯合法权益的,要承担法律和经济责任。因国家利益、公共利益或者其他法定事由需要改变政府承诺和合同约定的,要严格依照法定权限和程序进行,并对企业和投资人因此而受到的财产损失依法予以补偿。对因政府违约等导致企业和公民财产权受到损害等情形,进一步完善赔偿、投诉和救济机制,畅通投诉和救济渠道。将政务履约和守信服务纳入政府绩效评价体系,建立政务失信记录,建立健全政府失信责任追究制度及责任倒查机制,加大对政务失信行为惩戒力度。"

2019 年行政诉讼的新司法解释。新司法解释明确了行政协议的定义和范围；在行政诉讼中首创了约定管辖的管辖方式，在诉讼管辖的选择上保障当事人的合法权益，在行政诉讼的审理和裁判规则上，针对行政协议的特殊性，对举证责任、起诉期限、法律适用以及当事人的抗辩权都进行了专门规定。

　　1. 对保障协议当事人合法权益的高度关注

　　行政协议新司法解释在内容的变动上，第 1 条就从主体、目的、内容以及意思要素四个方面对行政协议进行了规定，明确了行政协议的一方当事人必须是行政机关；行政协议的订立目的必须是实现行政管理或者公共服务目标；行政协议双方应协商形成在行政法上的权利义务内容；以及行政协议应满足双方当事人一致的意思表示。

　　除此之外，新司法解释在《行政诉讼法》规定的政府特许经营协议、土地房屋征收补偿协议两种行政协议之外，对符合上述四要素要求的其他协议类型进行了列举，[1]针对国有自然资源行政机关的履行难以监管，以及权力寻租的社会乱象，明确了矿业权出让协议等国有自然资源使用权出让协议；针对保障性住房协议中，低收入群体的合法性权益保障问题，将政府投资的保障性住房的租赁、买卖等协议也明确规定到了行政协议的种类中；对政府与社会资本合作协议的规定，也对我国推动实现平等保护产权、努力营造公平的竞争环境、切实保障民营企业和社会资本合作方的合法权益起到了重要作用。除此之外，对行政机关之间的公务协助，以及行政机关与工作人员订立的劳动人事协议也进行了排除性规定。

　　行政协议新司法解释在管辖方式的选择上，新增了关于行政协议约定管辖的规定，这是原行政诉讼管辖中没有的内容，通过对被告所在地、原告所在地、协议履行地等与争议有实际联系地点的约定管辖，使协议的双方合意性原则与行政机关合理行政、高效便民等原则在最大程度上得到协调，更加有助于转变政府职能，是不断推进法治政府和服务型政府建设，保障当事人合法权益的有力体现。

---

　　〔1〕 行政协议新司法解释列举出的行政协议的形式有：政府特许经营协议；土地、房屋等征收征用补偿协议；矿业权等国有自然资源使用权出让协议；政府投资的保障性住房的租赁、买卖等协议；以及符合本规定第 1 条的政府与社会资本合作协议。

2. 行政协议新司法解释突出与民事合同的区别

行政协议新司法解释在诉讼主体资格的规定上，明确了当事人的原告资格，突出强调了行政协议原告资格不局限于民事合同的相对性原则，对行政协议的利害关系人，例如公平竞争权人、用益物权人和公房承租人的原告资格进行了规定，确立了参与招标、拍卖、挂牌等竞争活动的市场主体的诉讼原告资格，保护了在行政协议制定过程中弱势群体的实际权益。同时对行政机关就行政协议的订立、履行、变更等内容提起反诉的禁止性规定。

行政协议新司法解释对行政机关优益权的行使也进行了特殊规定，明确了对行政优益权行为的合法性审查，以及裁判方式和相配套的损害赔偿制度。[1]在审查内容上，该解释明确了不受原告诉讼请求的限制，是涵盖是否具有法定职权、遵守法定程序、明显不当、滥用职权以及法律适用问题等在内的全面审查。同时对行政机关单方变更、解除协议的行政优益权的裁判方式进行了类型化规定，在行政协议的解除条件上更加严格，确保政府依法履行协议义务，确保行政相对人的合法权益得到有效保护。除此之外，该解释规定了行政相对人由于行政机关行使职权不当造成的损害，依照法律的规定予以补偿。在诉讼过程中，对行政行为优益权的行使进行合法性审查，对行政机关违约行为进行合约性的审理，不仅是对行政协议良好运行、政府诚实守信原则的监督，也与行政协议实现社会管理或公共服务管理的目标相符合，营造了民营企业、社会资本创业的良好氛围，也是政府建设科学化和现代化的重要体现。新司法解释在政府诚信建设不断加强、着力推进社会诚信建设的背景下，严格对行政机关行使优益权行为的合法性审查，确保依法行政原则、"法无授权不可为"的实际落实。

3. 行政协议诉讼的类型化

新司法解释第9条对行政协议案件当事人的诉讼请求进行了具体的类型化划分，无论是从当事人便宜原则的立场上，还是从诉讼类型化的立场上都具有重要意义，不仅可以使当事人的合法权益在诉讼过程中得到最大化实现，在诉讼过程中对于举证责任的承担也进行了全面规定。

───────────

〔1〕　新司法解释第21条规定，被告或者其他行政机关因国家利益、社会公共利益的需要依法行使行政职权，导致原告履行不能、履行费用明显增加或者遭受损失，原告请求判令被告给予补偿的，人民法院应予支持。

三、百家争鸣：行政协议相关理论争议的学术史回顾

行政协议作为行政主体由秩序行政向给付行政转变过程中，出现的一种较为柔性的行政手段，在世界范围内都得到了广泛应用，并在我国的行政管理过程中占据了越来越重要的位置。事实上行政协议的相关概念自出现伊始，就受到了行政法学者的广泛关注和探讨，早在民国时期，范扬教授就从日本引入了"行政契约"的概念，自此"行政契约"概念一直是新中国成立前行政法教科书中的重要内容。1949 年之后的一段时间，行政法经历了一段时间的被忽视和误解，也因此我国大陆地区的行政法学理念和传承中断了以前的传统脉络。1978 年之后，"行政契约"的概念和背后的行政法观念开始被重新接纳和学习，尤其是改革开放之后，行政协议的发展进入了繁荣阶段。"行政合同是我国改革开放的产物。"[1]张树义教授 1994 年出版的《行政合同》可以称为相关理论研究具有阶段性意义的作品。随后，行政协议的相关理论不仅仅是在书中设立章节，还逐步出现了专门的著作，学界开始了广泛的研究探讨，出现了有关其存在价值、适用方式等多种多样的学术争论。

虽然 2014 年《行政诉讼法》将行政协议规定在"受案范围"一章，纳入了司法审查范围，但是这并不能完全消除关于行政协议的相关质疑。而且随着新的形势和背景的出现，行政协议又衍生出新的争议焦点与问题。目前我国法律法规对于行政协议采取了较为分散的立法规定，但这显然并不能满足其广泛适用的实际需要。近年来在政府大力推进行政协议、与民合作的背景下，行政协议再一次遭遇了一般性法律规制不足与学理准备不充分之双重考验。有鉴于此，笔者对行政协议的相关理论问题研究进行了深入的归纳和整理，以便于在对基础理论进行理解的基础上提出更为具体、全面的制度构建设想。

（一）理论探讨的基础争论：行政协议本身能否成立？

在上文就略有提及，最初就"行政协议"能否纳入《合同法》的规制范畴，就引起了我国学界的广泛争论，这部分内容在此不再赘述。其实不仅

---

〔1〕 应松年主编：《行政行为法　中国行政法制建设的理论与实践》，人民出版社 1993 年版，第 594 页。

仅是国内，在行政协议概念成立之初，行政协议的存在价值就引起了大陆法系国家学者们的质疑。对德国行政法学发展起到重大作用的奥托·迈耶就曾在《关于公法契约之学说》一文中明确反对公法领域中契约的存在，主张以"顺从之行政处分代替公法契约"。[1]在近代，被称为"新行政法学创始人"的福斯多夫也对行政契约持反对态度。但是，我国许多行政法学者在对行政协议的相关理论进行探讨时，往往将行政协议的存在作为先验的假设前提加以忽略，或者通过与民事活动的原则性区分来论证行政协议的独立性。值得一提的是，我国私法学者们却对行政协议的存在价值不断地提出置疑。[2]这种对行政协议的置疑在学界主要有三个方面的理由。

1. 行政诉讼制度对于行政协议的容许性问题

随着立法技术的提高，2014 年《行政诉讼法》的出台，行政诉讼范围的扩大，这个问题正在逐步得到解决，而且更多作为技术原因，它并不是行政协议是否能够存在的根本问题。

2. 双方地位平等对于协议合意能否成立的必要性

针对行政领域中是否存在双方合意的非权力行为这类观点，日本学者田中二郎对这种否定给予了批判："一般说来，对通说认为公法关系即支配关系、公法行为即权力性行为的见解，是不能赞成的。我们不得不承认，公法关系中也存在非权力服从的支配关系，故公法行为中也存在非权力性行为的行为，在公法上的关系中，不限于上下的关系，对等者的关系也有可能成立。"[3]野村淳治也指出："国家与人民间之权力服从关系为相对的。在法治国家，人民仅能在法律规定范围内有服从之义务，质言之，人民亦有其限度内之自由意思，基此自由意思而缔结契约，在法律上实属可能。"[4]而著名学者美浓部达吉则更是旗帜鲜明地站在肯定公法领域中存在权力机关和

---

〔1〕　吴庚：《行政法之理论与实用》，中国人民大学出版社 2005 年版，第 362 页。

〔2〕　前文中有所提及相关观点，引自学者王利明："合同的概念与合同法的规范对象"，载《法学前沿》编辑委员会编：《法学前沿》（第二辑），法律出版社 1998 年版，第 6 页；以及梁慧星："讨论合同法草案征求意见稿专家会议上的争论"，载《法学前沿》编辑委员会编：《法学前沿》（第二辑），法律出版社 1998 年版，第 5 页。

〔3〕　[日] 田中二郎："公法契约论系说"，载《行政行为论》，有斐阁 1954 年版，第 284 页。

〔4〕　转引自张镜影："行政契约与行政协定"，载《现代行政法基本论》，汉林出版社 1985 年版，第 96 页。

相对人合意这一边，"不但对等的公共团体之相关关系常有依双方的同意而构成公法关系之例，即在国家和人民间的关系上，即当国家站在优越的意思主体的地位而对付人民的场合，两者之间的法律关系之形成，也不是绝对不允许人民参加意见的"。[1]

我国学者余凌云在其《行政契约论》中也支持行政机关与相对人之间存在合意的可能这种观点，并在随后举了很多行政法领域对等地位的行政机关之间在法律未禁止的情况下协商解决社会问题的实例，并且通过1988年陕西省人民政府与下级机关签订的经济目标责任书，以及各类目标责任协议书进行举证，[2]来表明我国行政协议的社会实践走得更为长远。而针对地位对等是否会影响合意实现的问题，即行政法领域的合意实现，吴庚在《行政法之理论与实用》一书中提到："因双方意思一致而成立之法律行为，并非谓参与契约之当事人法律地位全盘对等，乃系指就成立契约之特定法律关系而言，双方意思表示具有相同价值，而有别于一方命令他方服从之关系。"[3]

3. 依法行政理念与契约自由精神如何调和

"当初否定行政契约的理由在于，权力支配关系中不存在对等自由合意的可能性，契约自由与依法律行政在本质上难以调和。虽然之后行政契约的正当性逐步得到认可，但行政契约与依法律行政原理之间的紧张关系一直存在。"[4]依法行政的理念使得行政机关的行为受到法律的约束，这会使得行政机关缺乏自由的权力处分，那么契约精神是否还有其存在的基础是这一问题的根本争论点，在这一观点上，有学者提出了自己的观点，认为契约自由的适用应当受到依法行政理念和符合行政目的性原则的制约，它受到了一定程度的限制，但不等于实质上的否认。在完善的行政程序和救济制度下反而能保证弱势一方的合意自由，促成契约的平等合意。但是，有的学者也将行政协议中的行政主体合意、协商的空间归于行政裁量，如张泽想在《论行政法的自由意志理念——法律下的行政自由裁量、参与及合意》一文中，提到

〔1〕[日]美浓部达吉：《公法与私法》，我国台湾地区"商务印书馆"1963年版，第95~96页。

〔2〕余凌云：《行政契约论》，中国人民大学出版社2006年版，第10页及注释②。

〔3〕吴庚：《行政法之理论与实用》，三民书局1996年版，第370页。

〔4〕王贵松："行政协议无效的认定"，载《北京航空航天大学学报（社会科学版）》2018年第5期。

的"行政主体的自由意志体现为行政裁量权",[1]胡建淼教授也认为"自由裁量行政的存在,为契约自由的移植提供了土壤"。[2]秦宗文在《行政契约的契约基础》一文中也提出了相同的观点:"契约自由是整个契约理论的基石,合意是自由意志的合意,行政契约如果没有契约自由的精神,那么行政契约的存在也就成了问题。"[3]

除此之外,杨小君教授在《契约对行政职权法定原则的影响及其正当规则》一文中提到,"在过去的行政学界、民法学界往往都把行政视为'强者',把契约视为'弱者'。无论是从保护'弱者'还是从规范'强者'的角度,人们更多的是关注和研究那些违反强制性规范契约的界限问题,即便是研究理论上的行政契约,也多集中在如何规范行政契约中的行政特权和行政规范方面,生怕契约中的行政因素破坏了契约的自由、平等品格。但是,契约的实践却不仅仅如此。契约在被行政权'侵占'的同时,它也在'渗透'行政的传统领地,也在改变着行政固有的一些规则,只不过我们很少注意到这点罢了"。[4]他在该文中提出了"约定权"的观点,并将其作为对职权法定原则的"修正"。

(二) 行政协议的识别标准

2014 年《行政诉讼法》对行政协议的规定表明,无论在理论上抑或实践上,行政协议都得到了法律意义上的认可。从学术研究的角度看,我国行政法学界对关于行政协议的许多内容也都达成了共识,例如,行政协议存在的必要性、合理性、行政协议的双重属性——行政性与合同性、行政协议可以适用民事合同的一般规则,等等。但是,在行政协议的识别标准问题中,除法律中明确列举的政府特许经营协议、土地房屋征收补偿协议,2019 年行政协议新司法解释对行政协议的定义和范围规定之外,四要素原则能否满足

〔1〕　张泽想:"论行政法的自由意志理念——法律下的行政自由裁量、参与及合意",载《中国法学》2003 年第 2 期。

〔2〕　胡建淼、蒋红珍:"论合意理念在行政领域中的渗透——基础、表现及其支撑系统",载《法学杂志》2004 年第 4 期。

〔3〕　秦宗文:"行政契约的契约基础",载《行政与法》2000 年第 4 期。

〔4〕　杨小君:"契约对行政职权法定原则的影响及其正当规则",载《中国法学》2007 年第 5 期。

实践当中对行政协议的识别需要，如何判断一个合同属于行政协议，依然存在争论。除此之外，对于行政协议的识别标准、行政优益权行使的约束、行政协议纠纷的救济等问题还有很大的争议。在行政协议的识别标准上，目前主要以下几个方面的争论。

1. 形式标准

形式标准，即行政主体之间的协议是否属于现行法律中的行政协议。虽然 2019 年的新司法解释规定了行政协议的主体是行政机关，行政协议的当事人有一方为行政主体是没有争议的，但理论中对于行政主体之间的协议是否属于现行法律中的行政协议存在很大分歧。刘莘教授在其早期的著作中提到"行政主体之间合同，可称作行政协议，不适用行政合同的理论规则，原因是这种合同无法适用行政优益权原则，且不宜由法院主管"。[1]由于我国现行法律规定采取了行政协议的称呼，因此引文中的行政协议与此含义不同，引文表达的也是行政主体间的协议不属于目前法律中的行政协议这一观点，即指的是行政协议应在行政主体与相对人之间订立。但是应松年、邢鸿飞等教授[2]认为，行政协议的实质是当事人之间的合意，只要这种合意自由存在，那么行政协议既可以由行政主体与行政主体签订，也可以在行政主体与相对人之间缔结。

2. 实质标准

主张实质标准的，具体有以罗豪才、应松年两位先生为代表的主体说，即指行政协议的主体以一方或双方当事人的行政主体身份为判断标准，凡一方或双方当事人为行政主体的，即为行政协议。如罗豪才先生认为"行政合同既可存在于行政机关之间，也可存在于行政机关与个人、组织之间"；[3]应松年则认为"行政合同只能存在于行政机关与被管理方的公民、法人或其他组织也即行政相对人之间，行政主体之间的合同为行政委托或行政协议，不属行政合同的范畴"。[4]此外还有目的说。部分学者认为，行政协议签订

---

〔1〕 刘莘："行政合同刍议"，载《中国法学》1995 年第 5 期。

〔2〕 邢鸿飞："行政契约"，载应松年主编：《当代中国行政法》（下卷），中国方正出版社 2004 年版，第 989 页。

〔3〕 罗豪才主编：《行政法学》，中国政法大学出版社 1996 年版，第 268 页。

〔4〕 应松年主编：《行政法学新论》，中国方正出版社 1998 年版，第 344 页。

的目的是其与民事合同相区分的实质标准，例如邢鸿飞教授认为行政协议是行政主体为实现行政目标而签订的具有行政法律关系的协议，并在文中提到了行政协议的四项识别标准："一是行政契约的当事人必有一方是行政主体；二是行政契约的目的是执行公务；三是行政契约上的内容是行政法上的权利和义务；四是行政契约的适用规则超越了私法范畴。"[1]但是针对何种目的的问题，学界则有不同的观点，邢鸿飞教授认为社会公共利益才是行政协议的主要目的，而王克稳教授则主张："行政合同作为行政机关执行公务的一种手段，应当以实现行政管理目标为直接目的。"[2]也有学者认为这两种目的都属于行政协议的范畴，如杨解君教授在其主编的《中国行政合同的理论与实践探索》中提到："行政合同是指行政主体为了实现行政目的或者为了公共利益目的，而与另一方当事人就行政上的权利义务互为意思表示并达成合意的法律行为。"[3]

3. 法律关系标准

法律关系标准，以姜明安教授的观点为代表。姜明安教授认为："行政合同是具有公法上法律效果的行政法律行为。行政合同和其他合同的最重要区别在于客体，而非主体。判断行政合同的实质标准应当是看是否受到公法因素的影响，不仅仅在于合同的目的是实现公共管理的目标，而且合同的内容应当是行政法领域上的权利义务关系的创设、变更和消灭。"余凌云教授对这种观点表示支持，他认为"所谓行政契约，就是指以行政主体为一方当事人的发生、变更或消灭行政法律关系的合意"，[4]并提出这种用"法律关系论"角度进行界定的方法与法学理论上划分行政法调整对象的标准依据相吻合，更加清晰地证明行政契约进行独立规范的可能性和必要性。除此之外，行政法律关系的标准不仅包括行政目的的要求，还涵盖了行政目的的实现结果，因此不仅包含目的说的内容，还弥补了它的缺陷，并且还可以体现出由于这种法律关系产生纠纷的救济手段所具有的公法性质。

---

〔1〕 邢鸿飞："行政契约"，载应松年主编：《当代中国行政法》（下卷），中国方正出版社2004年版，第988页。

〔2〕 王克稳：《政府合同研究》，苏州大学出版社2007年版，第30页。

〔3〕 杨解君主编：《中国行政合同的理论与实践探索》，法律出版社2009年版，第3页。

〔4〕 余凌云：《行政契约论》，中国人民大学出版社2006年版，第29页。

4.行政优益权标准

受到法国行政合同理论的影响，将优益权作为行政协议的标准之一的行政优益权标准也得到部分学者的支持。如应松年教授认为，"在合同权利义务的配置上，行政主体保留了某些特别权力，如监督甚至指挥合同的实际履行，但方便变更合同内容，认定对方违法并予以制裁"。[1]但余凌云教授则持反对意见，认为"行政优益权只是行政契约作为实现行政目的的行政手段所派生出来的内容，不能反过来以此为识别行政契约的标准"，"要证成行政协议，'主体说''目的说'（公共利益）都显得苍白无力，形式意义大于实质意义。上述标准都必须结合并最终落实到'具有行政法上权利义务内容'这一个重要标准上"。[2]

对于行政协议的识别标准，《行政诉讼法》并没有规定具体的概念，仅是对协议种类略有提及，但在随后的《过渡解释》第11条第1款对识别标准进行了界定："行政机关为实现公共利益或者行政管理目标，在法定职责范围内，与公民、法人或者其他组织协商订立的具有行政法上权利义务内容的协议。"2019年行政协议新司法解释对行政协议的内涵和种类进行了进一步的规定，去掉了"在法定职责范围内"的表述，除了协商订立这一合意的要求是合同的共性要求，其中也包含行政协议特有的主体要素、目的要素以及法律关系要素的标准。

（三）行政协议的类型研究

早在1997年姜明安教授就在《行政法与行政诉讼法》一书中依据当时的社会实践经验对出现的行政合同种类进行了总结，包括"国有企业承包合同、国有小型工业企业租赁合同、国有土地有偿转让合同、粮食征购合同、政府部门人事聘用合同、行政事务委托合同、计划生育合同、公共工程特许合同、公共工程捐助合同、公共工程承包合同、科研合同、公用征收合同、房屋拆迁移民安置及补偿合同、国家计划合同、安全保卫责任制合同、消防合同、承诺制合同、国土绿化合同、供电合同，等等"。[3]随后叶必丰教授

---

〔1〕 应松年："行政合同不容忽视"，载《法制日报》1997年6月9日，第1版。

〔2〕 余凌云："行政协议的判断标准——以'亚鹏公司案'为分析样本的展开"，载《比较法研究》2019年第3期。

〔3〕 姜明安主编：《行政法与行政诉讼法》，法律出版社2003年版，第156页。

也在其著作中对合同的种类进行列举式说明："行政合同的种类包括科研合同，国家订购合同，行政征用合同，公共工程建设投资合同，土地等国有资源的有偿出让、承包经营和开发利用合同，企业承包、租赁合同，政府采购合同和 BOT 政府特许经营合同。"〔1〕刘飞教授在 2017 年 12 月 17 日首届法治政府建设实践论坛的发言中谈到，尽管从德国行政法来看，法官有权作等外解释，但基于中国的立法及实践现状，不宜作等外的扩大解释。

2014 年《行政诉讼法》第 12 条对行政协议的类型使用了"政府特许经营协议、土地房屋征收补偿协议等协议"的表述，与以往不同地采取了列举加概括的方式，对"等"字的具体含义，引起了是"等外等"还是"等内等"的争论，随后最高人民法院在对法条进行解释时，采取了倾向于"等外"的扩张解释。〔2〕也就是说，除了所列举的两类行政协议，还包括其他行政协议。《过渡解释》第 11 条第 2 款据此规定："公民、法人或者其他组织就下列行政协议提起行政诉讼的，人民法院应当依法受理：（一）政府特许经营协议；（二）土地、房屋等征收征用补偿协议；（三）其他行政协议。"需要注意的是，《过渡解释》对"征收征用补偿协议"作了适当扩充。即该款规定的"土地、房屋等征收征用补偿协议"中的"等"也属于"等外等"，只要是由于征收征用补偿签订的协议，都属于行政协议，并不局限于土地、房屋两类。2019 年新司法解释也对其进行了更为全面的规定，除了矿业权等国有自然资源使用权出让协议，政府投资的保障性住房的租赁、买卖等协议，还增加了符合新司法解释第 1 条规定的政府与社会资本合作协议的内容，这次修改也突出了对国有自然资源领域、低收入全体社会保障领域的行政协议的确立，保障社会资本方参与公私合作的积极性和安全感，有利于营造公平竞争环境，有利于非公有制经济健康发展。督促行政机关依法行政，合理使用行政优益权，从而更全面地保障行政协议当事人的合法权益。

（四）行政协议的缔结问题

学术界对于行政协议缔结的争论，主要集中在行政协议的缔结主体、缔

---

〔1〕 叶必丰主编：《行政法与行政诉讼法》，中国人民大学出版社 2011 年版，第 163 页。

〔2〕 江必新、邵长茂：《最高人民法院关于适用〈中华人民共和国行政诉讼法〉若干问题的解释辅导读本》，中国法制出版社 2015 年版，第 106~109 页。

结事项和缔结程序上。关于行政协议的缔结主体方面，行政协议同一般的行政行为不同，天然地具有权利义务关系的双向性，因此行政协议的缔结主体应当是两个主体或两个以上主体。不同于民事合同，依据行政协议的行政性质，缔结主体应至少有一方是行政主体，具体可以表现为行政主体与行政相对人之间，抑或行政主体与行政主体之间签订的，服务于行政管理目的的行政协议。"行政主体是指依法享有行政职权，能够以自己的名义行使行政职权并独立承担责任的组织。"[1]行政主体的缔结权限来源于行政机关自身的权力属性和职权内容，"所谓行政职权，是指行政主体依法享有的、对于某一个行政领域或某个方面行政事务实施行政管理活动的资格及其权能"。[2]

除此之外，在行政协议的可缔结事项上，学界对行政协议中针对民营化的问题也进行了广泛讨论，刘飞教授认为对于公共服务、给付行政等不涉及公权力的领域均可被纳入民营化的范围。[3]而章志远教授通过对民营化与法律保留之间关系的探讨，分析了民营化的禁区，在《行政法学视野中的民营化》一文中指出，民营化禁区与政府职能的范围相关，现代社会的政府职能可以分为三个环节——决策、执行和监督。其中，决策和监督环节不能进行民营化，执行环节中涉及国家核心功能的事务亦是民营化的禁区，因此，民营化大部分出现在公用事业，或是非政府组织核心功能事务的执行过程中。[4]他在《公共行政民营化界限研究——"治安承包"引发的思考》一文中指出，影响民营化界限的核心因素为国家职能，技术因素为行政过程，而且可以根据行政任务公共性的强弱决定民营化的范围，强公共行政是民营化的禁区，而具有准公共性或弱公共性行政则可以进行民营化。[5]2019年的新司法解释也对民营经济的行政协议签订进行了初步回应。

关于行政协议的缔结方式，国内有学者[6]将缔结方式归纳为六种：

---

[1] 江利红：《行政法学》，中国政法大学出版社2014年版，第99页。

[2] 郑秀丽：《行政合同过程研究》，法律出版社2016年版，第60页。

[3] 刘飞："试论民营化对中国行政法制之挑战——民营化浪潮下的行政法思考"，载《中国法学》2009年第2期。

[4] 章志远："行政法学视野中的民营化"，载《江苏社会科学》2005年第4期。

[5] 章志远、庄婧："公共行政民营化界限研究——'治安承包'引发的思考"，载《河南司法警官职业学院学报》2008年第3期。

[6] 苗连营主编：《行政法学》，郑州大学出版社2011年版，第114页。

"公开招标、邀请招标、竞争性谈判、单一来源采购、询价、国务院政府采购监督管理部门认定的其他采购方式。"也有学者[1]将其归纳为"招标、拍卖、竞争性谈判、邀请发价、直接磋商、统一定价"。关于行政协议的缔结程序，杨解君教授在其关于行政合同研究的著作中提到："行政合同的缔结步骤主要是要约和承诺，其缔结应引入顺序制度、公告制度、信息公开制度、职能分离制度、回避制度、时效制度和说明理由制度。"[2]施建辉教授在其所著《行政契约缔结论》中又进一步指出："行政合同虽然与私法合同存在一定的关联，行政合同可以准用私法合同的一般规定，但是并不能毫无保留地适用私法规则，需要对私法规则进行若干修正，于此，行政合同的缔结应当遵守公告制度、竞争制度、回避制度、不单方接触制度、说明理由制度、听证制度和代理制度。"[3]随着市场经济的深入发展，行政合同的缔结方式和程序也将不断革新，除以上方式和程序之外，新的缔结方式和程序也将会出现，例如，缔结责任书正成为越来越受欢迎的方式之一。

（五）行政协议的变更解除

在行政协议的变更解除方式中，我国目前包括行政机关单方变更解除、基于情势变更原则的变更解除及协商一致变更解除三种。除协商一致变更解除之外，另外两种变更解除方式由于其特殊的行政色彩，引起了学界的关注和探讨，著作颇丰。

1. 行政主体的单方变更解除权

行政协议的行政性因素使得行政主体拥有了一项特殊权利——单方变更解除权。"行政机关单方变更解除权的行使，是为了更好地实现行政管理目标，引导行政合同的履行向着行政机关所期待的方向发展。"[4]明确单方变更解除权、界定行政协议单方变更的条件，对于行政机关管理目标的实现以及督促行政机关优益权的行使都有重要意义。"从已有研究看，公共利益需要是学界普遍认可的行使条件之一。"[5]朱新力教授就认为："特权多少是一

---

[1]　郑秀丽：《行政合同过程研究》，法律出版社2016年版，第74页。

[2]　杨解君主编：《中国行政合同的理论与实践探索》，法律出版社2009年版，第67~69页。

[3]　施建辉：《行政契约缔结论》，法律出版社2011年版，第33~40页。

[4]　余凌云：《行政契约论》，中国人民大学出版社2006年版，第88~91页。

[5]　王旭军：《行政合同司法审查》，法律出版社2013年版，第21页。

个国家的立法政策选择，但因行政主体在行政合同中代表公共利益，不赋予其一定'特权'，而仅遵守一般合同守则恐难实现行政效益的最大化。"[1]因此，在这一点上，行政管理目标实现的优先性和合同的约定履行之间的矛盾，也是行政协议的变更解除制度绕不开的重要问题。而对于缔约人违法是否构成单方面变更解除合同的条件，以及这种权利的性质，理论上也有不同的看法。一种观点认为，王名扬教授提出的"相对人严重违约时的行政主体的解除权是一种行政特权"，"行政机关因实施制裁而解除合同和行政机关因公共利益需要而解除合同不一样，因制裁而解除合同时，不给对方当事人任何补偿"。[2]戚建刚、李学尧也指出，行政主体在行政合同中的特权乃"在行政法上确认的或在行政合同条款中规定的作为签约一方的行政主体为实现公共利益之目的而享有的对合同单方行使公权力的强制性特权"。[3]另外一种观点认为，这种将其视为行政特权的观点，"混淆了普通契约权和行政权之间的关系……无论是行政主体还是相对人在违约时，另一方当事人均有权解除契约，这是契约制度的基本规则，与特权无关"。[4]除此之外，对于单方变更解除权的来源，也有学者将其称之为优益权，如"行政机关在行政合同的履行过程中，可以根据国家行政管理的需要，依法变更、解除合同或行使制裁权等行政优益权"，[5]并提出公共利益应为这种优益权行使的首要考虑因素，即"行政机关行使行政优益权时被认为是在行使行政管理职权，应属于可诉的行政行为。行政合同的行政性和契约性在一般情况下体现为公共利益与个人利益的对峙，在行政合同的特殊领域，两者均将承受一定程度的限制。只有在公共利益受到威胁或侵害时，行政主体优益权才得以行使"。

2. 基于情势变更原则的变更解除权

在行政协议基于情势变更原则的变更解除中，情势变更原则与法安定性原则的摩擦碰撞，以及行政协议引入情势变更原则的合理性与意义，都是讨

〔1〕 朱新力："论行政主体在行政合同中的特权及其性质"，载《学习与思考》1998年第9期。

〔2〕 王名扬：《法国行政法》，北京大学出版社2016年版，第153页。

〔3〕 戚建刚、李学尧："行政合同的特权与法律控制"，载《法商研究（中南政法学院学报）》1998年第2期。

〔4〕 步兵：《行政契约履行研究》，法律出版社2011年版，第129页。

〔5〕 何彤文、刘慧娟："行政优益权行使的合法性审查"，载《人民司法（案例）》2015年第22期。

论的重点。

　　围绕情势变更问题，梁慧星教授的《合同法上的情势变更问题》、韩世远教授的《情势变更若干问题研究》、韩强教授的《情势变更原则的类型化研究》等文章都比较系统地考察了情势变更原则在我国的历史沿革、我国民事领域解决情势变更问题的实践、大陆法上关于情势变更问题的学说与实践、英美普通法上的合同落空问题等，为行政法领域行政协议的变更解除问题奠定了基础。在法国的行政合同理论中承认情势变更这种"不可预见"的情况，"在法国，行政机关在合同执行过程中得随时变更对方当事人的给付范围，或者扩大其给付义务，或者减少其给付义务，对方当事人不能拒绝。行政合同缔结后或者在履行过程中，由于社会情况变更，原来的合同不再符合公共利益的需要时，行政机关得随时解除合同"。[1]有学者提到"当不可预见的情况出现时，相对人履行合同的义务依然存在，但不能由此而扰乱行政合同公务执行的目的，因此双方当事人必须商定一个新的临时履行合同的方案，同时行政主体应分担相对人损失"。"法国行政机关基于公共利益的需要可随时变更或解除合同，不过要根据'经济平衡原则'给予相对人一定的补偿。"[2]而在德国承认并适用"情势变更原则"，德国立法明确赋予相对人和行政主体以平等的变更和解除权，但"他们一般先协商变更，协商不成才可以解除，而且相对人也因此取得损害赔偿的权利"。[3]

　　在我国情势变更原则一直是一个很有争议的话题，在行政法领域更甚。陈俊生在《论行政合同中的情势变更原则》一文中，就基于法律行为基础理论，提出"民事合同与行政合同本质上都是双方法律行为……而法律行为基础理论超越公私法而具有一般普适性，因此，在公法领域中情势变更原则也可类推适用"。[4]步兵也在《行政契约变更研究》一文中论证了情势变更原则在行政协议领域适用的合理性，"行政契约缔结之后，外部环境或条件可能发生较大的变化，使得契约的继续履行对于契约当事人成为不合理的，或者不可能履行时，就需要对契约作出一定的变更甚至解除。然而，契约是建

---

〔1〕　王名扬：《法国行政法》，中国政法大学出版社1988年版，第196页。

〔2〕　贡世康："试析行政合同纠纷解决之法律轨道"，载《青海师专学报》2005年第5期。

〔3〕　王旭军：《行政合同司法审查》，法律出版社2013年版，第89页。

〔4〕　陈俊生："论行政合同中的情势变更原则"，载《东南法学》2018年第1期。

立在双方的合意基础之上的，如果双方当事人不能就契约的变更或解除达成一致，按照契约义务必须遵守及没有双方当事人同意契约条款不能变更的一般原则，契约仍应按原先的约定履行，但这又会给当事人带来不公平的后果。此时，情势变更原则就有了适用的空间"。[1]

于立深教授提及情势变更原则时，通过实践经验的总结，表明"在行政合同缔结过程中并非经常发生不平等争议，反倒是在履约过程中不平等现象加重，行政主体恣意情势变更则是我国行政合同制度最常出现问题的地方"。[2]这一问题值得引起大家的关注。对于情势变更引起行政协议的变更解除，有学者认为这与信赖保护原则息息相关，"信赖保护原则要求行政主体能够尽可能照顾或者维护信赖利益，以维持法律关系的稳定性和诚信政府形象，只有当欲维护的公共利益比信赖利益更具价值时，行政主体才能变更行政行为"。[3]同时，也有学者提出"相对人系基于对行政主体及其行为权威性、公正性和公平性的信赖才与其缔结行政契约，并为此投入了人力、物力和财力的，行政主体事后基于公共利益的理由单方调整契约的内容给相对人造成损失的，理应给予补偿。行政主体对行政契约的单方变更，增加了相对人的履约成本，所以有必要予以补偿"。[4]

（六）行政协议的争议解决机制

1. 我国行政协议诉讼制度的立法变革

在 1989 年《行政诉讼法》制定之时，仅允许行政机关的具体行政行为为行政诉讼的受案范围，在第 2 条规定"公民、法人或者其他组织认为行政机关和行政机关工作人员的具体行政行为侵犯其合法权益，有权依照本法向人民法院提起诉讼"，最高人民法院于 1991 年印发的《关于贯彻执行〈中华人民共和国行政诉讼法〉若干问题的意见（试行）》中，将这种具体行政行为定性为单方行为。此时，行政协议的相关纠纷很难通过诉讼途径进行解决。随后，2000 年最高人民法院公布的《关于执行〈中华人民共和国行政

---

〔1〕 步兵："行政契约变更研究"，载《东南大学学报（哲学社会科学版）》2008 年第 1 期。

〔2〕 于立深："通过实务发现和发展行政合同制度"，载《当代法学》2008 年第 6 期。

〔3〕 杨阳："行政合同：一种新型行政技术"，载《中国行政管理》2005 年第 5 期。

〔4〕 陈淳文："论行政契约法上之单方变更权——以德、法法制之比较为中心"，载《台湾大学法学论丛》2005 年第 2 期。

诉讼法〉若干问题的解释》删掉了"具体"两个字，将行政合同纠纷在实际意义上纳入行政诉讼的受案范围，取代了之前的执行意见，结合 1989 年《行政诉讼法》的规定，行政协议中具体行政行为的纠纷被纳入行政诉讼的受案范围，贯穿于行政协议的缔结、履行、变更、解除过程中。这也反映了学界当时的普遍看法，"认为行政合同行为属于行政机关具体行政行为中的一种。"这一变动使得行政协议中的具体行政行为可以进入司法救济的范畴。因此，2014 年《行政诉讼法》关于"行政协议"的规定，也是对过去行政诉讼立法方式的再度确认。其中第 12 条中"行政机关不依法履行、未按照约定履行或者违法变更、解除政府特许经营协议、土地房屋征收补偿协议等协议的"的表述使得行政协议的规定相对而言更加具体化和明确化。

2. 行政协议诉讼的基础——行政协议与行政行为的关系争论

邢鸿飞教授在著作中提到"能否就行政契约纠纷提起行政诉讼，关键在于行政契约是否属于行政诉讼受案范围内的行政行为"。因此，行政协议的相关纠纷想进入司法救济的渠道，其与行政行为之间的关系也引起了学界的关注和探讨，主要有以下两种观点。

第一种认为行政协议与行政行为属于从属关系，即行政协议从属于行政行为。如学者李霞认为"行政合同是行政行为的一种形式"。黄学贤认为，"行政协议毋庸置疑具备行政行为属性，是一种特殊的行政行为"。沈福俊认为，"尽管行政协议具有合同属性，整体上仍然属于行政行为范畴"。王学辉认为，"行政协议本质上属于行政行为中的双方行政行为，其准确的概念应为协议性行政行为或行政协议行为"。法官也普遍认同这种观点。例如，程琥认为，"行政协议仍然属于行政行为的一种类型"。最高人民法院也曾在裁判中作出过明确表述："行政协议虽以合同的面貌出现，但说到底还是一种行政行为。"

第二种则认为行政协议同行政行为属于部分包容关系，即行政协议可以是行政行为，也可以是行政行为之外的其他行为。例如，参与 2014 年修法工作的学者认为，行政诉讼法对行政协议作出明确规定的原因是："考虑到此类争议中往往伴随着就行政行为引起的争议，将其纳入行政诉讼受案范围，有利于争议的一并解决。"此种解读背后隐含的信息是：行政协议并非行政行为，为有利于争议的解决才将其纳入行政诉讼受案范围。2014 年修法之后，最高人民法院也在有关文件中对行政协议与行政行为的关系作了类似判断，认为与协议相关的拍卖公告、签署成交确认书等行为也属于行政行为，应当纳入行政诉讼受案范围，除此之外的其他争议则不属于行政行为，应作为民事案件受理。刘飞教授针对行政协议和行政行为之间的关系指出："从行政协议中拆分出行政行为的做法应被抛弃，但在二者是否可以并用的问题上可持开放态度。……至少在法定条件具备时，应允许行政机关在行政协议的约定范围外另行作出行政行为。行政机关与相对人之间形成行政协议法律关系后，并不必然因之丧失对相关事务的法定管理权。在协议履行不能或无法基于协议约定解决问题时，基于行政需求与法规规定，行政机关仍然有权作出单方处置。行政机关此时作出的行为不再是协议项下的履行协议行为，亦非从行政协议中拆分出来的具有行政性内容的部分，而是基于法定权限另行作出的职务行为。"[1]

3. 行政协议纠纷解决途径的争论

目前学界的研究倾向于根据行政协议的性质来确定争议解决途径，但行政协议的性质又基于种类的不同而存在着争议。部分学者在争议纠纷的解决上更加倾向于行政复议和行政诉讼的手段，认为"运用非讼形式解决行政契约纠纷的出路是行政复议制度"；[2]也有学者赞同"通过行政法上的救济方式来处理行政契约纠纷"；[3]还有学者建议"在行政诉讼中构建专门的双向性构造模式以解决行政合同纠纷……并建立行政合同的调解救济方式"。[4]

第一种，以行政性质争议解决机制为主。余凌云教授在《论行政契约的救济制度》一文中提出，行政合同的合同属性更适宜司法外的救济制度，形成以行政复议为主要模式，以仲裁为解决特定行政合同纠纷的制度模式。而对于司法救济制度而言，因行政合同争议属于行政法上的纠纷，故从性质上排斥其他的司法救济途径。[5]皮协纯教授在《行政程序法比较研究》一书

---

[1] 刘飞："行政协议诉讼的制度构建"，载《法学研究》2019 年第 3 期。

[2] 应松年：《行政行为法 中国行政法制建设的理论与实践》，人民出版社 1993 年版，第 624 页。

[3] 余凌云："论行政契约的救济制度"，载《法学研究》1998 年第 2 期。

[4] 高峰、刘伟："行政合同界定及其救济方式研究——以比较为主要视角"，载《内蒙古大学学报（人文社会科学版）》2006 年第 6 期。

[5] 余凌云："论行政契约的救济制度"，载《法学研究》1998 年第 2 期。

中进一步提出，应当改造现有的诉讼模式，建立专门适用于解决行政合同纠纷的双向性构造的诉讼结构。[1] 江必新教授在《中华人民共和国行政诉讼法理解适用与实务指南》一书中提出，"新《行政诉讼法》将政府特许经营纳入行政诉讼的受案范围，即明确了特许经营协议的行政性纠纷解决途径"。[2] 梁凤云教授与其有相同的看法，在《公私合作协议的公法属性及其法律救济》一文中提及"公私合作协议具有公法属性，既然《行政诉讼法》已经明确行政诉讼受案范围，那么只能通过行政诉讼救济，而不能通过民事诉讼或者仲裁途径救济"。[3]

第二种，以民事性质争议解决机制为主。民法学者梁慧星教授认为："行政合同只能存在于行政权力作用领域，若其中一方为行政机关，本质上属于市场交易行为，即使法律上属于强制签约，也属于民事合同，应当适用民事争议解决机制。"[4] 于安教授在《我国实行 PPP 制度的基本法律问题》一文中也提到："PPP 合同具有民事合同的属性，因此对任何一方当事人的违约行为，双方当事人都可以提起民事诉讼或者仲裁。"[5]

第三种，根据合同中所涉及争议的不同性质来选择救济途径。如湛中乐等在《PPP 协议中的公私法律关系及其制度抉择》一文中提出："PPP 协议属于兼具公法与私法性质的混合合同，应受到双重约束。"[6] 喻文光也在《PPP 立法中的八大重点问题探讨》一文中指出："政府特许经营协议的争端解决机制可以采取两分法，并且并不排斥仲裁救济途径。"[7]

除上述司法救济途径之外，许多学者也对《行政诉讼法》出台以后，行政协议纠纷可否通过仲裁途径解决进行了广泛地探讨，如张莉教授在《谈法国行政协议纠纷解决》一文中分析了法国对公法人缔结合同可否仲裁问题立

〔1〕 皮协纯：《行政程序法比较研究》，中国人民公安大学出版社 2000 年版，第 439 页。

〔2〕 江必新：《中华人民共和国行政诉讼法理解适用与实务指南》，中国法制出版社 2015 年版，第 56 页。

〔3〕 梁凤云："公私合作协议的公法属性及其法律救济"，载《中国法律评论》2018 年第 4 期。

〔4〕 梁慧星主编，《民商法论丛》（第 9 卷），法律出版社 1997 年版，第 29~30 页。

〔5〕 于安："我国实行 PPP 制度的基本法律问题"，载《国家监察官学院学报》2017 年第 2 期。

〔6〕 湛中乐、刘书燃："PPP 协议中的公私法律关系及其制度抉择"，载《法治研究》2007 年第 4 期。

〔7〕 喻文光："PPP 立法中的八大重点问题探讨"，载《中国政府采购》2017 年第 9 期。

场上的转变，由传统上不得仲裁，再到立法逐步放开某些特殊类型的合同的诉诸仲裁，[1]为我国提供了经验借鉴。姜波教授等也在《行政协议争议仲裁问题研究》一文中指出："行政协议不属于《仲裁法》规定的禁止仲裁的内容，而且通过仲裁也不会改变其公法属性，法院仍旧可以依据行政诉讼的司法审查基准对仲裁结果进行监督。"[2]从行政机关行政管理的实现目标和行政协议的实现方式来看，行政协议形成模式是公权力手段和私人权益实现的双向合作，为了实现行政管理职能和经济目的，双方不是隶属或者支配关系，而是为了实现特定目标，通过平等协商而达成合意的伙伴关系。因此司法实践中对行政协议适应仲裁实现了许多理论突破，并且在某种程度上更有利于保护当事人的合法权益，促成良好的社会效果的实现。

4. 行政诉讼制度构建的其他理论争议

针对我国目前行政协议的司法审查标准，何海波教授提出了我国目前的《行政诉讼法》未设定主体资格的审查标准，存在明显的缺陷。[3]对于主体资格的审查，行政法学界探讨行政法是否可沿用权利能力、行为能力这套话语体系时，余凌云教授认为在界定行政主体时，已悄悄植入了民法元素，"行政法学者所理解的权利能力，就是独立行使行政权的资格"，"行政主体的权利能力体现在享有行政权，并凭据行政权作出行政行为"。[4]这种说法并不等于承认民事主体权利能力概念可以直接平移到行政主体身上，但揭示出其背后逻辑的相似性。我国台湾地区学者的研究更直白地指出，"权利主体指在法律上享受权利负担义务之资格者而言，亦即具有权利能力之意，行政法上权利能力概念，当然源自民法，民法上有权利能力者，行政法自亦具备"，"行政法上行为能力与权利能力一样皆是来自民法之概念"。[5]由于公私法的差别，因此该学者认为民法上的权利能力和行为能力理论仍需修正，才符合实际需要。如"具有民法权利能力之自然人，未必得为行政法权利及义务之归属主体。……例如，依选举法规之规定，未达一定年龄之自然人，

---

〔1〕 张莉："谈法国行政协议纠纷解决"，载《人民司法》2017年第31期。

〔2〕 姜波、叶树理："行政协议争议仲裁问题研究"，载《行政法学研究》2018年第3期。

〔3〕 何海波：《行政诉讼法》，法律出版社2011年版，第245页。

〔4〕 余凌云："行政主体理论之变革"，载《法学杂志》2010年第8期。

〔5〕 吴庚：《行政法之理论与实务》，三民书局2015年版，第151~154页。

并无选举权及被选举权"。[1]

针对行政协议效力的司法审查，学界和实践中关于行政协议的效力确认是否可以适用民事合同的效力判断法则，行政协议的效力状态除了有效、无效，是否存在可撤销等状态，上述问题都有很大的争论。如有学者认为，对于行政协议而言，"若相对人之意思完全不存在，则合同因欠缺行政作用的有效要件，应归于无效；若相对人之意思仅具有法定瑕疵，但因有行政机关的意思表示，则此种行政行为能完全有效成立，相对人不得要求撤销，行政合同无所谓得撤销的情形"。[2]但是，也有学者认为，"实践中存在因意思表示要素欠缺真实性主张行政协议可撤销的诸多案例。……行政协议行为也存在可撤销状态。行政协议可撤销包括两种情形：一类是意思表示不真实，另一类是合法性欠缺。……第二种情形下，合法性的欠缺同样可以导致行政协议可撤销。行政协议作为一种双方行政法律行为，存在一般程度违法时，同样可以被撤销"。[3]而且，1999 年《合同法》第 52 条规定，违反法律、行政法规的强制性规定的合同无效。也有学者提出了自己的观点，应该加强对其的正确理解、辨别和适用，"如果大量根据私人意志而成立的法律行为，一旦违反国家强制性规定便无端被宣告无效，国家强制性规定便有可能成为恶意当事人背信弃义的借口。这不但从根本上限制甚至剥夺了当事人在订立契约过程中应当弘扬的契约自由，令其在民事活动中寸步难行，而且在客观上也助长了一系列不正当甚至违法的法律行为"。[4]

四、鉴往知来：对我国行政协议制度的基本构思

相比传统强制性的行政管理手段而言，行政协议更能被相对人接受，更有利于行政机关行政管理事务的运行，是行政主体在行政管理领域采用的新型行政行为，兼具行政性与合同性的特殊双重属性，是行政权力与契约自由精神的有机结合。同时，它吸收了民事合同的灵活性特征，而对其随意性加

---

〔1〕　陈敏：《行政法总论》，新学林出版有限公司 2007 年版，第 240 页。

〔2〕　张家洋：《行政法》，三民书局 2002 年版，第 526 页。

〔3〕　江必新："行政协议的司法审查"，载《人民司法》2016 年第 34 期。

〔4〕　刘玉杰："论违反强制性规定的法律行为效力——来自德国法的实践与启示"，载《兰州学刊》2008 年第 11 期。

以严格限制，使得公共目的得到充分有效实现，努力使公共利益的保护在与相对人合法权益的协商平衡、互相沟通的基础上形成共赢。因此，行政协议的相关理论研究一直以来都是学界探讨的焦点。但是利用行政协议的手段来介入行政管理，也给依法行政理念带来了巨大的挑战，同时也促使依法行政原则与契约自由理念之间为适应形势需要而作不断的互动修正，从而在约束行政权的随意滥用和维护行政权的灵活机动性之间建立平衡，使新时代法治政府理念的内涵能够充分反映这种平衡状态。

同时，近年来随着 2014 年《行政诉讼法》的出台、2019 年行政协议新司法解释的颁布，行政协议得到更为广泛的使用，在适用过程中也产生了新形式、新问题，这种灵活性与机动性却与形式意义上的依法行政原则相冲突，必然造成依法行政下对行政权力控制框架的松动。但应当承认的是，行政协议的出现是政府职能的扩大带来的对行政权力行使和行政手段多样性的内在要求，我们不能以形式意义上的依法行政来否定它的独立价值，要在符合依法行政基本原则的前提下，不断促进行政法治的完善、推动行政管理水平的现代化建设，在保持行政协议的灵活性和约束行政协议的随意性之间寻求最佳的平衡边界，以在保证行政主体提升完成行政管理职能之使命的效益和水平的同时，又防止其失范。因此，行政协议制度的整体构建也成了理论和实务共同关注的问题。

（一）确立行政协议的独立价值

2014 年《行政诉讼法》将行政协议纳入了司法审查的范围，这也是第一次在法律位阶上确立了行政协议的合法性、独立性地位。然而，行政协议立法的碎片化，以及它的许多问题在理论界尚未达成普遍性共识的现状，使得行政协议的广泛适用遭到了质疑。从上述关于我国理论界及立法实务中关于行政协议的适用和探讨，以及域外经验的借鉴中可以看到，无论是行政契约、行政合同，还是行政协议的概念界定，毫无疑问可以肯定的是，行政协议有其不同于民事合同的独立价值。这也是本书对于行政协议进行系统性研究的理论基础。行政协议的广泛适用，也表示我国行政事务管理从行政机关单方面的权力手段逐渐转为民主、科学的新形式，它的独立价值的确立也是进行有效规制的前提。英国学者丹梯斯就给予行政协议较高的评价。他在比较政府运用法律命令方式和向遵从政府目标的人分配利益的优缺点后指出：
"通过法律命令方式追求目标的实现存在着限制和不足，由于立法可能在效果上显得冗长、复杂且不确定，因而通过立法方式有时可能是不可行的；而分配利益的方式可以通过诸如讨价还价和非正式协议加以运用，这有助于对政策选择的短期尝试和避免所必须的立法授权。"[1]

行政协议的成立依赖于行政主体和相对人的合意，这充分体现了行政协议的私法性质，但与此同时，行政协议又是行政主体实施行政管理的一种方式，故行政性亦为行政协议的基本特性之一。因此，"将行政协议看成完全不同于民事合同的品格……在行政法学者看来，在当下市场机制不完全成熟、信用制度尚未确立的情境下，很难完全通过市场竞争、民商法机制来保证合同追求的行政目的的充分实现，所以，需要与民事合同不同品质的行政合同，引入更多的公法规则与保障机制"。[2]只有明确行政协议区别于私法契约的理论基础和运行规则，并使行政协议的适用在法治政府建设的轨道上进行，才能在体现其行政性特点，保证行政活动合法、高效的同时，贯彻自由平等的契约精神，保护相对人的合法权益。可以预见，在行政协议未来的理论研究路径中，公法与私法之间就行政协议的边界问题仍然需要进行更为深入的对话，更为紧要的是，各方需要在充分谅解的前提下兼顾"保障公共利益"与"尊重私人权益"的价值，实现社会公共利益与相对人合法权益的共赢，行政协议法律制度才能趋于完善，逐步形成一套公、私主体能够平衡协作的制度体系。如此，行政协议才能真正赢得行政相对人的信任，公法与私法在行政协议边界问题上的分歧也才能真正弥合。这也是本书将致力于构建较为统一的行政协议理论体系的逻辑进程所在，以期在保证行政协议制度得以依法运行的同时，可以最大范围地发挥其灵活性价值。

（二）由"点"到"面"——构建统一的行政协议制度

在行政法理论的研究体系中，受到长久以来"具体行政行为"的立法影响，行政协议在被纳入法律之后，它与行政行为之间的关系也引起了广泛的

---

[1]　范文红："试论行政合同的功能"，载《河南省政法管理干部学院学报》2000年第2期。
[2]　余凌云："行政协议的判断标准——以'亚鹏公司案'为分析样本的展开"，载《比较法研究》2019年第3期。

讨论和进一步的紧张，使得在微观的理论层面上行政协议的理论研究都过于分散，呈现一种"点"状状态，除行政协议兼具行政性和合同性的基本共识之外，在行政协议相关理论上也始终没有统一的全面的整体刻画。分析行政协议制度的立法现状及存在的问题，无论是从行政协议案件数量激增提出的立法需求考虑，还是从行政协议在实践中广泛应用带来的理论研究需求考虑，以及从立法分散且存在缺陷无法适应新情况的需求考虑，探讨构建统一的行政协议制度都势在必行。

本书将首先以行政协议的基本理论概述为基础，探讨行政协议的含义、特征以及分类，对行政协议的内涵和范畴进行梳理，为行政协议体系的研究奠定概念和范畴基础；对行政协议进行比较法上的考察，对其他国家和地区行政协议的概念的基础理论，以及我国学者和司法实践中对于行政协议判断标准的基本观点进行研究，并进行整理归纳，通过对域外经验的借鉴，反思我国构建统一行政协议制度的理论路径。

其次从行政协议的缔结、履行、变更解除的具体制度，分析行政协议缔结原则与民事合同缔结原则、行政行为应遵循原则之间的关系，以及行政协议缔结时应遵循的合乎行政目的、公平、诚实信用及公开竞争原则。缔结制度是行政协议理论研究的重要组成部分，公共利益的保障是行政协议的制度基础，因此行政协议的缔结原则和缔结制度的设计都应该以公共利益保障为根本出发点，不能机械援引民法关于合同的订立规则，应当着重分析公共利益的内涵及其在行政协议缔结制度中的地位并进行协调使用和理论探讨，将政府职能的公共性作为确定行政协议缔结事项范围的关键因素。除此之外，为了避免行政协议缔结、履行、变更解除所发生的权力寻租、权力滥用等行为，加强行政主体缔约、履行等流程的透明度也是必然要求，增加行政协议的信息公开是较为理想的现实选择，对于政府采购、国有土地权出让、招商引资等方面的行政协议，由于利害关系人范围相对不固定，且往往与社会公共利益相关，为了更好地保障公民的知情权，应当强制性主动公开，而对于利害关系人相对固定的行政协议，如土地房屋征收补偿协议、科研协议、目标责任协议等则根据《信息公开条例》依申请公开，将行政协议具体到信息公开制度的构建内容中去，明确信息公开的范围，增强行政协议运行程序的透明度，健全行政协议信息公开的责任追究机制。

　　最后试图建立以协商、行政复议、行政诉讼关联一体的实质解决行政协议争议解决机制。与行政协议广泛运用不相一致的是，我国关于行政协议发展的配套制度——行政协议争议解决机制没能得到有效发展。行政协议的争议解决因为事关公共利益的保护，需要由特殊行政法规范调整，分析目前我国的立法环境以及理论情况，可以得出一个较为明确的结论，那就是目前我国有关行政协议纠纷的解决还面临较大的困境。从理论研究来看，在行政协议救济方式及适用规则等方面的探讨还存在较多分歧，理论研究成果较为单薄，尚不能充分地满足立法和实务难题的需要。从立法的角度来说，尚无关于行政协议的统一立法，既有的立法数量少、层级低，适用范围有限，法律法规间的冲突较为严重。从实务的角度来说，无论是诉讼外的救济还是司法救济，目前的制度设计都非常粗陋。

　　作为决定型的争议解决方式，仲裁和行政复议都有着非常重要的地位。但由于仲裁主要解决民事争议，是否能够用来解决行政协议纠纷的可行性仍有很多理论困难等待解决；虽然行政复议主要解决行政争议，但行政复议具有的行政性和准司法性的性质，使得行政复议在解决的争议时也遭遇到了制度挑战；而在司法救济方面，行政协议还面临能否获得司法救济、获得何种诉讼形式的司法救济、行政主体的原告资格问题、证据规则问题等诸多难题。通过对目前实践经验中行政协议争议解决机制所面临的新问题的梳理，结合行政复议、行政诉讼等救济渠道的缘起、定位及优势等问题对行政协议的争议解决机制进行分析，可以看出，行政协议的性质不应为确定争议解决机制的唯一因素，还应当将行政协议的合同属性作为核心考量因素、将实质解决争议作为目标考量因素、将行政协议争议解决经验作为历史考量因素一并予以综合考虑。

　　2014年《行政诉讼法》制定之前的行政协议争议，主要系通过民事纠纷途径得以救济，随着2019年行政协议新司法解释的出台，行政协议争议的协商解决、是否可通过仲裁等都成为理论界与实务界的焦点问题。从当前的研究现状来看，创建单独的行政协议立法可能并不符合实际操作需求，但从规范和实证两个维度入手，以及从公法程序规范缺失所引发的问题可知，在立法中置入行政协议的单章规定势在必行。在行政协议诉讼体系中，立法者可以通过正、反面规定共同构筑行政协议司法审查的受案范围，在保障公共利益的前提下，建立行政协议转让、变更、解除和撤销、违约责任等与民事合同不同的特殊诉讼规则，并且应在诉讼机制和适用规则上避免"泛民法化"的倾向，协调行政协议契约性和合法性之间的复杂对应关系，尤其是在适用法律、行政法规中的强制性规定条款时，要做行政性质的强制性法律规范的相应调整，最终构建以行政诉讼为中心，其他非诉讼解决制度为补充的多元化争议解决机制。

第一章

行政协议的概念证成

第一节　行政协议存在的前提

行政协议的存在有三个前提，分别是公法和司法的区分、行政优益权的承认和公权力有限度地介入经济生活。下文分别就这三个因素展开介绍。

一、公法和私法的区分

行政协议出现赖以存在的逻辑前提为法律的二元结构，公法和私法。古罗马为大陆法系的起点，其固有这一传统。乌尔比安指出，政体组织的相关法律为公法，与公民个人利益相关的为私法。[1]

（一）公私法之分经历的阶段

公法和私法的划分大概经过以下三个阶段。

1. 公私法之分的休眠时期

这一时期大概是从古罗马时期到中世纪结束。宗教祭祀活动和政体机关活动的规范为公法。关乎个人利益的物权、债权、婚姻继承为私法。在查士丁尼《学说汇纂》的前言中选用了罗马法学家乌尔比安的一句话"有关罗马国家的法为公法，有关私人的法为私法"。[2]在罗马的法律之中，因规范的性质不同还导致了不同的原则和效力，《学说汇纂》说，公法是不因公民之间的契约而变更的，在私法中却相反，即民有契约如律令。罗马法承认了

---

〔1〕　陈盛清主编：《外国法制史》，北京大学出版社1982年版，第57页。
〔2〕　朱景文：《比较法导论》，中国检察出版社1992年版，第183页。

法律的划分。然而，这种划分从开始直到中世纪罗马法的复兴，却长期处于休眠状态。所以，这里的休眠特指公法的生成空间，主要表现在：虽然罗马立法有公私法的划分，但是当时的罗马法学家并没有对此作系统阐述，只是企图把公共团体及其财产关系的法律与私人及其家庭方面的法律作出区别。出于对君主统治权的尊重，古罗马法学家研究内容以私法为主。《十二铜表法》是公元前 5 世纪的文献，其内容就是私法。查士丁尼《民法大全》的主要内容也是私法。在中世纪罗马法的复兴过程中，注释法学家及其后的法学家仅是对罗马法学家曾提出的公私法之分加以重申而已，结果复兴的只是罗马私法。从历史的发展来看，历史上国法的主要内容是以惩治犯罪为核心内容的刑事法律制度，这是由国家这种社会组织的根本属性决定的。古罗马私法如此繁荣有其特殊的历史地理原因。第一，古罗马横跨三个大洲的地理位置决定了其商品经济的高度发达。罗马法是建立在简单商品生产基础之上的最完备的法律体系，其物质条件是商品经济的高度发达，其理论基础是罗马法中人权观念的产生和演变。[1]复杂的贸易关系产生复杂的社会关系，给当时的立法者和法学家们提出许多新的法律课题，这是其私法繁荣兴盛的原因。[2]第二，罗马人的务实精神也为其私法的繁荣注入活力。罗马人特别是罗马法学家阶层抛弃了正义的抽象思辨，在务实特性的引领下，他们创造了一种形式化的法律制度，这种制度不是对个人与社会、个人与国家关系方面作出安排，而是解决个人与个人之间的利益关系。罗马法的这种特性就在于其"私人性"和"契约性"，所以，罗马法的功能注重的是私人利益的调节和分配。[3]

2. 公私法之分的崛起时期

到 17 世纪、18 世纪，公法的地位才大大提高，公私法的划分也趋于确立，所以这里指称的崛起是公法的崛起。这一时期，特别是 19 世纪，在西欧大陆，公私法之分在广泛开展的法典编纂和法律改革中被普遍运用，并成为法律教育法学研究的基础。对民法学家来说，公私法之分几乎成了一个不证自明的真理。主要表现在法国 1958 年制定了宪法，德国 1949 年制定了德

---

〔1〕 何勤华主编：《外国法制史》，法律出版社 2003 年版，第 78 页。

〔2〕 叶秋华：《西方经济法律制度》，中国人民大学出版社 2001 年版，第 76 页。

〔3〕 王人博、程燎原：《法治论》，山东人民出版社 1998 年版，第 243 页。

意志联邦共和基本法，法国在 18 世纪末还建立了大陆法系国家的第一个行政法院，这也推动了行政法和行政诉讼法的产生和发展。这样，随着公法的崛起，大陆法系公私法之分的学说也最终确立。这一局面的形成是由以下因素促成的。第一，其所处的历史阶段，民族国家开始出现和发展。主权学说兴起，行使权力的政府机关更加强大，由此，公法的数量与日俱增；而且资本主义处在和封建主义的夺权阶段，提出以私有制为基础的财产权、契约自由等私法上的权利，同时也要求政治上的即公法上的各种权利，如选举权和被选举权、言论、出版、集会等自由。公法是确立这些民主权利和自由的手段，由此，公法迎来了发展的契机。第二，17 世纪、18 世纪自然法学说的理性主义、人道主义思想，也有力地促进了部门法的变革，促进了公法的加强和公私法之分的确立。正如有的比较法学家指出的，罗马法学家在君主的统治下以危险的禁区来类比公法。显然，自然法学派并不这样认为。孟德斯鸠、卢梭等先进的思想家，鲜明地指出"政治法"和"民法"的区别，并记载在他们的作品中，政治法就是公法。第三，19 世纪，在欧陆大陆法系各国纷纷建立了两元法院系统，即普通法院系统和行政法院系统，其区分的依据就是公私法之分。与此同时，行政法院的存在和发展又积极地影响了法律的划分。

3. 公私法之分的动摇时期

20 世纪以来，公法和私法的二元结构逐渐松动，[1]即从 19 世纪的明确划分变为现在的相互渗透。主要表现在以下三个方面：首先，私法的公法化，公法逐渐影响私法。因为政府的经济职能加强，私法逐步受到公法的管制，私法的传统概念、制度和原则也发生了变化。例如，20 世纪，工人与企业主之间的关系原由民法调整，现在发展为由劳动法调整。从法律的性质上来讲，已经发生了明显的变化。其次，公法的私法化。20 世纪以来，政府的经济职能强化，传统的公法关系开始表现出私法特征。通过私法的手段，实现公法的目的。非常典型的如，大额的政府订单出现，政府公司出现。最后，"混合法"的出现。此种法律从性质上难以区分，如经济法。因此，所谓动摇是指公法和私法传统划分标准的动摇和新的部门法的出现。

---

〔1〕 沈宗灵：《比较法研究》，北京大学出版社 1998 年版，第 94 页。

公私法之分的动摇究其原因主要有以下几点：第一，严重的社会问题促使政府的社会职能转变。"守夜人"的角色适用于最初的自由资本主义阶段。随着 20 世纪垄断资本主义的出现，严重的社会问题也开始出现，例如大规模的环境污染。政府的经济职能在经济领域逐渐坐大，因此出现了"法律社会化"这一现象。就法律性质的划分来说，逐渐模糊。第二，多元化的经济活动主体一定程度上影响了公私法划分的基础。在 19 世纪，经济活动或法律关系的主体可以说主要是个人，就算政府要参加经济活动，也不是作为国家权力的代表，而是像个人一样是平等民事关系的一方。然而 20 世纪后，经济活动或法律关系的主体多元化了，包括个人、国家和团体组织这种经济主体的多元化必然带来法律关系的复杂化。

（二）公法和私法区分的实际意义

如学者所述，"现代的国法是以区别其全部为公法或私法为当然前提的"，[1]"从实践的观点看，公法与私法的划分颇为重要……一直由大陆法国家所保持"。[2]

首先，公法制度的建构需要公法和私法的划分。从古罗马时期起这一划分就出现了，但是以此为基础建构整个法律体系却是从近代开始的。近代以后，政治国家和市民社会开始分离，保障公民权利、自由的思想开始出现。大陆法系国家纷纷基于这一区分建构法律体系。公法以公共利益为逻辑起点，主要应用于政治领域，采用强制的做法。私法以个人利益为逻辑起点，主要应用于市民社会，主张私法自治。由此形成两个互不相同又相互依托的法律体系。

其次，这一划分也体现在诉讼法上。在大陆法系的多数国家，法院系统是依据规范性质组成的。我国大陆地区目前并没有专门的行政法院，但是也存在着民事诉讼、刑事诉讼和行政诉讼三足鼎立的救济程序框架。不同性质的纠纷适用不同性质的救济框架，其诉讼的制度架构有着较大的差异。从追求正义的角度出发，基于纠纷的性质不同，建构不同的规范和程序，实现符

---

〔1〕 ［日］美浓部达吉：《公法与私法》，黄冯明译，中国政法大学出版社 2002 年版，第 3 页。

〔2〕 ［法］勒内·达维：《英国法与法国法：一种实质性比较》，潘华仿、高鸿钧、贺卫方译，清华大学出版社 2002 年版，第 40 页。

合争议性质的诉讼功能。民事纠纷适用民事诉讼程序，其最终目的就是解决平等主体间的纠纷，进而维护双方的合法权益。民事纠纷是个人之间的权益纠纷，从私法自治的角度出发，争议双方当然可以协商，民事诉讼程序仅在当事人无法自行解决纷争时，提供一套足以强制解决纠纷的诉讼机制而已。显而易见，该程序并非唯一手段。其他途径，诸如人民调解、仲裁皆可。在民事诉讼中，当事人依然保持其民事权利的主体地位。在诉讼程序的开始与终结或者实体权利的主张与放弃等方面均享有自主的处分权利。而法官的作用则受到当事人辩论主义与处分主义的约束。解决行政争议是行政诉讼的功能，除具备保护相对人的合法权益外，尚有监督行政机关依法行使职权。从本质上讲，现代行政法仍然是"控权法"。[1]行政实体法通过合法行政、合理行政等原则，行政程序法通过程序正当等来实现对行政权的制约。而行政诉讼则是制约行政权的最后一道防线。因此，行政诉讼必须基于客观事实对行政行为的合法性进行审查，法院依职权调查事实关系。从而在诉讼模式上，采取职权探知主义，不受当事人主张的拘束。其原因在于，行政诉讼往往涉及公共利益，如果法官不能依职权调查，将不利于公共利益的实现；而且，行政诉讼的一方主体为行政机关，另一方为行政相对人，双方之间具有不对等的权力关系；此外，行政机关的行为常涉及国家秘密，人民取得有关资料实属不易，为避免人民因无从举证而负担不利后果，于是规定行政机关提供证据或法院依职权调查证据。由上可见，民事诉讼重点在于保护私权，而行政诉讼则侧重于制约公权。在程序目的、受案范围、起诉主体、举证责任、诉讼原则、制度程序、适用法律以及执行方式等方面均存在明显不同。这意味着，选择不同的诉讼程序将会对当事人的权利实现造成重要的影响。基于此，法律的这一划分不仅有理论意义，也有重要的社会意义。

最后，法治文化的培养需要法律依其性质而进行的划分。法律移植是我国很多法律的来源。法律文本的引进并非难事，但是与其相适应的社会风气的养成却是难事。法律移植的同时，对与之相适应的理念的宣传十分必要。公法和私法的划分很明显属于这一范围。对于法律这一划分的重要意义不仅

---

〔1〕　孙笑侠："契约下的行政——从行政协议本质到现代行政法功能的再解释"，载《比较法研究》1997 年第 3 期。

在于规范的内容和救济程序，更在于其中体现出的价值追求。公法追求权力的规制，私法的精髓是意思自治。两者相辅相成，体现了现代法治限制权力、保障自由的价值取向。

二、行政优益权的承认

相对于民事协议，不同的权益配置，是行政协议存在的实际作用。行政协议一方面具有协议的属性，另一方面也具有行政的属性。行政管理目标的实现是行政协议的目的所在。这就使得公权力一方享有高于相对人的权力。这些权力就是"行政优益权"。有学者将其称为"行政主体的协议优先权"，也就是说行政主体作为国家意志的代表，以维护公共利益为旗帜，涉足协议领域，享有普通民事主体所不具备的权力因素。[1]还有学者简明地称之为"特权"，即行政协议当事人之间不可能享有平等的权利。[2]也可以称之为，行政主体以实现公共利益为需要，单方面享有行使公权力的行政性特权。还有的学者使用"行政机关的主导性权力"这一称谓，具体表述为"行政机关所预期的行政目的，为行政机关的职责范围，并由其拟定，赋予其主导性权力，能够使行政机关导引行政契约的缔结和履行向着其所期望的方向发展"。[3]无论论者具体采用哪一名词，皆不影响"行政优益权"所表达的行政机关所享有的特权。行政法的精神决定了行政优益权的存在，其根源就在于行政权具有优益性，即行政主体在行使职权时依法享有一定的行政优先权和行政受益权，即行政优益权可以分为行政优先权和行政受益权。为使行政主体能够有效行使职权，立法上赋予行政机关一系列优先条件。相对于公民、法人以及其他组织的权利，行政权具有优先行使和实现的效力。[4]行政受益权是指国家为保证行政主体有物质能力行使行政职权而提供的物质条件，是行政主体从国家所享受的权益。[5]从适用范围角度进行分类，行政优益权可以分为一般的行政优益权和行政协议中行政主体的行政优益权两种，

〔1〕 黄贤宏："论行政主体合同优先权"，载《法律科学》1999 年第 4 期。

〔2〕 朱新力："行政合同的基本特性"，载《浙江大学学报（人文社会科学版）》2002 年第 2 期。

〔3〕 余凌云：《行政契约论》，中国人民大学出版社 2006 年版，第 88 页。

〔4〕 袁维勤："论行政合同的性质"，载《行政论坛》2004 年第 1 期。

〔5〕 袁维勤："论行政合同的性质"，载《行政论坛》2004 年第 1 期。

我们只讨论行政协议中行政主体的行政优益权。从存在阶段的角度进行分类，行政协议中的行政优益权主要包括行政协议缔结过程中的行政优益权和行政协议履行过程中的行政优益权，且其主要是存在于行政协议的履行过程中。笔者结合上述学者的观点将"行政协议中的行政优益权"归纳为在行政协议的订立以及履行过程中，行政主体以实现行政管理目标和维护公共利益为目标有权对行政相对人行使的单方的强制性的权力，具体来说是指在公共利益和行政管理目标遇到阻碍时，行政主体可以打破协议双方当事人平等的地位，依照法律有关规定或者当事人的约定，单方地、直接地对行政协议的相对人采取强制性手段。

在了解了行政主体享有的行政优益权的概念后，我们必须进一步明确行政优益权具体包括哪些内容。关于这个问题，目前我国法律还没有系统的规定，学界也没有形成一致的观点。有学者认为行政优益权应当包括：确定协议标的的权利、选择协议相对人的权利、对履行协议的监督权、单方变更解除协议的权利、行政制裁权等。[1] 还有学者认为除此之外行政协议中的行政优益权还应当包括对于行政协议的解释权、对不履行协议的强制执行权。[2] 行政优益权的具体内涵，国内学者尚未达成一致意见，唯一可以确定的是，行政优益权是为行政机关所享有的高于行政相对人的特权。当然，从法治的角度出发，这一概念的内涵亟待明确。

行政优益权具有以下特征。

（1）法定性。

所谓法定性是指必须有法律明确规定行政协议中行政机关所享有的特权，这是现代法治精神所内涵的要求。维护现代市场经济的正常秩序，必须对行政优益权进行严格地限定，以防止其肆无忌惮地损害公民的正当权利。[3] 通常认为，法定性决定了行政优益权不可通过协议的方式确定。毫无疑问，任何协议所确立的权利，皆属于协商的结果，属于意思自治的范围。从实践来看，行政优益权却以法定为主。

---

〔1〕 黄贤宏："论行政主体合同优先权"，载《法律科学》1999 年第 4 期。

〔2〕 郑秀丽：《行政合同过程研究》，法律出版社 2016 年版，第 97 页。

〔3〕 李振洋："行政合同中行政主体优益权的法律探析"，载《河北企业》2017 年第 1 期。

（2）强制性。

行政优益权的存在即是一种特权，同时也是一种职责。作为一项行政机关的法定职责，如果玩忽职守，将会导致公共利益的受损。以法国为例，不管协议约定与否，行政主体有一些特权都不能放弃。现代法治国之下，行政机关玩忽职守，不恰当地放弃行政优益权或应当行使而不行使则涉嫌构成行政不作为。

（3）单方性。

单方性在行政协议中的体现如下：其一，行政主体在行政协议中单方面享有行政优益权。一般认为，公共利益的代表者为行政机关，行政权的内涵包括行政优益权，行政机关理所应当单方面享有行政优益权。其二，行政优益权的行使无需相对人同意，行政机关可单方面行使。这正是行政协议区别于民事协议的关键所在。

（4）公益性。

通常认为行政机关是公共利益的代表者和维护者，这也是其优益权正当性论证的依据。行政优益权的公益性是指行政机关行使权力以行政管理目标的实现和公共利益的维护为限。通常认为，行政管理的目标与公共利益相重合，所以统称为公益性。这在行政协议中通常体现为两点，首先，行政机关是公共利益的维护者。其次，仅当危及公共利益时，行政机关才行使优益权。其他情况下需履行协议中的一般规则，如自由、协商等。早有论者指出，基于当下国情应当适度地克制行政机关所享有主导性权力。[1]

三、公权力有限度地介入经济活动

纯粹的"夜警"国家不需要行政协议，纯粹的计划经济也不需要行政协议。在这一问题上，西方经历了公权力的壮大逐渐介入国民经济活动的过程。新中国恰恰相反，经历了一个纯粹的行政主导的计划经济向社会主义市场经济过渡的过程。

西方发达国家的发展，从近代到现代，经历了自由放任的经济阶段、凯恩斯国家干预主义阶段和新自由主义阶段。自亚当·斯密始，西方国家奉行

---

〔1〕 余凌云：《行政契约论》，中国人民大学出版社 2006 年版，第 91 页。

有限政府和自由市场。管得越少的政府越被认为是好的政府。国家的主要功能就是晚上给人民站好岗，这就是所谓的"夜警"国家。诚如亚当·斯密所言，政府职能仅限于维护国家安全、保护人民安全以及建立并维持公共机关和公共工程三个方面。[1]政府只用充当"守夜人"，对于经济领域则不应干预。这一时期典型的行政形态是以保卫国家安全、维持社会秩序、排除对人民和社会的危害为主旨的行政。

20世纪30年代的经济危机使人们对自由放任的经济政策产生怀疑。各国政府纷纷参与经济发展，奉行国家干预主义的凯恩斯主义应运而生。各国政府纷纷强化其经济管理职能。1942年11月，英国"社会保险和相关服务部际协调委员会"主席，牛津大学教授贝弗里奇向下议院递交了《贝弗里奇报告》，该报告勾画了福利国家的愿景，把英国直接推上了福利国家轨道，也加速了欧洲的福利国家建设进程。现代国家的功能不再只是维持秩序，而是更多地延伸到了公共服务领域，"社会国家""福利国家"自此兴起。

过度的国家干预也存在固有的局限。全面的国家干预会导致政府开支大幅增加，庞大的政府机构和僵化的管理体制导致官僚主义和效率低下，而权力过于集中又难免会滋生腐败。20世纪70年代，以两次石油危机的发生为导火索，西方经济出现了生产停滞和通货膨胀的"滞胀"困境。对此，凯恩斯主义束手无策。在这种背景下，新自由主义应运而生。[2]新自由主义将反对国家干预上升到一个新的高度。以美国里根政府和英国撒切尔夫人政府重新提倡放任自由为开端，在西方国家掀起了一股强大的私有化浪潮。但新自由主义过分热衷于自由放任及私有化，而忽略了政府的宏观经济管理职能。

20世纪90年代以来，世界各国都出现了对新自由主义的批评、反思和修正。以美国克林顿政府政策转变为开端，西方各国出现了由新自由主义向新国家干预主义某种程度回归的现象。与凯恩斯主义不同，新国家干预主义试图跨越"经济自由"和"国家管制"，选择介于自由主义与福利国家之间的"第三条道路"，合作国家由此而生。在合作国家下，管制任务通过多主

---

〔1〕　[英]亚当·斯密：《国民财富的性质和原因的研究》（下卷），郭大力、王亚南译，商务印书馆1972年版，第254~284页。

〔2〕　黄希惠："当代西方经济思潮的演变及实践探析"，载《世界经济与政治论坛》2005年第3期。

体、多中心的结构实现，国家不再居于管制的核心。私人也逐渐开始负担公共任务，而不再只是被管制的客体。国家和私人之间以及国家机关之间的交互合作成为补充甚至代替传统行政方式的重要手段。在现代国家中，政府为实现其维护社会秩序及确保国家福利的使命，不再局限于以命令为基础的行政领域。集中于国家的行政权力也不再能实现社会契约中规定的社会团结、安全及福利的承诺。[1]国家职能的实现愈来愈依靠与社会的有机合作。

国家的转型必然引起行政的变迁。根据昂格尔的考察，现代社会已经进入后自由主义社会，具有如下特征：一是国家公开干预传统上属于国家行为适当领域之外的领域，国家日益卷入公开的重新分配、规定及计划的任务之中，从而变成了一个福利国家；二是国家与社会逐步近似，国家不再是社会秩序的中立监护人，私人组织也日益参与传统上专属于政府的领域，国家丧失了不同于社会的现实和意识基础，从而成为一个合作国家。[2]社会国家和合作国家已成为现代国家的共同趋势与普遍原则。和田英夫指出，现代国家的行政，需将19世纪自由国家的行政和20世纪福利国家的行政很好地结合在一起。[3]在自由国家时期，政府的职能较为简单，行政处于消极状态。

随着凯恩斯主义的兴起，为满足政府对经济全面高效地干预，以韦伯的科层制理论为基础的行政管理范式得以逐步建立和广泛普及。此种行政模式将政治和行政相互分离。政治是国家意志的表达，行政是国家意志的执行；政治活动追求民主，行政活动追求效率。为追求效率，主张建立集权统一的组织结构，并在行政过程中保持价值中立。在这一时期，行政的范围由秩序行政扩大到给付行政，但行政方式仍然以传统的干预行政、集权行政、单向行政为主。这种官僚主义行政模式在一定时期为西方经济发展作出了卓越贡献，但同时也存在固有的缺陷。随着政府对经济的干预不断增多，日益出现政府规模不断膨胀，财政支出日趋增加，行政效率过于低下，官僚主义日益

〔1〕 Andreas Abegg. Banishing Administrative Contracts from Law-Cooperation between the State and Private Persons in the German Law of the 18th Century. translated by Annemarie Thatcher. Ancilla Iuris, 2012, (7)：95.

〔2〕 [美]昂格尔：《现代社会中的法律》，吴玉章、周汉华译，中国政法大学出版社1994年版，第180~181页。

〔3〕 [日]和田英夫：《现代行政法》，倪建民、潘世圣译，中国广播电视出版社1993年版，第235页。

盛行等问题。以美国为例，1790 年美国联邦政府只有 300 多人，1801 年约为 2000 人，而到 1900 年便增至 30 万人，比 1790 年增长了 1000 倍。到 20 世纪中期，美国联邦政府规制支出占 GDP 的比重由 1965 年的 8.5% 增至 1975 年的 23.7%，总规制成本在 20 世纪 80 年代达到了 6000 多亿美元。[1] 到 20 世纪中期，这种行政范式已经无法满足经济发展的需要。在此背景下，新公共行政[2]、新公共管理[3]、新公共服务[4]以及公共治理理论[5]相继产生。虽然这些理论的具体主张存在差异，且后一种理论均是在对前面理论进行批判的基础上产生的。但它们均体现出"政府退缩、市场回归"这一趋势，反映了现代化行政的主要特点。行政方式也已由传统的秩序行政、管理行政、集权行政、单向行政扩张发展到了给付行政、服务行政、民主行

〔1〕　参见 〔美〕W. 基普·维斯库斯、小约瑟夫·E. 哈林顿：《反垄断与管制经济学》，陈甬军、覃福晓等译，中国人民大学出版社 2010 年版，第 35 页。

〔2〕　新公共行政主张，公共行政应将社会公平作为核心价值，社会性效率优先于技术性效率，抛弃政治、行政二分法，新型组织的要素特征是分权化、分散化、责任的扩大、对抗、顾客参与等，主张强有力的政府及参与行政。

〔3〕　新公共管理以公共选择理论及新制度经济学为基础，主张引入市场机制改进政府公共产品的供给机制与政府公共服务的效率。奥斯本和盖布勒概括了新公共管理的十大原则：（1）起催化作用的政府：掌舵而不是划桨；（2）社区拥有的政府：授权而不是服务；（3）竞争性政府：把竞争机制注入提供服务中去；（4）有使命的政府：改变照章办理的组织；（5）讲求效果的政府：按效果而不是投入拨款；（6）受顾客驱使的政府：满足顾客的需要，而不是满足官僚政府的需要；（7）有事业心的政府：有收益而不是浪费；（8）有预见的政府：预防而不是治疗；（9）分权的政府：从等级制到参与和协作；（10）以市场为导向的政府：通过市场力量变革。参见 〔美〕奥斯本、盖布勒：《改革政府：企业家精神如何改革着公共部门》周郭仁译，上海译文出版社 2006 年版，目录。

〔4〕　新公共服务理论强调以公民为服务对象，尊重公民权，注重公共利益，实行"以公民为导向"的政府管理，以民主公民权理论、社区与公民社会理论、组织人本主义和新公共行政、后现代公共行政等四个方面的理论为基础，具体包括如下七个理念：（1）服务于公民而不是顾客；（2）追求公共利益；（3）重视公民权胜过企业家精神；（4）思考要有战略性，行动要有民主性；（5）承认责任并不简单；（6）服务而不是掌舵；（7）重视人而不只是生产率。参见 〔美〕罗伯特·B. 登哈特、珍妮特·V. 登哈特：《新公共服务：服务而不是掌舵》，丁煌译，中国人民大学出版社 2004 年版，第 24~41 页。

〔5〕　根据全球治理委员会的界定，治理是各种公共的或私人的个人和机构管理其共同事务的诸多方式的总和。它是使相互冲突的或不同的利益得以调和并且采取联合行动的持续过程。这既包括有权迫使人们服从的正式制度和规则，也包括各种人们同意或以为符合其利益的非正式的制度安排。它有四个特征：（1）治理不是一套规则，也不是一种活动，而是一个过程；（2）治理过程的基础不是控制，而是协调；（3）治理既涉及公共部门，也包括私人部门；（4）治理不是一种正式的制度，而是持续的互动。卢坤建、苗月霞：《回应型政府建设的理论与实践》，中山大学出版社 2011 年版，第 46 页。

政、合作行政。给付行政意味着政府在行政职能上除担任"守夜人"外，还须就公共产品和服务的提供承担责任。给付行政的出现与福利国家具有不可分割的联系，即国家负有对个人的生存照顾义务。照顾人民的生存，提携人民的发展成为福利国家的基本职责之一，给付行政由此获得了发展空间。服务行政意味着政府在行政理念上须保持"为人民服务"的立场和精神，增强行政行为的效率、质量和回应性。在服务行政下，政府管理体制由权力型管理体制转变为服务型管理体制，政府人员身份由政治权力主体转变为社会服务主体，政府行为性质由管理行为转变为服务行为，政府行为宗旨由以官为本到以人为本，政府行为核心由以"事"为管理核心转变为以"人"为服务核心。民主行政意味着政府在行政方式上，应当重视公众的参与性，在传统的高权行政方式之外更多地采取柔性的行政指导、行政协议等，与相对人进行协商和讨论。选举民主和参与民主是历史上两种具有代表性的民主理论和实践形式。近代以来，选举民主一直是占据世界各国民主的主流模式。但选举民主的长期实践并没有从根本上改变精英阶层把持政局的局面，也没有像其鼓吹者所描述的那样扩大了民众参与政治的机会。[1]在这种背景下，参与民主悄然出现。参与民主对民主的理解超越了狭隘的政治领域，而是扩展到整个社会生活之中，主张加强政治生活、经济生活以及社会生活中的平等参与，以实现个人的自由以及公共的善治。这意味着，公众在政治、经济以及社会事务中的主体地位应受到尊重，公众得以直接参与公共事务的讨论、协商和妥协，以实现对自我的真正控制。协议作为一种合意机制，无疑成为参与民主的良好工具。

20世纪70年代以前，主流观点认为，提供公共物品和服务是政府的一项专属职能，满足社会公共需要的公共物品和公共服务应该而且只能由作为公共部门的政府来提供。然而，自20世纪70年代以来，在全世界范围掀起了一场声势浩大的公共行政改革运动。在这场以"政府退却、市场回归"为题旨，并以新公共管理为起点的行政改革运动中，合作行政悄然兴起。传统的公共行政是一种单向管理模式，具有对抗性、单向度、封闭性以及形式主义等典型特征。合作行政是人们吸取自由国家时期的"市场失灵"和福利国

---

〔1〕 陈尧："从参与到协商：当代参与型民主理论之前景"，载《学术月刊》2006第8期。

家的"政府失灵"的教训之后，逐步探索而形成的一种追求同时发挥政府部门和民间部门的比较优势，更有效率地提供公共产品和服务的全新机制。现代的合作行政，奉行开放、参与、合作与共赢，力求实现政府管理、公众参与及社会自治的有机结合。从对立走向合作，从命令走向协商是行政关系的未来走向。

第二节　行政协议的域外经验

一、普通法系视野下的行政协议

普通法系之下，行政机关和私人签订的协议也一体适用协议规则。[1]英国和美国是典型的普通法系国家，在两国的法律体系中并不对公法和私法进行区分，在英美行政协议这一概念从未被提出，政府为一方当事人的协议被称为政府协议，一体适用普通法的规则。正所谓"君主在万民之上，但在上帝和法律之下"，正是这种理念彻底否决了行政协议出现的前提。

当今世界两大法系，英美法系和大陆法系。两大法系各有特点，制定成文法典并区分公法和私法是大陆法系的一大特点。并且依据公法和私法的划分，赋予公法以行政优益权。成文法系这一特征是行政协议诞生的前提。在大陆法系之下，行政机关享有一系列高于普通公民的特权，而这是普通法所不能允许的。

普通法系起源于英格兰，是诺曼征服以后，君主在加强中央集权过程中逐步建立的法律体系。[2]在英格兰，人民对于君主权力有着高度的警惕，对于行政法和行政法院是一种敌视的态度。英国长期否定行政法的存在，认为行政法就是行政法院受理的行政诉讼，适用特别法保护官吏特权的制度。客观地来看，这种看法在当时的情况下是准确的。作为行政法母国的法国，最初设立行政法院的目的也正如此，为了庇护大革命中的革命派。[3]

---

〔1〕王名扬：《英国行政法　比较行政法》，北京大学出版社2018年版，第18页。

〔2〕[英] S. F. C. 密尔松：《普通法的历史基础》，李显东等译，中国大百科全书出版社1999年版，第3页。

〔3〕何海波：《行政诉讼法》，法律出版社2016年版，第3页。

在英国普通法中，无论案件双方是公民还是行政机关，均由普通法院受理。"普通法"一词的英文原意为共同法，也即无论君主和臣民皆一体适用之意。英国人民坚持认为普通法院是维护人民权利、主持正义的唯一法院，其他任何形式的法院都是维护君主特权的。这是因为在英国历史上，也曾经经历过封建王朝的专制残暴统治。英国的都铎王朝和早期的斯图亚特王朝也和其他国家的专制王朝一样践行着残暴的统治。国王作为国家的最高权威，四处设立特别法院，用以维护自己的特权。其中最为有名的就是星法院。该法院是一个专门受理公权力与公民之间纠纷的法院，该法院明目张胆地使用酷刑，用以维护君主及其行政机关的特权。这些特权法院的存在是对公民权利的严重威胁，在后来的资产阶级革命过程中，普通法院和议会结成联盟与君主进行了坚决的斗争并最终取得胜利。之后君主废除了大法官法院以外的所有特权法院。英国人民吸取特权法院的教训，时刻警惕特权和压迫，对普通法院以外的法院有着深深的不信任。

从契约签订的主体资格来看，英国国王本就是一个可以签订契约的主体，一体适用普通法和常人无异。尤其是《英国王权诉讼法》于1947年颁布实行，君主作为普通民事主体签订平等的民事契约已经从立法上明确。在君主立宪制的英国，英国的中央政府大多代替了英王的角色。在英美法系国家，虽然政府在公共领域也大量使用协议方式，但在理论上并不存在行政协议是否成立，以及如何与民事协议相区分的问题。普通法系奉行司法独立的基本原则，并非政府的分支，也不会在审判中赋予政府什么特权，无论是实体还是程序。法律的生命不在于逻辑而在于经验，从几百年的司法经验来看，普通法院在处理大量的行政机关签订的协议过程中，一如既往地维护了当事人的正当利益。

当然政府协议有着一些自己的特点，根据这些特点，各国法律体系纷纷进行了调整。在英国，关于政府协议的基本法律则主要有以下三个方面。

一是以1947年颁布实施的《英国王权诉讼法》为基础的平等契约责任基本规则；二是契约不能束缚行政机关自由裁量权行使的特殊规则以及1974年工会和劳动关系法的英王雇用契约规则；三是除以上这些规则以外，地方政府所制定的法规、公共部门如财政部所颁布的规章以及政府部门对某契约规定的标准格式或标准条款的规定，也成为行政机关订立契约所必须遵守的次一等级的规则。

英国越权无效原则同样适用政府机关缔结政府协议权限的行使，认为：除英王在普通法上具有签订一切契约的权力和契约的相对人不受限制外，其他法定的机构，例如地方政府和公法人，只能在自己的权限范围内签订契约；中央各部在不代表英王行使权力而是行使法律直接赋予的权力时，也只能在权限范围内签订契约，否则无效。

就美国而言，与英国大同小异，在美国，协议一方如果为政府，就会被统称为"政府协议"。这仅仅是根据形式进行的区分。和英国类似，这种协议和其他协议一样由同样的法院系统和法律规则来调整。总而言之，英美法系的政府协议，在实质上并没有什么特别之处。

美国对于政府协议的规范也是将普通协议法和联邦政府关于政府协议的一些成文形式的专门法律规定结合起来。大概可归结为三个方面：一是美国宪法第 1 条第 10 款为公共契约提供了最具基本性的规定；二是以判例和成文法组成的普通协议体系；三是有关政府采购协议的专门立法。

在政府协议的缔结方面，英美均实行实际授权制原则。在美国，缔结政府协议的权力属于各机关内专门负责缔约活动的契约官，《美国联邦采购规则》规定，只有契约官能够代表政府缔结和签署契约；契约官只有在其获得授权范围内的缔约活动才对政府产生拘束力，根本没有缔约授权或超越授权的，对政府不发生拘束力，其风险由相对方自行负担；除非无权代理行为被协议申诉委员会或法院解释为"默示授权"或者经有权官员"认可授权"方产生拘束政府的后果。同时美国政府协议发展了私法上的所谓"缔约道德"理论，用列举方式规定了缔结政府协议的三类禁止事项，可能影响政府公正决策的"不当商业惯例"；政府或公务员与协议商的不当利益交换；妨碍或限制竞争的行为。

综上所述，在普通法系中并不存在所谓的行政协议。

二、大陆法系视野下的行政协议

行政协议是大陆法系的法律概念，广泛存在于大陆法系诸国，其中较为发达的国家为法国、德国和日本，下文一一探讨之。

（一）行政协议在法国

法国初创了行政协议这一概念，通过行政法院这一机构，以判例的形式确定了行政协议的判断标准：以主体标准为核心的"三标准说"或"四标准说"。第一标准就是协议一方主体必须是行政主体。[1]第二标准在于协议的目的必须是执行公务。[2]再者必须是以直接执行公务为目的。此外行政法院还确立了协议是否为行政主体保留了特殊权力的标准。[3]法国行政协议是本国国情的产物，欲理解其精妙，必须结合其背景。

1. 法国的司法制度

当我们把行政协议与民事协议区别开来的时候，我们讨论的就是协议双方权利义务配置的问题。影响这种权利义务配置关系的不只是法律文本，更包括法律的实施体系，尤其是司法系统。在讨论行政协议之前，首先来看一下法国的公权力配置，尤其是行政法院的单独设立。

自法国大革命开始，法院和政府分别行使司法权和行政权，互不统属。这使得法院对于政府的行为进行干预存在一定的理论障碍。但这并非最重要的原因，更为重要的是大革命时期，革命派虽然夺取了政权，但是法院依然掌握在代表旧势力的法官手里。革命派自然是想尽办法扩大自己的权力。1790年8月，法国制宪会议通过法律，规定行政权力与司法权力从此分立。法官不得以任何方式干预行政机关的活动，也不得因行政官员行使职权而将其传唤，违者以渎职罪论处。[4]据此普通法院失去了政府作为当事人的纠纷的裁决权，但是政府在行政过程中必然产生许多纠纷，当然需要专门的裁判机构。利益被侵害的当事人必然需要申诉的机会，需要救济的手段，于是在普通司法系统之外、行政权力之内创设一个裁决机构，专门管辖政府作为一方当事人的纠纷，变得非常必要。理所应当地，该法院的裁决行为需受到行政法的规制。[5]所以，直至今日，法国行政法院从法律上来讲是行政机关的

---

〔1〕 施建辉：《行政契约缔结论》，法律出版社2011年版，第4页。

〔2〕 王名扬：《法国行政法》，北京大学出版社2007年版，第146页、第147页。

〔3〕 阎磊：《行政契约批判》，知识产权出版社2011年版，第39页。

〔4〕 何海波：《行政诉讼法》，法律出版社2016年版，第3页。

〔5〕 Stern, Marie Louise. Some Lessons from French Administrative Law Experience. New York Law School Student Law Review, 1951, 1（1）：3.

一部分，接受行政首长的直接领导，总理兼任最高行政法院院长，行政法官作为行政官员也与司法官员相区别。但是行政法院有着实质上的独立性，实际上理政的是最高法院副院长，人事任命上也有着严格流程，绝非受行政首长摆布。

1796 年国民议会通过一项法律规定，请求撤销行政行为应当向行政长官申诉。然而日理万机的行政长官并无暇顾及"小民"的诉求。1799 年，拿破仑通过一系列竞争成为行政长官，他授权成立了一个"参事院"，该机构的任务之一就是受理各种申诉。当然该机构并非行政主体，只是执政官的辅助机构，最终裁决结果以执政官的名义发布。但执政官日理万机，无暇他顾，以致该举成为法国行政法院发展史上的重要惯例。1872 年，法国议会通过法律的形式授权参事院以"人民"的名义直接作出决定。自此行政法院实质上形成。1889 年一项法律规定，当事人对行政行为不服，无需先行报部长裁决，可直接向行政法院起诉。随着案件数量的增加，1953 年法国设立地方行政法院，一般案件向地方行政法院起诉，参事院原则上只受理上诉案件。之后参事院设立 5 个上诉行政法院，参事院作为最高院仅受理终审案件。[1]

行政法院系统区别于司法法院系统，两者完全平行、独立运行。行政法院作为行政系统自身的自我纠错机构而存在，行政审判属于行政的一部分。时至今日，这一点依然如故，法国最高行政法院的主要功能依旧明确为政府顾问、解决争议、创设法律。故而，法国行政司法本质上是一种行政系统内部的自我纠错、监督机制。正是因为行政法院独立于普通法院，行政法院可以毫无顾忌地无视普通法院的裁判规则，大胆地创设新的制度和规则。经年累月，从这些判例中便产生了行政协议制度。二元的司法裁判系统，使得法国的行政协议制度完全摆脱了普通裁判规则的束缚。

2. 行政协议发展的时代背景

法国是一个典型的大陆法系国家，政府拥有强大的权力。在 19 世纪中后期，政府提出公共服务理念，插手社会经济事务。在这一过程中行政协议产生。行政协议的适用范围逐步扩大，19 世纪末主要是工程协议和物资采购协议，到 20 世纪末其涵盖的范围已经非常广泛。相关立法方面，1946 年，

---

〔1〕　何海波：《行政诉讼法》，法律出版社 2016 年版，第 4 页。

法国首次颁布条例对公共协议法典进行结构性规定。该法典囊括了公共采购、公共工程和公共劳务供应三大类协议。其后作为补充又制定了相应的经济性法规。如今，法国行政协议的种类主要有公共协议、公共服务委托管理协议、公务人员招聘协议，以及国家与地方政府间的合作协议等。随着公共服务协议化现象的出现，行政协议的适用范围呈逐渐扩大的趋势。

公共服务理论是现今法国行政法体系的逻辑起点。提出社会连带理论的狄骥提出，任何一项活动具备如下特征就是一项公共服务，即与社会团结的实现和促进不可分割的，必须由政府来规范和控制。[1]国家行为的正当性来源就是公共服务，国家也因此成为公共利益的最佳判断主体。行政特权的赋予就依赖于这一前提。行政机关在协议履行过程中对相对人的监督和指导权基于公共服务的持续性。行政机关单方变更或解除权基于公共服务的可变性。

3. 法国行政协议的权利义务配置

作为"行政法母国"的法国，理所应当也是行政协议的母国。法国是典型的制定法系国家，行政法领域却因前文所述的行政法院的存在导致大量的判例存在。行政协议就是通过行政法院判例的形式产生的。[2]作为行政法体系的一部分，行政协议理所应当地以"公务"的概念为逻辑展开。

正如前文所述，将一种协议作为特殊的协议区别于普通协议，必将导致诉讼双方权益配置的变化。这是通过修改普通协议的适用规则实现的，这样的规则重塑需要遵循基本的"合理且有限"的原则，否则协议会因失衡而不能存在。至于这一限度的把握，最初属于行政法官的自由裁量权范围。

以"公务"的特殊性和重要性为名目，法国法律体系为行政机关在行政协议中以规则为手段创设了众多特权。行政机关所享有的特权以法律的直接规定为依据，作为基本规则而存在，不因协议约定与否而改变。这些特权贯穿了协议的整个流程，包括订立与履行。最典型的莫过于行政机关享有的单方变更权、单方解除权和对普通主体的行政处罚权。更有甚者，在特许经营

〔1〕［法］莱昂·狄骥：《公法的变迁·法律与国家》，郑戈、冷静译，春风文艺出版社1999年版，第53页。

〔2〕Adriana Magdalena Sandu, Maria Sofia Pagarin. Study on Administrative Contracts, Contemporary Readings in Law and Social Justice, 2012, 4（2）：904.

协议和工程采购协议中，行政主体可以行使指挥和监督的权力。当然这一权力目前仅限于上述两种情况。[1]即使行政机关违法的单方变更或解除协议，相对人以此提起诉讼，行政法官也无权判决撤销变更或解除行为。行政法官的权限仅是根据实际情况判决行政机关赔偿相对人的损失。这一情形存在的原因在于，首先，行政机关单方面变更或者解除协议是一种具有强制性和执行力的行政行为。其次，行政法院作为行政机关的一部分，其天然地具有维护行政机关权威性的倾向，通常也认为行政机关能够准确地维护公共服务的良好运作。

失之东隅，收之桑榆。行政协议制度体系得以长存在于双方达成了一种新的平衡。法国行政机关的特权必然也是要付出一些代价的，这个代价就是财务平衡。当行政机关单方面修改或者终止协议时，作为代价，其必须赔偿相对人因此增加的负担或者赔偿因此而产生的损失。并且，当行政协议的履行受到不可预见的因素干扰，相对方的负担由此加重，行政机关应分担该财务负担，无论行政机关是否附有预见的义务。[2]

（二）行政协议在德国

德国作为一个后发的制定法系国家，其对于行政协议的概念以立法的形式明确。《联邦德国行政程序法》第54条规定："行政契约是一种建立、变更和消灭公法领域关系的契约。"由此可见"法律关系"是德国行政协议概念的核心。

尤其应当强调的是以"法律关系"为核心的行政协议与以"国库理论"为基础签订的私法协议完全不同。[3]所谓"国库理论"就是指国库代表国家的私法人格为达成国家任务而签订的私法契约，如购买办公器材。这一点对于区分政府作为一方主体的民事协议和行政协议有着重要的借鉴意义。

1. 德国行政协议出现的历史背景

正如前文所述，当行政权力过于强大甚至全面接管社会的前提下是不会

---

〔1〕　陈天昊："在公共服务与市场竞争之间—法国行政协议制度的起源与流变"，载《中外法学》2015年第6期。

〔2〕　Christopher T. Curtis. The Legal Security of Economic Development Agreements. Harvard International Law Journal, 1988, 29（2）：335-336.

〔3〕　施建辉：《行政契约缔结论》，法律出版社2011年版，第6页。

出现行政协议的，这一点在德国体现得非常明显。两次世界大战均对德国专横的行政权力造成了打击，尤其是第二次世界大战，对德国专制力量造成了毁灭性打击，主要体现在西德。这种对于专制行政权力的打击迅速体现在行政协议的生长上。第一次世界大战之前的德国处于高权行政之下，高权行政以巩固行政权威为核心，以行政处罚为手段，排斥行政协议这一概念。这种高权行政在法学学者奥托·迈耶看来，行政权力和人民之间的行政协议绝无可能。该观点载于其1888年发表的论文《关于公法上契约之理论》。此外，耶利内克[1]以及福斯多夫[2]等学者也曾对行政协议持反对意见。自1900年之后，通说强调只有当法律明文授权时始具合法性，其他应以行政处分为之。1930年，《符腾堡邦行政法典》第一次采取了原则许可的立场。[3]须知此时德国的专制权力已被第一次世界大战狠狠打击，从君主国转变为民主国。但很快德国又走上第三帝国的专制道路，庆幸的是第二次世界大战以同盟国占领肢解德国告终，德国专制行政力量遭到毁灭性打击。西方民主国家对德国进行彻底改造，德国行政法随之发生转变。蕴含民主、平等精神的行政协议出现在行政行为之中。1976年，《联邦德国行政程序法》出台，该法第四章专门规定了公法协议，对公法协议采原则上肯定的立场。

2. 德国的行政协议理论

德国一方面借鉴了法国行政协议的相关内容，另一方面又有着自己的特色。德国的法律体系中，行政协议作为行政行为的替代手段而存在。特殊情形中，对于不适宜采用行政协议方式实现的行政任务，法律对行政协议作排除规定。典型的如税收领域，法律禁止使用行政协议。[4]也可以说，只要法律不存在禁止性的规定，行政机关就可以采用行政协议。人的自然权利是德国公法体系的逻辑起点，行政权力是行政协议的核心要素，所以其更侧重于

---

〔1〕 耶利内克宁愿提倡双方行政处分而不采公法协议。参见吴庚：《行政法之理论与实用》，中国人民大学出版社2005年版，第264页。

〔2〕 福斯多夫认为这种"拟制平等化"的行政协议制度会破坏行政权的优越地位，因此反对这一概念。参见陈新民：《行政法学总论》，三民书局1997年版，第264页。

〔3〕 黄锦堂："行政契约法主要适用问题之研究"，载我国台湾地区"行政法学会"：《行政契约与新行政法》，元照出版公司2002年版。

〔4〕 于安：《德国行政法》，清华大学出版社1999年版，第143页。

行政权的合法性和限制。在公法中，民主制度把公民权利和国家政治结合在了一起，"民主成为为个人自治提供最大可能的一种国家模式"。[1]所以，德国宪法确立了国家的权力垄断，并通过权力层级系统来实现各级国家机构对国家权力的统一表达，进而通过规定权限授予程序、权限范围和内容等，来完成一个井然有序的国家权能构造。德国的行政体现为两大类，一类是公权力行政，一类是经济行政。前者是以国家强制力背书的高权行政，后者是国家以民事主体的身份进行的活动。行政协议在德国，被作为一种高权行政的替代手段。所以法国典型的行政协议，有如为公共服务而签订的公共工程、政府采购等协议，在德国则属于民事协议。由此可见，德国的行政权力被彻底驯化。

3. 德国行政协议新动向

社会是不断发展的，随着公权力深入参与市场经济，德国的行政协议也面临着新的挑战。德国行政协议包括两大类。第一类是以行政委托为典型的纯粹的公权力领域的公法协议。第二类是公权力参与市场经济的协议。典型如公共工程协议、特许经营协议。对这两类协议进行规范成了德国行政法领域的一个热点。成文法国家的一大特点在于对统一法典的痴迷，这在德国体现得尤为明显。将所有的行政协议囊括进一部法典，成为德国法学家的竞技场，他们纷纷提出自己的方案。一种是休培特教授的意见，一种是齐科夫教授的意见，再一种是联邦内政部行政程序法咨询委员会的意见。

（1）休培特教授之鉴定意见书。[2]

休培特教授认为，应当制定新的专门法典，专门规定行政协议，囊括一切形式的公私合作，名之为"德国行政合作法"。他认为在现有的法律体系中，公法协议仅是《联邦德国行政程序法》的第四章，能够施展拳脚的空间极其有限，简单修改增加几个条文并不能囊括行政协议的全部。并且，新出现的公私合作具有很强的司法特征，不宜囊括进行政程序法。如果新法典的制定尚属困难，那么退一步，也应在《联邦德国行政程序法》中另起一章，把现有第四章关于公私协议之规定改为第五章。新增名为"与私人的合作"

---

〔1〕［德］齐佩利乌斯：《德国国家学》，赵宏译，法律出版社 2011 年版，第 169 页。

〔2〕 张海鹏："民事合同与行政合同的区分与关联"，西南政法大学 2016 年博士学位论文。

为第四章，专门罗列公私合作的规范。

（2）齐科夫教授之鉴定意见书。[1]

与上述专家一致的一点是，齐科夫教授也认为公私合作法不应局限于公法领域。行政程序法是行政之行为法，针对行政合作（公私合作）中的行政机关而言，无论该法律关系是私法还是公法，皆应当给予其行政程序法之规制。[2]如属于私法则适用私法条款，如属于公法则适用《联邦德国行政程序法》第54条之规定。所以，行政合作法应该也仅具补充之功能而已。[3]齐科夫教授的建议是，将《联邦德国行政程序法》第四章标题从"公法协议"改为"公共任务履行的合作完成"。进而将第四章划分为三节，分别以"与私人的合作""公法协议""行政合作协议"为标题。其中，第二节公法协议基本保留现行规定。第一节和第三节为新增规定。在第一节规定，行政机关为履行其任务，得与自然人、私法人或不具权利能力之私法团体（私人）以及其他行政机关合作达成。同时，该合作包括行政处分、公法协议、行政合作协议以及其他不具法律拘束力合意等各种形式。其第三节分别就行政合作协议的概念、责任分配、最低限度内容、考虑条款、自愿执行条款等作出规定。

（3）行政程序法咨询委员会之小解决方案。

行政程序法咨询委员会提出了更小规模的修改计划。上述两位教授意在起草一部无论行政协议属于公法还是私法皆能囊括其中的综合性法典。行政程序法咨询委员会认为，这种立法构造将使行政程序法与采购法之间的关系发生问题。特别是在采购法领域所缔结的协议中，国家以公法的单方手段介入协议的可能性究竟为何尚不明确。同时，这种学者的方案还会将行政程序法适用领域扩大至行政机关的私法活动，这有可能将私法或公法形态之行政上协议的审判权，由民事法院全面移至行政法院，造成行政法院审判权扩及

---

〔1〕　张海鹏："民事合同与行政合同的区分与关联"，西南政法大学2016年博士学位论文。

〔2〕　程明修："公私协力契约与行政合作法——以德国联邦行政程序法之改革构想为中心"，载《兴大法学》2010年第7期。

〔3〕　Vgl. Ziekow, aaO.（Fn. 13），S. 183ff. 转引自程明修："公私协力契约与行政合作法——以德国联邦行政程序法之改革构想为中心"，载《兴大法学》2010年第7期。

于私法协议的危险，而这是目前司法审判体系中尚无法接受之事。[1]因此，行政程序法咨询委员会最终放弃了大解决方案而采取在现行法章节结构下为局部调整的小解决方案。故仍然维持行政程序法既有立场，即仅规范公法领域之协议、公法行为之行使等。行政程序法咨询委员会在其草案中提出的主要修改建议包括：首先，在《联邦德国行政程序法》第 54 条增加第 3 款，"行政机关为使私人参与其公共任务的履行，得与私人缔结公法上之协议。行政机关仅得于法规明定时，始得将高权权限委托私人"。其次，加入 56 条 a 款，"第五十四条第三项之公法协议，仅得于确保行政机关得充分行使其影响力，而使公共任务依约定内容履行时，始得缔结之。行政机关应选择具有专门知识与给付能力，同时可资信赖者作为协议相对人"。此外，草案还对《联邦德国行政程序法》第 59 条关于公法协议无效之内容做了相应调整。值得注意的是，为全面应对公私合作协议，两位学者所主张的并不仅仅是修改《联邦德国行政程序法》中公法协议的内容，而是新增加一类所谓的公私合作协议，并认为这些协议既可能是公法协议又可能是私法协议，只是这些协议同样要受到行政程序法的限制。德国有论者主张，在从属性行政协议与对等性行政协议之外，另创设合作协议，作为第三种类型的行政协议。[2]显然，这一观点并未受到上述立法方案的采纳。如果将公私合作协议纳入行政协议，只需直接对《联邦德国行政程序法》第五章"公法协议"部分进行增修即可。但两位学者的大解决方案，均将公私合作协议独立于公法协议，而行政程序法咨询委员会的小解决方案则仅在"公法协议"部分规定了具有公法性质的公私合作协议，将私法性质的公私合作协议排除在外。德国行政合作法的改革方案并未就公私合作协议的性质作出整齐划一的规定，也未就其性质判断提供明确的判断标准。换言之，公私合作协议的具体性质，需要以民事协议与行政协议的区分标准进行具体判断。由于公权力部门的特殊主体地位以及协议本身所负担的公共利益使命，此类协议无论性质如何均应受

---

〔1〕 Vgl. Beirat Verwaltungsverfahrensrecht beim Bundesministerium des Innern, aaO.（Fn. 16），S. 834. 转引自程明修："公私协力契约与行合作法——以德国联邦行政程序法之改革构想为中心"，载《兴大法学》2010 年第 7 期。

〔2〕 刘淑范："公私伙伴关系（PPP）于欧盟法制下发展之初探：兼论德国公私合营事业（组织型之公私伙伴关系）适用政府采购法之争议"，载《台湾大学法学论丛》2011 年第 2 期。

到行政程序法的特殊限制。这种立法方式避开了立法和理论上关于公私合作协议性质的争论，直接进入问题的实质层面，通过对协议进行具体规制来助推行政任务和公共利益的实现。即使公私合作协议属于民事协议，其也要受到此类公法规范的限制。可见，公私合作协议作为一个集合概念，既包括公法协议也包括私法协议，而且，如果某一合作协议属于私法性质，其除受私法规制之外还将受到公法的规范。

（三）行政协议在日本

日本行政协议的概念围绕着目的论展开。为实现行政目的而缔结的协议为行政协议。这种观点是日本的主流观点。如田中二郎、和田英夫均持这种观点。[1]这就决定了在日本，行政协议广泛存在。[2]需要指出的是日本的行政协议从理论到实践皆向普通法系看齐。

日本行政协议的发展历程和德国有着异曲同工之处。第二次世界大战之前的军国主义日本，集专制主义之大成，采取二元化的司法体制。第二次世界大战以美国全面占领日本告终，因此这一时期的日本效法美国，废除行政法院，实行一元司法体制。日本行政协议的发展因此受到重大影响。"在今天的日本，对于公法与私法的区分已经不那么重要了。虽然有的协议具有公法协议的性质，但与一般民法、商法上的协议有什么区别，仍然未必清楚。"[3]行政机关通常依据民商事法律规范与其他主体签订协议。无论是在市政建设还是基础设施建设等情形中，政府只能作为普通的民事主体与相对方签订协议。在政府作为一方主体的协议中，只有一点与普通协议不同，即因为行政主体代表公共利益，所以其协议自由便受到一定的限制。例如，为保护私人利益，只要有申请，行政主体就必须签订协议（例如《德国水道法》第15条第1款等），从而构成缔约自由的例外情况。签订完协议以后，为调整公共利益和私人利益，一方面赋予行政主体解除权，另一方面必须补偿因协议解除而产生的损失（如《德国国有财产法》第24条）。对于这些协议，只有法令上的特别规定，才构成行政法的一部分。因此，日本现在的行政法学

〔1〕 ［日］田中二郎：《行政法总论》，有斐阁1979年版，第249页。
〔2〕 ［日］盐野宏：《行政法总论》，杨建顺译，北京大学出版社2008年版，第125页。
〔3〕 ［日］藤田宙靖：《日本行政法入门》，杨桐译，中国法制出版社2012年版，第109页。

者通常将行政协议概括为行政法上的协议，包括行政主体作为一方或双方当事人的协议。日本政府通常不会因为协议的性质获得特权，所以日本并无严格的协议性质的区分，学者更多地关注具体问题的解决。[1]

第三节　中国行政协议的发展

一、我国行政协议产生的背景

通过上文的对比我们发现不同国家行政协议理论的发展各有特色。中国行政协议的发展也同样受到几个因素的主导。首先，对于公私法的划分，在我国是客观存在的。其次，行政主体所享有的特权经历了从强到相对减弱的过程。最后，行政权力对经济活动的参与度也经历了从完全操控到有限参与的过程。新中国成立后到改革开放前这一段时间，我国实行计划经济，行政控制社会，处于"全能国家"的状态下，此时行政协议没有生存空间，政府通过行政手段全方位地控制经济活动。

"文化大革命"结束后，百废待兴，中国走上了改革开放的道路。改革开放的过程就是市场经济逐步发展的过程，也是计划经济逐渐向市场经济过渡的过程，其间经历了行政主导到市场主导的转变过程。1985年1月1日，中共中央、国务院发布了《关于进一步活跃农村经济的十项政策》，该政策规定"粮食、棉花取消统购，改为合同定购"。这些协议的出现，使行政协议在国家管理农业的方式上占据了主导地位。党的十三大明确提出，"无论实行哪种经营责任制，都要运用法律手段，以契约形式确定国家与企业之间、企业所有者与企业经营者之间的责权利关系"。随着我国经济、政治改革的不断发展，行政协议像雨后春笋般在中华大地生根发芽，迅速运用到工业、商业、交通运输业、外贸、基建等方面。国务院先后颁布《全民所有制工业企业承包经营责任制暂行条例》《全民所有制小型工业企业租赁经营暂行条例》，行政协议开始运用于国有企业，范围及于工业、商业、外贸、交通运输、城乡建设等各个领域。1990年5月19日，国务院发布《城镇国有

---

〔1〕　吴东镐：《日本行政法》，中国政法大学出版社2011年版，第162页。

土地使用权出让和转让暂行条例》。同年 5 月 30 日，国务院发布《外商投资开发经营成片土地暂行管理办法》，国家对土地使用的管理开始从"三无"即无期限、无偿、无流动的行政划拨，部分地转变为有期限、有偿、有流动的行政协议管理方式。

2013 年，中共十八届三中全会通过《中共中央关于全面深化改革若干重大问题的决定》，在该决定中提出简政放权，确立市场在经济配置中的决定作用，提出法治国家、法治政府、法治社会三位一体的法治中国建设。法治国家的内涵包括对市民社会的肯定和对依法行使权力的要求。这就决定了今后行政权力参与经济生活将更加规范。

二、我国行政协议的概念

我国学界对行政协议的概念进行过激烈地讨论，并形成了几个不同的学说。应松年教授提出主体标准说，并提出了三项判断标准：一是合同当事人中居于主导地位的当事人必须是代表公共利益的行政主体；二是合同目的在于实现行政管理和公共利益的目标；三是在合同权利义务的配置上，行政主体保留了某些特别权力，如监督甚至指挥合同的实际履行，单方面变更合同的内容，认定对方违法并予以制裁。[1]杨海坤教授也提出，行政契约是指行政主体为了执行公务，或基于实现公共利益的需要，与公民、法人或其他组织在意思一致的基础上所达成的设立、变更、终止行政法上权利义务的协议。[2]沈开举教授主张，行政契约是指行政主体为了行使行政职权，实现某一行政管理目的，与公民、法人或其他组织通过协商的方式，在意思表示一致的基础上所达成的协议。[3]我国大多数行政法学者在界定行政协议概念时都在使用目的标准说。姜明安教授则提出法律关系说，他认为行政协议具有的特征包括：（1）行政合同是具有公法上法律效果的行政法律行为。行政合同与其他（民事）合同最重要的区别在于客体，而非主体。判断行政合同的实质标准应当是看其中是否存在公法因素。（2）行政合同是双方当事人协商

---

〔1〕 应松年："行政合同不容忽视"，载《法制日报》1997 年 6 月 9 日，第 1 版。

〔2〕 杨海坤、章志远：《行政法学基本论》，中国政法大学出版社 2004 年版，第 246 页。

〔3〕 沈开举："行政合同纠纷应纳入我国行政诉讼的受案范围"，参见中国法学会行政法学研究会 1997 年年会论文。

一致的结果。这种双方当事人之间的合意，是行政合同区别于行政命令等单方行政行为的基本特征。（3）行政合同中有弱行政权力因素存在。一方面，行政主体在行政合同中享有某些特权；另一方面，行政合同中行政特权的强制色彩要明显弱于行政主体在行政命令中所享有的职权。[1]姜明安教授的观点实际上摒弃了主体标准说，采纳了法律关系标准说，试图将行政协议与行政决定等单方行为作出清楚界定。

《过渡解释》第11条[2]分为两个部分，前半部分对行政协议进行了定义，根据该定义，行政协议可以通过五个标准界定：（1）目的要素。即行政协议的目的是实现公共利益或者行政管理目标，是为了实现公法上的目的。（2）主体要素。行政协议的主体为行政主体和行政相对人，其中行政主体是不可缺少的主体。（3）职责要素。职责要素是指行政机关签订行政协议必须是在"法定职责范围内"，法定职责范围之外签订的行政协议无效。主要体现为：①行政机关签订协议应当在法定职责范围内。②行政机关签订协议的程序应当符合法律规定。③协议内容不能违反法律法规的禁止性规定。（4）意思要素。即行政主体和行政相对人签订行政协议必须经过协商，意思表示一致。（5）内容要素。即行政主体和行政相对人之间签订合同的内容是行政法上的权利义务。

实定法试图通过对行政协议基本内涵的确定，以解决行政协议纠纷，但是在理论与实践中，都带来了更多的争议和差异化运用。《过渡解释》第11条后半部分采列举式规定，列举了行政协议的类型，扩张了《行政诉讼法》规定的土地、房屋两种类型的征收补偿协议，将土地、房屋之外的动产和不动产征收补偿协议及其征用补偿协议都纳入了行政诉讼。此外，还对典型的行政协议进行了明确列举——政府特许经营协议、土地房屋等征收征用补偿协议等。实定法采取的这种"确定内涵+有限列举"的方式，实际上会造成

---

〔1〕 姜明安主编：《行政法与行政诉讼法》，北京大学出版社、高等教育出版社2016年版，第319页。

〔2〕《过渡解释》第11条规定："行政机关为实现公共利益或者行政管理目标，在法定职责范围内，与公民、法人或者其他组织协商订立的具有行政法上权利义务内容的协议，属于行政诉讼法第十二条第一款第十一项规定的行政协议。公民、法人或者其他组织就下列行政协议提起行政诉讼的，人民法院应当依法受理：（一）政府特许经营协议；（二）土地、房屋等征收征用补偿协议；（三）其他行政协议。"

条款。[1]实质要件是行政协议的精髓，据此可以突破形式要件的限制。

第一，只要符合行政协议的实质特征，即使协议主体中没有公法人，也可以认定为行政协议。在涉及本质上属于国家权力范围的协议时，无论主体性质如何，皆定为行政协议。例如公私合营公司和建筑企业所签订的高速公路建设协议和国有公路建设协议，行政法院认为是行政协议。[2]

第二，在不符合实质特征的情况下，即使协议主体均为公法人，也认定为非行政协议。虽然一般情况下，公法人之间签订的协议被认定为行政协议，但是当协议不涉及公共服务的内容，则不会被认定为行政协议。例如，管理平价共有住宅的公务机构与社会救助机构所签订的租赁协议，因其仅发生私法上关系，故被视为私法协议。[3]

公共服务事项是指以公共利益的实现为目的的活动。就行为目的而言，必须以满足公共利益为目的。此处的公共服务活动，是指直接以人民为受益对象，对其提供物品或服务的活动。行政协议有三种具体类型：第一种类型是由当事人直接执行一项公共服务事项。例如，在 1910 年的一个案例中，某市与私人签订协议，约定由该私人负责该市病死牲畜的处理及流浪狗的捕捉，并以饲养人交纳的牲畜处理税作为该私人的主要获利。中央行政法院便认为，此协议乃是为了该市人民健康安全而订立，系为了公共服务目的，故应由行政法院管辖。第二种类型是以协议为媒介，使协议当事人可以参与公共服务的运作。例如行政机关与其雇用人员之间的雇用协议。实务中在判断是否属于参与公共服务时，也产生了诸多争议。例如，大学餐厅的服务人员与大学之间是私法协议，因为其没有参与公共服务事项；但中初等学校餐厅的服务人员与学校之间的关系则属于行政协议。可见，参与公共服务的判断其实是相当困难且容易产生分歧的。第三种类型是协议本身即是公共服务事项的执行手段或方式。

---

[1] Liana-Teodora Pascariu. The Distinction of the Administrative Contracts from Other Types of Contract. The Annals of the "Stefan cel Mare" University of Suceava. Fascicle of the Faculty of Economics and Public Administration, 2010, 10 (SpecialNumber): 411.

[2] 王名扬：《法国行政法》，北京大学出版社 2016 年版，第 145 页。

[3] 陈淳文："公法契约与私法契约之划分——法国法制概述"，载我国台湾地区"行政法学会"：《行政契约与新行政法》，元照出版公司 2002 年版，第 147 页。

协议不涉及公共服务事项，但只要该协议中含有私法之外的条款，则同样可被认定为行政协议。所谓私法之外的条款，是指私法协议中不经常出现的具有公法特征的条款，通常是指赋予公法人一定特权的条款。但这一标准今天已很难适用。私法在对协议的规定方面已追赶上了公法的规定，例如现在私法协议也可以基于公益的理由而被单方面地取消，这在过去的私法领域中是完全没有的现象。按照传统私法观点，协议是基于双方的合意而形成的，其中任何一方都没有单方取消权，如果得不到对方同意就不得解除协议，因公益理由而单方取消协议的情形即使在公法领域也必须满足一定条件。

二、通过立法创设的行政协议的特征

法国另一类行政协议是通过立法权的形式创设的，直接避免了相关协议性质的讨论。这种直接创设行政协议并非完全契合判例法所依据的行政协议的特征理论。契合的典型如公产占用协议。1938 年，法国通过立法的形式把公产占用协议列为行政协议。此处的公产并非指公有财产。公有财产在法国进一步区分为公产和私产。公有财产中的私产与公民个人的私产并无区别。公有财产中划分公产与私产的标准是作用的不同，直接供公众使用或为实现特定公共服务事项而使用的财产为公产，例如，道路、海岸、港口等。[1]基于公产的不可让与性或不具融通性，其所适用的法规自应不同于一般财产的管理、利用规定。另一些创设的行政协议并不契合判例法的标准，例如公共采购协议。2001 年的一项法令将公共采购协议列为行政协议。[2]严格来讲政府采购协议，并非以公共利益为目的的协议。政府虽然作为协议的主体，但这种协议并不符合行政协议的实质特征，是立法直接确定的行政协议的类型。

三、法国行政协议的新趋势

法国行政协议特征的演变围绕行政特权不断减弱这一中心。欧盟作为超

---

[1]　陈淳文："公法契约与私法契约之划分——法国法制概述"，载我国台湾地区"行政法学会"：《行政契约与新行政》，元照出版公司 2002 年版，第 137 页。
[2]　张海鹏："民事合同与行政合同的区分与关联"，西南政法大学 2016 年博士学位论文。

国家实体的出现，其法律规范体系对成员方的法律产生了很大的影响。随着市场经济不断地发展，建立在自由主义之上的欧盟法原则上并不区分协议的性质，走在了普通法系的道路上。法国作为传统的中央集权的制定法国家，以"公共服务"为名，授予公权力一方以高于公民的特权的做法正在被挑战。以欧盟法中政府采购协议的规范为例，其调整对象并不仅限于行政机关，而是普及于所有公法人能够主导或影响的公法或私法上的组织。此时，无论协议主体性质如何均受到同一规范的调整。传统的法国行政协议制度日渐松动，表现出强烈的"普通化"倾向。

第一，协议缔结的透明化和竞争化。公开透明、程序中立、平等进入是现代市场经济的本质要求。欧洲一体化进程中，欧盟通过一系列的规范体系要求成员方落实这一准则，法国自然不能例外。

第二，协议履行的刚性化。行政协议基于前述机制订立后，应当严格地执行，而非通过其他方式变更其内容，进而违背公平、透明的原则。行政主体原本享有的行政特权受到极大程度的削弱。

第三，既有的行政特权以协议的形式行使。公权力一方所拥有的特权更多地确立在文本中，以约定的形式实现。根据 2004 年 6 月 17 日公布的《法国公私合作协议之行政命令》第 11 条之规定，公私合作协议必须包括以下条款："公法人监督协议执行的模式；债务不履行，尤其是协议相对人未达到成效目的时的罚金；基于协议附属文件或当事人无法达成合意时，依据公法人单方性决定得以修改或解除协议的条件，尤其应顾及公法人需求变化、技术革新或相对人获得融资条件发生变化的情形；相对人无履行能力时，确保公共服务继续履行的条件，尤其是已宣布解约的情况下。"行政优益权的行使亦遵照协议的方式实现。根据《法国政府采购法典》第 118 条的规定，在协议约定的给付数额完成之后，如果行政机关希望相对人继续给付，其有权单方面作出要求给付的决定，但必须以"协议对此已有约定"为前提。更为重要的是在行政协议中，民事主体一方的履行抗辩权得到承认。最高行政法院在 2014 年 10 月 8 日作出的"哥克租赁公司案例"中指出，在案涉行政协议非以公共服务之实施为标的时，双方当事人可在协议中约定相对人有权单方解除协议。该判例打破了行政机关对单方解除协议权力的垄断，而且也为相对人在行政机关不当履行时提供了救济手段。[1]要知道在传统的行政协议理论中，民事主体是不享有任何抗辩权的，其理由当然是公共服务的良好运作。

第四，行政机关单方解除权开始受到司法控制。法国最高行政法院在2011年3月21日的"贝兹耶案例"中首次肯定了法官在审查行政机关单方解除行为后判决"恢复协议关系"的权力。而且，为避免实践中行政诉讼冗长的程序导致解除协议的决定在"恢复协议关系"判决作出前成为既定事实，最高行政法院指出相对人可以同时请求行政法院暂停行政机关单方解除行为的执行。此后，里尔及巴黎的上诉行政法院进一步将该案的判决方案推广到了行政机关的单方变更行为。[2]

第二节　德国行政协议的特征

德国行政协议的官方定义为设立、变更、终止公法上法律关系的协议。[3]其依据为《联邦德国行政程序法》第54条，该条规定："公法范畴的法律关系可以通过协议设立、变更或撤销，但以法规无相反规定为限。"这也说明了德国行政协议的实质特征为"公法法律关系"。行政协议的标的是德国学术界和实务界界定协议性质的关键。持这一观点的学者认为，协议的客观内容是判断协议属性的标准，也就是说协议中当事人之间的权利义务关系。协议的主体是否为公权力机关在所不论。协议内容倘若旨在设定、变更或消灭公法上法律关系，则是行政协议。以上观点为德国学术界主流观点。

但如何认定协议内容旨在设定、变更或消灭公法上法律关系而具公法性质，则可进一步区分为不同的标准。

第一，规范事实说。

该理论认为，根据协议内容之事实所应适用的规则的性质为判断依据。

---

〔1〕 陈天昊："在公共服务与市场竞争之间　法国行政协议制度的起源与流变"，载《中外法学》2015年第6期。

〔2〕 陈天昊："在公共服务与市场竞争之间　法国行政协议制度的起源与流变"，载《中外法学》2015年第6期。

〔3〕 [德]哈特穆特·毛雷尔：《行政法学总论》，高家伟译，法律出版社2000年版，第348页。

如果协议内容事实适用公法之规则，那么其性质为行政协议[1]这一理论并非没有问题，对协议内容的判断往往依赖于所适用的规则性质，并且存在一种缺乏相应规则的情况，这导致这一判断依据的不明确。

第二，规范拟制说。

这一理论是对上一理论的完善，该理论认为在上述缺乏法律规则导致无法判断协议的性质时，通过拟制的手段，即假设存在某一法律规则，据此判断协议的性质。[2]该理论试图通过拟制的手段解决上一学说的不足。但这一学说的可行性仍存在争议。随着社会的发展，行政给付越来越多，缺乏明确规则的协议数量增加，如果全都根据这一学说处理，那么显然这一自由裁量权全都由法院行使。法院在拟制的过程中存在诸多变量。

第三，特别法说。

该理论视协议所产生的"法律关系"为判断依据。倘若协议以成立、变更或消灭协议当事人与公权力间的法律关系为内容，则该协议为行政协议。协议所构成的权利义务关系，如果只能由公权力机关所承担，那么该协议为行政协议。该理论为德国通说。

第三节　我国行政协议的特征

一、学界争论

行政协议的特征在我国仍是一个有待讨论的问题。在行政协议的判断标准中，协议主体、目的、客体（法律关系内容）等，皆被视为特征。在司法实践中，法院判断行政协议的标准多元，例如主体的法定性、主体地位不平等、行政职责为前提、行政主体具有优益权、行政目标为协议目的、适用行政法规范、行政法上的权利义务等。[3]姜明安教授主编的《行政法与行政诉讼法》认为，行政协议的行政性表现在：其一，协议的主体必须至少有一

---

〔1〕　陈敏：《行政法总论》，神州图书出版公司2003年版，第653~654页。

〔2〕　陈爱娥："行政上所运用契约之法律归属——实务对理论的挑战"，载我国台湾地区"行政法学会"：《行政契约与新行政法》，元照出版公司2002年版，第98页。

〔3〕　叶必丰："行政合同的司法探索及其态度"，载《法学评论》2014年第1期。

方是行政机关。其二，协议的内容是具有公益性的行政管理事务，本着公共利益的目的签订的以公益为主要内容的协议。其三，行政机关在协议中享有行政优益权。行政机关所享有的行政优益权显示出其与相对人在协议中不平等的法律地位。行政机关在行政协议中拥有这种权力的基础是公共利益的优越性。[1]其所主张的主体、目的以及行政优益权三项标准，是我国行政法学者的通说观点。[2]该标准也获得了实务界的赞成。[3]稍有差别的是，在主体标准上，有学者更加强调行政协议中当事人之间管理与被管理的不平等关系。[4]除上述三项标准外，有学者还增加了其他因素。杨临宏教授在主体、目的和行政优益权标准外，还列举了如下判断标准：第一，从适用的法律看，行政机关基于行政主体地位订立行政协议时，适用行政法律规范；行政机关基于平行的机关法人地位订立民事协议时，则适用民事法律规范。第二，从订立原则看，行政机关订立行政协议，要以执行公务为原则；而行政机关订立民事协议则必须遵循诚实信用、等价有偿、协商一致的原则。第三，从纠纷解决方式看，行政协议纠纷的解决采用行政诉讼的方式，行政机关订立的民事协议发生争议按民事诉讼途径解决。[5]惠生武教授主编的《行政法与行政诉讼法教程》也将救济途径作为行政协议的识别标准。[6]此外，也有学者仅以其中一项为判断标准。如王万华教授认为，区分行政协议与民事协议最重要的标准在于签订协议的直接目的，前者以完成行政管理任务为直接目的，后者以实现私人利益为直接目的。[7]

　　也有学者主张借鉴德国模式，即分别依据一是形式标准，即协议至少一

---

〔1〕　姜明安主编：《行政法与行政诉讼法》，北京大学出版社、高等教育出版社 2015 年版，第 311 页。

〔2〕　应松年："行政协议不容忽视"，载《法制日报》1997 年 6 月 9 日，第 1 版；马怀德主编：《行政法与行政诉讼法》，中国法制出版社 2012 年版，第 261 页。

〔3〕　孙晓光："加强调查研究　探索解决之道——就民商事审判工作中的若干疑难问题访最高人民法院民二庭庭长宋晓明"，载《人民司法》2007 年第 13 期。

〔4〕　胡敏洁："困境与尴尬：行政契约的司法审查"，载余凌云主编：《全球时代下的行政契约》，清华大学出版社 2010 年版，第 119~121 页。

〔5〕　杨临宏：《行政法：原理与制度》，云南大学出版社 2010 年版，第 595 页。

〔6〕　惠生武主编：《行政法与行政诉讼法教程》，中国政法大学出版社 2011 年版，第 196~197 页；罗豪才、湛中乐主编：《行政法学》，北京大学出版社 2012 年版，第 279~280 页。

〔7〕　王万华：《中国行政程序法典试拟稿及立法理由》，中国法制出版社 2010 年版，第 414 页。

方当事人为行政主体，二是实质标准，即是否引起行政法律关系的发生、变更和消灭作为区分标准。[1]

我国台湾地区吴庚先生认为，具体的行政契约判断，应就契约主体（当事人法律地位）、契约目的、内容以及订立契约所依据法规的性质等因素综合判断。行政契约与私法契约的分辨，宜采取一案一议的司法极简主义。辨别行政契约，首须契约一方为代表行政主体的机关，其次凡行政主体与私人缔约，其约定内容（契约标的）有下列因素之一的，即认定为行政契约：（1）契约是作为实施公法法规的手段，行政机关本应作成行政处分，而以契约代替；（2）约定的内容系行政机关负有作成行政处分或其他公权力措施的义务；（3）约定内容涉及公法上的权益或义务；（4）约定事项中有显然偏袒行政机关或行政机关占有优势地位的。如果契约履行内容属于"中性的"，应就契约整体目的及履约内容、目的来判断。我国台湾地区行政机关在识别行政协议与民事协议时，也采取了"标的＋目的"的整体判断方法。

从正面看，行政协议的判断只能采取多元的综合标准，这一标准是肯定性的，但是只能一案一议地适用。如果采取删繁就简的辨识策略，如何判断行政协议，还存在一个反面的否定性评价标准，即以"公权力是否发挥了效果"作为本质性标准。如果不能满足这一条标准，除非法律、法规有特别规定，明确要求采取行政诉讼途径，否则可断定某个协议一定不属于行政协议。如果说契约合意是民事协议和行政协议之间的最大公约数，那么公权力的作用才是两种协议之间，以及行政协议与其他行政行为之间的最小公倍数。

于立深教授主张以"公权力的作用"作为判断行政协议的核心标准。[2]公权力的运用即公权力发生了法律效果。所谓的公权力发生法律效果，一般表现为协议缔结或者履行中的权力特殊作用，包括：（1）主动的强制力；（2）优势地位，如有显然偏袒行政机关一方的协议条款；（3）左右法律关系、法律事实或后果。只有公权力发挥了法律效果，才会产生协议的行政

---

[1] 肖芳："略论我国行政契约的认定标准"，载《兰州学刊》2002年第5期；李煜兴："行政合同制度的比较反思与重构"，载《南京社会科学》2003年第7期。

[2] 于立深："行政协议司法判断的核心标准：公权力的作用"，载《行政法学研究》2017年第2期。

性。其一，行政协议行为本质上是单方行政处理行为的替代措施，即采取协议方式的行政行为，其实本可以采取行政处理方式的。行政协议通常是对行政处分或高权的事实行为的替代。如果采取协议方式，则其中自然地含有公法因素或者权力因素。某项法律关系如果不能采用单方行政行为进行处理的话，通常也不会产生替代性的行政协议。例如，行政主体的公物购买或者采购行为、公产的出售出租行为，无法采取单方行政处理方式，其采取的买卖行为实属民事协议，并不是含有公权力作用的行政协议。其二，只有公权力发挥了法律效果，才会产生协议的行政性，即狭义上的公法权利义务关系。例如，土地征收的补偿行为、政府特许经营行为之中，含有诸多公权力的作用效果，既可以采取单方行政处理行为，也可以采取行政协议行为，公权力作用自然而然地内置于行政协议之中。

二、我国行政协议特征的通说

须知，当我们探讨我国行政协议的特征时，一定应当注意我国既有的法律规范体系。我国法律体系是区分公私法的。由此而来的在司法中必然面临着法律适用的区别。这种法律适用的不同必然导致协议主体间权利义务关系的变更。这是我国不同于英美法系的一大特征。

（一）行政协议的一方为行政主体

协议的当事人至少有一方为公法人。公法人顾名思义就是行使公权力并承担相应义务的法人，为公法上法律行为的主体。从形式上来讲通常包括中央政府、地方政府以及公立公务机构三个类型。私人无论基于法律规定或者委托授权，只要获得代理权，该私人也可签订行政协议，视为满足协议一方为公法人的条件。

（二）行政协议应以行政管理或公共服务为目的

我国多数学者倾向于借鉴法国模式，将协议目的、行政优益权作为重要的判断标准。法国法现在大多通过立法创制而非司法判例来确定行政协议[1]。

---

[1]　杨解君：《法国行政合同》，复旦大学出版社2009年版，第26~27页。

　　法国以公益优先的立法模式与欧盟的发展趋势不相一致，但在欧盟指令的影响下，其行政协议制度也正在发生改变。欧盟未在共同体法层面区分公法与私法，并主张人员、服务、货物及资金自由流通与开放竞争。这对采取公私二元划分的法国产生了影响。应欧洲整合全球经济之趋势，法国行政协议开始大幅提升协议相对人地位，以鼓励私人参与公共事务，并引进私部门人才与财源以弥补公部门的不足。为避免触犯欧盟独占相关禁令，法国逐步将从事工商公共服务的国营或公营事业私有化，如电力、瓦斯、空运、电信等。[1]法国的行政协议也逐渐向注重当事人间平等及合意方向发展。如前所述，法国的行政协议是与其公共服务理念以及独特的行政司法体系和行政法生成机制密切相关的。

　　我国学者借鉴法国的公务理论，提出了协议目的标准。我国台湾地区相关裁定指出，区分公法契约与私法契约之标准仍采契约标的理论，惟如何判断契约标的之法律性质，依第533号解释，实务仍采契约目的说。契约目的不能仅凭模糊之"公益目的"或"私益目的"即判断契约之属性，合则行政机关所缔结之契约，经扩大目的或任务，皆被归类为公法契约，以致行政机关订立之任何民事契约均无存在空间。所谓契约目的，系指个别或特定行政目的而言，法院于判断是否为公法契约时自应调查行政机关所订立之契约其背后原因及所追求之特定目的。因此，有学者便试图将目标标准从"公益目的"限制为"行政管理目的"。[2]值得一提的是，《过渡解释》对行政协议采取了公共利益和行政管理目标双重标准，这无疑增加了行政协议范围扩大的可能性。杨桢教授认为："'契约'一词，一般乃指二人以上，以发生、变更或消灭某项法律关系为目的而达成之协议。所谓发生法律关系为目的，系指在契约上产生权利义务关系而言。"[3]可见，协议目的须直接从其对法

---

　　〔1〕　吴秦雯："欧盟法对法国行政契约法制之影响——附论对国内相关契约领域之可能借镜"，载《东海大学法学研究》2008年第29期。

　　〔2〕　目前，持公共利益标准的学者占多数，参见姜明安主编：《行政法与行政诉讼法》，北京大学出版社、高等教育出版社2007年版，第350页；杨解君主编：《中国行政合同的理论与实践探索》，法律出版社2009年版，第3~4页；王克稳：《政府合同研究》，苏州大学出版社2007年版，第30页。持后一种观点的学者可参见邢鸿飞、赵联宁：《行政合同在BOT项目中的运用及其法律保障》，载《河海大学学报（哲学社会科学版）》2001年第4期。

　　〔3〕　杨桢：《英美契约法论》，北京大学出版社2007年版，第5页。

律关系的影响来分析，结合协议中具体的权利义务加以考察。因此，协议目的应当是明确而具体的。根据崔建远教授的研究，协议目的，可以从抽象和具象两个视角加以观察。抽象视角的协议目的，是指每一类协议所欲实现的法律效果，不考虑协议标的物、服务或劳务的具体质量要求。例如，在买卖协议中，出卖人的目的是获得价款，而买受人的目的是取得标的物所有权。具象的视角，是指协议标的在种类、数量、质量方面的具体要求。但无论是抽象还是具象的协议目的，都是从协议的给付内容来进行确定的。即使在一定条件下协议动机成为协议目的，它也必须是双方当事人在协议中通过意思表示一致而确定。[1]因此将公共利益或私人利益界定为协议目的，并以之作为行政协议与民事协议的区分标准。如果将行政协议的协议目的界定为公共利益，所有行政协议的目的便趋于同一。那么，协议目的在协议类型划分、违约责任认定等方面的功能也会随之消失。因此，将所谓的公共利益或行政管理目的作为行政机关缔结协议的动机，而让协议目的作为对协议内容上的具体分析可能更为妥当。而且，事物的本质是由其主要矛盾决定的，基于一项协议与公益相关而将其认定为行政协议。因此，协议目的应作为行政协议的特征之一。

（三）行政主体通常享有行政优益权

在我国现行法律规范体系之下，鉴于我国对于公私法划分和行政优益权之承认，对于协议的属性判断应当从其本身的性质出发。由此而来的程序选择和法律适用是性质判断之后的结果。虽然在我国学者提出的各项标准中，法律适用和救济程序标准说为少数派，但是需要指出的是如果对于协议性质的区分并未带来协议双方的利益配置变化，这种区分将是没有意义的，这是英美法系不对行政协议进行区分的原因，也是欧盟法对法国行政协议法律规范造成冲击的原因。

依据行政协议之性质判断，通常情况下行政机关获得相应的优益权，更准确地来讲是一种特权。这可以视为行政协议的一个特征。行政机关在协议中享有的监督、变更及解除协议等权利称之为行政优益权。行政优益权是

---

〔1〕　崔建远："论合同目的及其不能实现"，载《吉林大学社会科学学报》2015 年第 3 期。

"国家为行政主体行使职权提供的行为优先条件和物质保障条件"。[1]这即是说，行政优益权是与行政职权如影随行的。在具体法律关系中，只有在行使行政职权的时候才享有行政优益权。它具体包括职务上的优先条件（行政优先权）和物质上的优惠条件（行政受益权）两个方面。前者包括获得社会帮助权、公务受特别保护权、职权行为受有效推定权等；后者系指由国家提供行政经费、设备及工具等条件。正是这些不同于民事协议的特权成为行政协议的一个特征。行政机关享有的行政优益权是本着对行政协议性质的判断，进而选择法律适用造成的，是法律规范体系对于行政主体的特殊关照，并非出于当事人之间的意思自治。行政协议中行政主体的这种权利来源于法律本身，具有强制性。这种差异可以说是行政协议的一大特征。

传统法国行政协议理论强调行政优益权。从行政协议制度的发展趋势来看，行政机关在协议中的特权必须有法律的明确规定或协议的明确约定，且在行使行政特权时必须给相对人相应的补偿。[2]值得警醒的是，行政机关享有的行政优益权是行政协议所追求的公共利益的性质所派生出来的。行政机关因其掌握公权力而处于较为强势的地位，在我国亦是如此，行政机关侵害相对人利益的情形屡见不鲜。行政机关作为民事主体参与市场活动本身就处于优势地位，如果再赋予其行政优益权，对于相对人的保护是极其不利的，这不符合现代法治精神。"行政协议实践中之所以经常出现擅权的问题，就是因为中国的行政协议理论仍然在大力地主张行政协议中行政主体的特权。"[3]

根据前文所论，在欧洲，法国行政协议中的行政优益权正在经受欧盟法的改造，德国行政协议中的行政优益权微乎其微，这是普通法系国家对德国进行改造的结果。在德国，行政协议中的行政机关已失去其特权优势，与相对人居于平等的法律地位。如果因行政协议而产生争议，行政机关只能通过协商或诉讼的方式解决。[4]德国的行政协议，在权利义务配置上更类似于一般的民事协议，更强调在双方当事人之间平等地配置权利、义务，行政机关

---

〔1〕 胡建淼主编：《行政法学》，复旦大学出版社 2003 年版，第 85 页。

〔2〕 杨欣："论行政合同与民事合同的区分标准"，载《行政法学研究》2004 年第 3 期。

〔3〕 于立深："通过实务发现和发展行政合同制度"，载《当代法学》2008 年第 6 期。

〔4〕 应松年主编：《比较行政程序法》，中国法制出版社 1999 年版，第 251~252 页。

不享有当然的特权。[1]在日本，同德国一样，行政权力已彻底纳入法治的轨道。总而言之，本着对于行政协议关乎公共利益的判断，进而在法律体系中授予行政主体一方行政优益权的利益配置方式，在当今法治的趋势中，正在经受冲击。但是，从目前来看，这依然是我国行政协议的特征之一。

---

〔1〕　李昭："德法行政合同制度之比较"，载《河北法学》2004 年第 3 期。

第三章

行政协议的分类

第一节　域外行政协议的分类

依据一定的标准对行政协议进行分类有利于更好地规制行政协议的发展。法国和德国在这一问题上已有一些较为成熟的经验，可资借鉴。

一、法国行政协议的分类

法国行政协议的种类经历了一个动态演变的过程，1900 年时，已经包括三个基本类型：工程协议、国家必需品订购协议、军事采购协议。[1]

20 世纪中叶后，法国以立法权为手段对行协议的种类进行了调整。1946 年对公共协议法典进行结构性规定。如今公共协议法典调整公共采购协议、公共工程协议和公共劳务供应协议。[2]此外还有公务人员招聘协议等行政协议。法国的行政协议主要有四类。[3]第一类是政府采购协议，即为实现公共职能而为的物品、劳务的采购及公共工程招标等签订的协议。这类协议通过政府采购法这样的制定法进行调整。第二类是公共特许协议及其他涉及公私合作的协议，这些协议统称为公共服务委托协议，调整该类协议的是 1993 年颁布的法典（法典根据当时的财政部长的名字被命名为"沙平法"）。第

---

〔1〕 杨解君："法国的行政合同及其法律规则"，载《南京工业大学学报（社会科学版）》2008 年第 3 期。

〔2〕 杨蔚林：《法国公共合同法典的改革》，载赵海峰、卢建平主编：《欧洲法通讯》（第二辑），法律出版社 2001 年版，第 210 页。

〔3〕 ［荷］勒内·J. G. H. 西尔登、弗里茨·斯特罗因克编：《欧美比较行政法》，伏创宇、刘国乾、李国兴译，中国人民大学出版社 2013 年版，第 76 页。

三类是由私人支配公共财产的公共占有协议，主要通过判例进行调整。第四类是公共雇用协议，即除公务员之外的政府部门雇用人员与行政机关之间的劳动协议。这类协议一方面适用劳动法的共同规则，另一方面根据雇用部门的不同（国家机关、地方团体和公立医院三类），确定各自的规则。

　　20世纪后期以来，法国行政协议的适用范围不断扩大。2007年，行政法院在其白皮书中，专门论述了行政协议。[1]此报告将行政协议分为以下六个领域。(1) 以协议作为公权力行使方式，①资产管理，如政府采购协议、公共工程或服务发包、公有财产管理（公有财产包括公有公产及公有私产，后者的管理原则上适用私法协议关系，而前者则属于行政协议）；②公务委托，如高速公路委托兴建等；③人员聘用及管理，如在中央或地方机关聘用来协助执行公务者、公务员公会和政府有关薪俸、工作条件及运作的谈判等；④引导行政协议，如为推行新公共管理模式而签订的明确决策与执行的协议、绩效导向协议、目标及手段协议等；⑤新规范之实验及公共政策的现代化，例如法国与私立学校签订的教育改革实验协议。(2) 有关社会方面的协议，①有关卫生、社会服务及社会保障，如公权力与涉及医、药、社会保险的私立机构签订的关于药品价格合理化、医疗现代化、社会保险妥善运作的协议；②防止人民被边缘化及社会福利服务，如避免边缘化协议、父母责任协议等。(3) 在经济及财政方面，①经济方面，如政府补助协议、稳定价格协议等；②财税方面，如税收和解协议。(4) 国土规划协议，如国家与区所签订的计划协议。(5) 在教育文化上，①教育，如国家与私立小学签订的要求私立学校教学内容比照公立学校，国家给予补助的协议；②文化，如歌剧院之委托经营；③体育，如国家与法国草地网球协会签订的协助在20世纪80年代兴建5000个网球场的协议。(6) 在国际关系上，在国际关系上所签订的协议，如仍受法国法律规范，原则上仍然可解释为行政协议。

　　学界 Laurent Richer 教授以相关事务和公益直接或间接的关联性为基准将行政协议大致分为以下三类。(1) 规范性协议。本类协议自身并不直接实现公共利益目标，而是界定一般性规范，提供一定手段以供公共利益活动使

---

　　〔1〕　陈世民："行政契约广泛适用于公权力领域的可行性及风险预防之研究"，载《铭传大学法学论丛》2010年第14期。

用。具体包括：①推动公务事务协议，如公务委托协议、贯彻实施地方自治协议等。②规划行政作用协议，如国家与区之间、国家与公营事业之间的协议等。（2）资源协议。这类契约目的在于获得公务执行时所需的人力、财力、物力。①人力，包括人员之聘用及管理协议以及给付服务协议（如地方政府与私人签订拖吊车辆暨保管协议）。②物力，如供应协议（政府采购协议）、借贷协议（地方团体向国家借款）、单方提供协助、参加都市计划协议。（3）特定标的协议。此类协议满足相对人的需求，①协助私人的协议，如国家与私立学校签订协议约定后者遵守特定义务，国家则给予一定补助。②公物占有使用协议，如允许私人在公园开餐厅的协议。[1]

二、德国行政协议的分类

根据协议签订时双方所处地位的不同，《联邦德国行政程序法》和学术界将行政协议划分为对等权契约和主从权契约。对等权契约是指原则上地位相同的当事人之间，特别是具有权利能力的行政主体之间所签订的行政契约。例如，两个乡镇之间有关界河养护的协议，两个乡镇的区域变更契约等。主从权契约是指具有命令服从关系的当事人之间，即行政机关为一方与公民或其他位于行政机关之下的法人签订的行政协议。例如，行政机关与公务员之间签订的有关提前退职退还培训费的契约；警察机关和违法行为人之间签订的有关履行警察义务的契约。[2]在主从关系类型的行政协议中，双方地位不平等，可能出现权力寻租或者侵害相对人利益的情况。[3]为避免这种情况发生，《联邦德国行政程序法》专门规定了和解协议和双务协议。这两类协议在对等权协议中同样存在，但它们在主从权契约或隶属契约中使用频率更高，被滥用的可能性更大。所谓和解协议，是指为消除合理判断中的事实或者法律问题的不确定状态，通过相互让步而缔结的行政协议。行政主体缔结这类协议，旨在提高行政效率，节约行政开支，减少行政争议，消除行政讼累。但这类协议极易引发行政机关为规避其调查义务、讨好相对方当事

---

〔1〕 张海鹏："民事合同与行政合同的区分与关联"，西南政法大学 2016 年博士学位论文。

〔2〕 ［德］哈特穆特·毛雷尔：《行政法学总论》，高家伟译，法律出版社 2000 年版，第 353 页、第 354 页。

〔3〕 余凌云：《行政契约论》，中国人民大学出版社 2006 年版，第 68 页。

人而作无原则让步、损害国家或他人利益的危险。为消除上述危险，法律要求这类契约的签订应符合一定条件：（1）存在着有关事实状况或者法律观点的不确定状态；（2）这种不确定状态不能查明，或者非经重大支出不能查明；（3）通过双方当事人的"让步"，可以取得一致的认识。[1]对一些特殊问题则禁止当事人之间和解，例如，在核发医师执照时不得就应具备的医师资格进行和解；在对于适用何种法律或何条款存在争议时，也不能互相让步寻求和解。[2]所谓双务协议，是指缔约双方互负给付义务的行政协议。这类协议通常由行政主体与公民签订，大都属主从权契约，在双方地位不对等的情形下，极易出现不合理的约定条款。为保护公民利益，防止"出售高权"，法律同样规定了这类协议的缔约条件：（1）符合特定目的；（2）旨在完成公务；（3）合乎适当性要求；（4）与行政主体在协议中的给付义务存在客观联系。上述条件必须同时具备，缺一不可，否则，双务协议归于无效。双务协议的典型例子是建设费用豁免契约。例如，甲欲在城区修建一座商场，提出相应的建设许可申请。甲不能在其不动产区域内留出汽车停车场的位置，申请行政机关批准免除这一法定义务。行政机关要求，甲需为此支付10 000马克的公园建设费，该公园应当修建在商店附近。双方据此签订相应的协议，约定行政机关有义务发放甲为之支付10 000马克的豁免。这一双务协议，就完全符合法定条件：（1）这笔款项只能用于建设指定的公园；（2）建设公园符合公共利益；（3）与修建公园的总款项相比，或者与甲通过豁免而节省的数额比，10 000马克是适当的；（4）存在客观的关联点，通过支付10 000马克，使公园的建设成为可能。[3]

黄锦堂教授在《行政契约法主要适用问题之研究》一文中引述了不少德国案例，其分类包括：税法上之和解协议、缴纳停车场兴建代金协议、规费及工程受益费征收协议、紧急救难之委托协议、道路照顾之委托协议、委托民间团体承担有关捐赠领域之业务协议、征收补偿费高低之争议协议、博士

---

〔1〕《联邦德国行政程序法》第55条，[德]哈特穆特·毛雷尔：《行政法学总论》，高家伟译，法律出版社2000年版，第356页。

〔2〕余凌云：《行政契约论》，中国人民大学出版社2006年版，第69页。

〔3〕《联邦德国行政程序法》第55条。参见前引[德]哈特穆特·毛雷尔：《行政法学总论》，高家伟译，法律出版社2000年版，第356页。

研究生与学校之关系协议、教授接受大学聘书而前往就职之协议、学生与联邦间签署之特殊教育补助津贴协议、社会法上有期承保公法人与给付提供者间有关照顾费用之协议、学生的课外活动导引协议、动物尸体清除协议、土地征收协议，以及《联邦德国建设法》第124条、第157条之开发协议等。[1]

林明锵教授将德国行政协议的主要类型概括如下：（1）建设法，如征收契约（包括未开始征收程序或开始征收程序但程序未终结前，由双方就征收程序或征收补偿所为之合意），开发契约（依《联邦德国建设法》第124条第1项规定，乡镇公权力主体和私人企业签约，由后者自费开发特定区域，完成后再将公共设施之所有权移转予前者），停车场代金契约（德国虽无明文法，但参照其行政程序法第54条应可承认，且实务上经常被使用），计划契约（本类型在理论上无效，但在实务中有需要，故产生变通类型，如承担计划危险之合意、替代性请求权之合意）。（2）地方自治法，在地方税法、道路清洁、使用公共设施及选举事务上使用的行政契约。（3）公务员法及教育法，如大学与教授间的任用契约、公务员与所属机关有关职务加给契约、大学生与代联会之间助学奖契约、一般职业训练返还训练费用之合意。（4）社会法，如健康保险机关与医院、药局就法定保险给付签订契约、行政机关与退休人员就退休年金成立和解契约。（5）租税法，对于难以调查之事实情况，税捐机关与纳税义务人缔结和解契约。（6）环保法，如县市政府与畜体屠宰中心订立畜体处理契约、环境部与水泥工业缔结逐步减少水泥产品之石棉含量契约等。（7）其他领域，在交通行政、道路行政、补助行政等其他行政领域，亦有行政契约的作用空间。[2]

行政协议在各国的应用范围和应用规则各有不同，但也表现出一些共同的特点。例如日本，经过第二次世界大战后的改造，其行政特权被彻底根除，虽有行政协议的概念但也无实质意义。再如德国，经过第二次世界大战后的改造，行政权力表现出极大的谦抑性。行政主体参与的协议多以民事协议论之。行政协议成为替代行政行为、软化行政权力的工具。行政协议最为发达的法国，随着政府职能的扩大，行政协议的范围随之扩大。但是更为重

---

〔1〕 黄锦堂："行政契约法主要适用问题之研究"，载我国台湾地区"行政法学会"编：《行政契约与新行政法》，元照出版公司2002年版。

〔2〕 林明锵：《行政契约法研究》，翰芦图书出版有限公司2006年版，第19~38页。

要的是，随着欧盟的发展，其行政协议的法律适用带给行政主体一方的特权被深刻地抑制。

第二节　我国行政协议的分类

一、我国行政协议的分类标准

我国的行政法学著作，大都基于协议所调整的行政关系的范围、协议主体间的相互关系、协议的内容、协议所涉及的行政管理领域等标准，对行政协议进行分类。[1]参考相关著作的内容，宜按不同标准对行政协议作如下分类。

（一）以协议所调整的行政关系的范围为标准

以协议所调整的行政关系的范围为标准，行政协议可分为内部行政协议和外部行政协议。所谓内部行政协议，是调整内部行政关系的协议，它通常在行政主体之间或行政主体与其成员之间缔结。所谓外部行政协议，是调整外部行政关系的协议，它通常在行政主体与外部相对人之间缔结。

（二）以协议主体间的相互关系为标准

以协议主体间的相互关系为标准，行政协议可分为行政主体间的协议和行政主体与公民、法人或其他组织间的协议。前者，协议主体均为行政主体，其相互关系可以是上下级关系，也可以是平级关系。这类协议均为内部行政协议。后者，协议的一方主体是行政主体，相对方主体是公民、法人或其他组织，两者之间存在管理与被管理关系。这类协议，绝大多数属于外部行政协议，但也有一部分属于内部行政协议。

（三）以协议内容为标准

以协议内容为标准，行政协议可分为以下几种。

---

〔1〕　许崇德、皮纯协主编：《新中国行政法学研究综述（1949—1990）》，法律出版社1991年版；张正钊、韩大元主编：《比较行政法》，中国人民大学出版社1998年版，第413～414页；熊文钊：《现代行政法原理》，法律出版社2000年版，第461～463页；罗豪才主编：《行政法学》，北京大学出版社1996年版，第261～262页；张焕光、胡建淼：《行政法学原理》，劳动人事出版社1989年版，第308页。

（1）行政事务委托或公务特许协议。即某一行政主体委托另一行政主体代办某项行政事务或委托有关公民从事特定公务活动所缔结的行政协议。如公安机关之间因委托调查而成立的协议。

（2）行政事务共同管辖协议。即两个或两个以上行政主体，为共同管辖或联合管理某项行政事务所缔结的行政协议。如长江沿岸几大城市的市人民政府就共同开发长江水力资源所签订的协议；又如上海市与江浙两省的几大旅游城市就共同开发旅游资源所签署的协议。

（3）特种事务协作协议。即行政主体之间或行政主体与相对人之间，为完成某种特定事务而相互协作所缔结的行政协议。前者如行政主体之间的公务员借调协议；后者如政府有关部门与大专院校、科研机构及研究人员签订的科研协作协议。

（4）以财产权转移为内容的协议。即行政主体之间或行政主体与相对人之间以转移财产为目的缔结的协议。这类行政协议可以在行政主体之间缔结，也可以在行政主体与相对人之间缔结，所转移的财产，可以是公产，也可以是私产；转移的方式通常包括买卖、出让、借贷、捐助、补偿等。具体如政府购买协议（包括行政主体之间的公产买卖协议和特定行政主体与有关相对人之间的政府采购或征购协议），行政主体为一方当事人的土地使用权出让协议、行政主体基于特定行政目的的借贷协议，以行政主体为受让人的财产捐助协议、就行政处理致相对人损害事项达成的补偿协议等。

（5）承包、租赁协议。与买卖、借贷一样，承包、租赁本属私法行为，但一旦承包或租赁的标的物不是普通财产而是国有财产，发包方或出租人也不是普通个人或单位而是政府或其他行政主体时，为推行行政政策、落实国家计划、增强企业活力、提高行政效率和经济效益，与作为相对人的承包人或承租人之间签订的承包协议或租赁协议，也属行政协议。如国有企业承包经营协议、小型国有企业租赁经营协议等。

（6）公共事务管理协议。公共事务范围广泛，涉及公共工程、环境保护、水电气供应与管理、公害防治等方面，具有浓厚的行政及公益色彩。所以，涉及公共事务管理的协议，当然属行政协议。例如，公共工程承包协议、公共工程捐助协议、公共工程特许协议、水电气供用协议、环境整治协议等。

二、我国司法解释明确的行政协议种类

最高人民法院 2019 年新司法解释第 2 条规定，公民、法人或者其他组织就下列行政协议提起行政诉讼的，人民法院应当依法受理：（1）政府特许经营协议；（2）土地、房屋等征收征用补偿协议；（3）矿业权等国有自然资源使用权出让协议；（4）政府投资的保障性住房的租赁、买卖等协议；（5）符合本司法解释第 1 条规定的政府与社会资本合作协议；（6）其他行政协议。

（一）政府特许经营协议

政府特许经营协议又称公用事业特许经营合同，是指政府根据有关法律通过市场竞争的方式来选择公用事业经营者，该公用事业经营者再与政府签订的在一定期间内从事某项市政公用事业或者提供某项产品或服务的合同。

政府特许经营协议作为行政协议的一种特殊类型，是契约性要素和权力性要素的结合，是一种治理方式的创新，体现出现代行政管理民主化、灵活性趋势，兼有行政价值意义和合同价值精神，体现了政府和社会的需求。

政府特许经营协议具有以下特征。（1）协议主体的特定性。政府特许经营者是政府通过市场竞争的方式来选定的，市场竞争的方式包括招标、拍卖等方式，未经过招标、拍卖等方式而取得经营资格的经营者不是协议的主体。而协议另一方可以是政府，也可以是管理公用事业的行政机关或法律、法规授权的其他行政组织。（2）协议范围的特殊性。政府特许经营协议范围只能是法律规定的特殊领域，包括供水、供电、供气、供热、垃圾处理、公共交通等公用事业领域，一般涉及公共利益领域。（3）协议的公益性。政府特许经营协议本质体现了社会公益性。以往只有政府享有公用事业经营权，利用单纯的传统行政法命令和禁止性管制手段来管理公用事业，这种管理手段已经无法适应新形势下行政管理的需要，而采用政府特许经营协议方式来管理公用事业，一方面将行政权和市场有机结合起来，利用市场竞争的方式来选定经营者，具有资金、技术、管理经验的经营者能更好地完成公共利益名义下的行政活动；另一方面改变了以往简单粗暴的行政管理模式，通过协

议进行管理更为柔和，能体现行政相对人的合意，防止行政权的滥用。政府特许经营协议取代了传统的行政行为，其协议内容是从事某项市政公共事业或者提供某项产品或服务，因而具有公益性。

第一，主体标准。一般情形下，政府特许经营协议主体一方是行政机关或行政机关以外法律法规授权、行政机关委托的组织，另一方是公民、法人等私主体；特殊情况下，行政机关委托的某些公用企业与获得经营资格的经营者签订的政府特许经营协议也属于行政协议。而民事协议一般发生于私主体之间，当然政府也可以作为民事协议的一方，但是签订的协议内容一般不涉及公共利益。可以看出，政府特许经营协议并不是一方只能为行政主体，而另一方为公民、法人等私主体，行政机关委托的某些公用企业与公民、法人等私主体也可以签订政府特许经营协议，这样单纯依靠主体标准尚不能将两者区别开来。

第二，目的标准。政府特许经营协议是以公共利益为目的来实现行政目的，而民事协议则是以实现私人之间的利益为目的，两者之间的目的存在本质区别。但是为了公共利益而订立协议，这种目的缺乏客观的评价标准，不容易判断。比如，政府作为民事主体而签订的购买办公用品的买卖协议，其目的很难说不是为了公共事务的正常运转，因而目的标准可以作为区分行政协议和民事协议的重要指标，但不能作为区分两种协议的根本标准。

第三，超越私法规则标准。所谓超越私法规则是指契约中存在权利义务不完全对等的规则，超越了一般的私法规则。政府特许经营协议中就存在着行政主体一方享有一些行政特权的规则，比如协议的要约发出一方只能为行政主体，以及行政主体对特许项目享有进行监督管理的权力，行政主体享有单方变更协议、解除协议权利，而获取经营资格的经营者不享有这些权利，这样导致协议双方的权利义务不对等，而这些超越私法的规则不存在于民事协议中。但是这一标准中超越私法的规则有哪些，需要通过立法或判例来确定，因而这一标准操作起来比较复杂。

总之，单纯地按照形式标准或实质标准都不能将政府特许经营协议与民事协议区分开来，各种标准都存在一定弊端，需要综合考虑协议主体、协议目的、协议中超越私法规则，综合进行考量才能避免单一标准的片面。[1]

（二）征收补偿协议

征收补偿协议，是指征收部门与被征收人之间签订的，涉及被征收财产补偿方式、补偿金额、支付方式等事项的约定相互之间权利义务的协议。2014年《行政诉讼法》第12条明确将土地房屋征收补偿协议纠纷纳入行政诉讼的受案范围，这是立法层面上对征收补偿协议的首次定性。学界的主流观点是征收补偿协议属于行政协议。[2]

签订征收补偿协议是行政机关行政征收行为的一部分。根据《民法典》第229条之规定，被征收财产自征收决定生效时即发生物权变动。因此，征收补偿协议实质上是双方就政府行政征收行为所签订的补偿协议，属于公法上的损害补偿协议，构成公法上的法律关系。平等协商是协议行为的共同特征，行政协议也应当是双方当事人自由协商的结果，但不能以此将征收补偿协议认定为民事协议。

征收补偿协议是行政征收的结果，行政征收是典型的高权行政。现代法治最重要的精神就是对公民权利的尊重。从世界上主要法治国家的经验来看，行政征收的范围不断缩小，如英国就引入了私法上的购买程序。也就是把"征收决定+补偿协议"机制转换为"行政处分（强制购买处分）+买卖协议"。这可以有效地限制公权力，保障公民的基本权利。[3]

（三）矿业权等国有自然资源使用权出让协议

在我国规定自然资源所有权的法律主要有《宪法》《民法典》、自然资源单行法以及相关行政法规与地方性法规规定。《宪法》第9条第1款规定："矿藏、水流、森林、山岭、草原、荒地、滩涂等自然资源，都属于国家所有，即全民所有；由法律规定属于集体所有的森林和山岭、草原、荒地、滩涂除外。"在自然资源的出让协议中国有土地出让协议和矿业权出让协议为重点。

---

〔1〕李霞："论特许经营合同的法律性质——以公私合作为背景"，载《行政法学研究》2015年第1期。

〔2〕史笔、顾大松、朱嵘：《房屋征收与补偿司法实务》，中国法制出版社2011年版，第74页；邹爱华：《土地征收中的被征收人权利保护研究》，中国政法大学出版社2011年版，第361页。

〔3〕谭启平："论房屋征收补偿争议的司法救济"，载《当代法学》2013年第5期。

1. 国有土地使用权出让协议

国有土地使用权出让协议是指行政机关代表国家和相对人约定在一定期限内将国有土地使用权出让给相对人，相对人依据协议开发利用土地并支付出让金的协议。[1]多数民法学者认为其属于民事协议，而行政法学者则多认为其应当属于行政协议。[2]但是在《行政诉讼法》将政府特许经营协议纠纷纳入行政诉讼后，将此类协议定性为行政协议成为主流意见。将国有土地使用权出让协议界定为行政协议的理由如下：第一，协议的一方主体为国有土地管理部门，符合主体要件；第二，协议目的是通过签订土地出让协议保护及合理利用土地资源，进而实现社会公共利益；第三，协议内容中，土地管理部门常将其法定职责细化为不得协商的协议条款，且与协议相对方的权利义务并不对等；第四，协议履行方面，土地管理部门享有行政优益权，可以为实现公共利益和行政管理目的，在履约中单方变更、解除协议，甚至可以依法单方作出行政强制、行政处罚行为。

孙宪忠教授认为，国家对自然资源所有权采取的"管理""许可""审批"等行政实现方式，和民法所有权的行使方式多有不合。这不但直接影响了整个自然资源所有权制度建设的科学性，而且也引发了实践中各地方政府借故收费，侵占民利的现象。[3]王克稳教授明确指出，"对于国家所有或垄断的资源，其改革方向是实行配置方式的市场化，即在国有资源出让中废弃审批方式，仅保留竞争方式，从而以公平竞争代替传统的审批、以协议代替许可，使契约代替传统规制成为新的法律控制工具"。[4]学者们将国有土地使用权出让协议认定为行政协议的另外一个原因是行政机关在协议中享有所谓的特权。其主要依据为 2009 年修正的《城市房地产管理法》[5]第 26 条之规定。

〔1〕 江利红：《行政法学》，中国政法大学出版社 2014 年版，第 327 页。

〔2〕 例如王克稳教授便明确指出，"关于土地使用权出让协议，理论界几乎一致认为这一协议为行政协议"。王克稳：《政府合同研究》，苏州大学出版社 2007 年版，第 73 页。

〔3〕 孙宪忠：《国家所有权的行使与保护研究》，中国社会科学出版社 2015 年版，第 392 页。

〔4〕 王克稳："论行政审批的分类改革与替代性制度建设"，载《中国法学》2015 年第 2 期。

〔5〕 2009 年修正的《城市房地产管理法》第 26 条："以出让方式取得土地使用权进行房地产开发的，必须按照土地使用权出让合同约定的土地用途、动工开发期限开发土地。超过出让合同约定的动工开发日期满一年未动工开发的，可以征收相当于土地使用权出让金百分之二十以下的土地闲置费；满二年未动工开发的，可以无偿收回土地使用权；但是，因不可抗力或者政府、政府有关部门的行为或者动工开发必需的前期工作造成动工开发迟延的除外。"

该规定体现了土地出让协议这一行政协议合理开发利用土地资源的行政目标，"是国家为合理利用有限土地资源而作的一种特殊限制，若按民事协议精神进行解释，该规定会被判定为显失公平"。[1]通说认为，国家根据 2004 年修正的《土地管理法》第 37 条和 2009 年修正的《城市房地产管理法》第 26 条之规定，征收土地闲置费和无偿收回土地两项措施属于行政权力范畴，应认定为行政处罚行为。湛中乐教授指出，即使写入土地出让协议，也不改变其行政执法和行政制裁的性质，因此应定性为行政处罚。[2]这一观点在司法实践中也有所体现。[3]土地管理部门征收土地闲置费或无偿收回土地的权力应属于行政权的范畴。如前所述，为完成行政目标，行政机关可自由选择其实现方式。对于受让人不按协议要求开发利用土地的行为，行政机关当然可以依法进行行政处罚，但是其也可以选择事先在协议中作出约定，通过约定违约责任的方式实现。国家同时具有土地出让方和土地管理者双重身份。国家可以通过管理者身份，依据前述条款进行处罚，这种处罚权不因是否纳入协议而发生改变。国家也可以以土地所有者身份通过在协议中约定违约责任和协议解除条件来予以实现。例如，可以约定如果没有在约定期间开发利用土地，将支付一定数额的违约金，如果超过 2 年仍未开发，出让方有权解除协议。国家无偿收回建设用地使用权的直接依据是法律和行政法规，是国家作为土地管理者对土地的开发利用行使监管权力的具体体现。[4]

此外也有一些学者认为其应属于民事协议。其一，根据《城镇国有土地使用权出让和转让暂行条例》第 11 条之规定，土地使用权出让协议应按照平等、自愿、有偿的原则签订。平等、自愿为我国《民法典》所确立的民事活动的基本原则之一。国家土地管理机关代表国家订立建设用地使用权出让协议时，是以土地所有权人代表而非主权者或管理者的身份出现的。其二，建设用地使用权的出让有协议、招标、拍卖、挂牌出让四种方式，这四种方

---

〔1〕　应松年主编：《行政法学新论》，中国方正出版社 2004 年版，第 248~249 页。

〔2〕　湛中乐："我国土地使用权收回类型化研究"，载《中国法学》2012 年第 2 期。

〔3〕　例如在"东营市某有限责任公司诉市国土资源局案"中，法院便认为"被告以解除协议通知书形式，与原告解除协议，收回国有土地使用权及地面附着物。从通知内容上看，收回土地使用权及地面附着物，实际上是一种行政处罚行为"。栾秀芳、王磊："收回土地使用权的行政行为不应适用合同法"，载《山东审判》2009 年第 3 期。

〔4〕　张庆华：《土地物权疑难法律问题解析》，法律出版社 2007 年版，第 165 页。

式充分地说明了出让方的民事主体身份。其三，建设用地使用权人需要支付建设用地使用权出让金，理论上通说认为，土地使用权的出让金是取得建设用地使用权所支付的对价，而非国家收取的行政规费。这也说明国家土地管理部门在国有土地出让协议中与受让人是平等的主体。[1]

2. 矿业权出让协议

所谓矿业权，是指权利人经过批准，依法在属于国家所有的特定矿区内进行勘探、开采作业，以获取收益的权利。矿业权包括探矿权与采矿权。矿业权出让协议即矿业管理部门通过协议的方式出让探矿权和采矿权。

改革开放前并不存在矿业权出让。1986年到1996年，矿业权为审批制，无偿授予。1979年组织起草《矿产资源法》，1986年公布实施，提出探矿权、采矿权的概念，建立了探矿权、采矿权审批登记管理制度，该法明确规定，勘察矿产资源，必须依法登记，开采矿产资源，必须依法申请取得采矿权。1987年发布配套的《矿产资源勘查登记管理暂行办法》和《全民所有制矿山企业采矿登记管理暂行办法》，对探矿权、采矿权申请主体、申请审批程序等作出了具体规定。1996年到2005年，矿业权出让以申请批准为主，探索推进招标、拍卖、挂牌方式出让，有偿取得。1996年修正《矿产资源法》，实施有偿取得。2006年到2014年，招标、拍卖、挂牌方式出让矿业权范围不断扩大，增加了以协议方式出让矿业权。2005年国务院下发《关于全面整顿和规范矿产资源开发秩序的通知》，2006年国土资源部发布《关于进一步规范矿业权出让管理的通知》，增加了矿业权协议出让方式，应对以招标、拍卖、挂牌方式出让的风险，符合规定情形，经批准可以不实行招标、拍卖、挂牌方式，以协议方式出让给投资主体。2006年以后的十年里，采矿权以协议出让占比46.87%。

（四）政府投资的保障性住房的租赁、买卖等协议

通过签订政府投资的保障性住房的租赁、买卖等协议，将有力保障城市低收入群体的"房子是用来住的"合法权益。政府投资的保障性住房具有公益性，其出租或者出让协议符合行政协议的构成要件，故其为行政协议。

保障性住房是指政府为中低收入住房困难家庭所提供的限定标准、限定

---

〔1〕 房绍坤主编：《物权法案例教程》，知识产权出版社2012年版，第129页。

价格或租金的住房，一般由廉租住房、经济适用住房、政策性租赁住房、定向安置房等构成。这种类型的住房有别于完全由市场形成价格的商品房。主要包括：（1）经济适用房。经济适用房是政府以划拨方式提供土地，免收城市基础设施配套费等各种行政事业性收费和政府性基金，实行税收优惠政策，以政府指导价出售给有一定支付能力的低收入住房困难家庭。这类低收入家庭有一定的支付能力或者有预期的支付能力，购房人拥有有限产权。经济适用房是具有社会保障性质的商品住宅，具有经济性和适用性的双重特点。经济性是指住宅价格相对于市场价格比较适中，能够适应中低收入家庭的承受能力；适用性是指在住房设计及其建筑标准上强调住房的使用效果，而非建筑标准。（2）廉租房。廉租房是政府或机构拥有产权，用政府核定的低租金租赁给低收入家庭。低收入家庭对廉租房没有产权，是非产权的保障性住房。廉租房只租不售，出租给城镇居民中最低收入者。在房价疯涨、经济适用房走入困境、百姓居住难的背景下，廉租房便成了社会关注的焦点。（3）公共租赁房。公共租赁房是通过政府或政府委托的机构，按照市场租价向中低收入的住房困难家庭提供可租赁的住房，同时，政府对承租家庭按月支付相应标准的租房补贴。其目的是解决家庭收入高于享受廉租房标准而又无力购买经济适用房的低收入家庭的住房困难。这个概念正好被定格在新出炉的"租赁型经济适用房"。经济适用房以租代售，可以说是将经济适用房变成"扩大版的廉租房"。（4）定向安置房。安置房是政府在进行城市道路建设和其他公共设施建设项目时，对被拆迁住户进行安置所建的房屋。安置的对象是城市居民被拆迁户，也包括征地拆迁房屋的农户。（5）"两限"商品房。即"限套型、限房价"的商品住房。为降低房价，解决城市居民自住需求，保证中低价位、中小套型普通商品住房土地供应，经城市人民政府批准，在限制套型比例、限定销售价格的基础上，以竞地价、竞房价的方式，招标确定住宅项目开发建设单位，由中标单位按照约定标准建设，按照约定价位面向符合条件的居民销售的中低价位、中小套型普通商品住房。"两限"商品房并不是严格意义上的"保障性住房"。（6）安居商品房。安居商品房是指实施国家"安居（或康居）工程"而建设的住房（属于经济适用房的一类），是党和国家安排贷款和地方自支自筹资金建设的面向广大中低收入家庭，特别是对4平方米以下特困户提供的销售价格低于成本、由政府补贴的非盈利性住房。

三、我国司法解释排除受理的协议

根据 2019 年公布的新司法解释第 3 条规定，因行政机关订立的下列协议提起诉讼的，不属于人民法院行政诉讼的受案范围：（1）行政机关之间因公务协助等事由而订立的协议；（2）行政机关与其工作人员订立的劳动人事协议。

（一）行政机关之间因公务协助等事由而订立的协议

行政机关之间的协议可分为上下级行政机关之间的协议和平级行政机关之间的协议。行政机关之间因公务协助等事由而订立的这些协议，因不具备最高人民法院所界定的行政协议的特征而被排除在外。

平级行政机关之间的行政协议包括行政事务协议以及行政区域合作协议等。行政事务协议是不存在隶属关系的行政主体之间针对某项行政事务而达成的协议。行政事务协议又可分为行政事务管辖协议和行政执法协作协议。[1]其中，行政事务管辖协议是行政主体之间为明确行政事务的管辖权而订立的协议。例如，根据《行政区域边界争议处理条例》第 3 条的规定，当发生行政区域界线不明的纠纷时，双方政府可以协商解决。通过协商所达成的协议便属于行政事务管辖协议。行政执法协作协议，是指为完成行政事务，行政主体彼此之间达成的合作协议，它主要适用于行政执法领域。例如，青岛海关和青岛港务通过签订行政协议的方式，来实现相关行政事务的有效协作。[2]所谓行政区域合作协议是指不同区域的行政主体，基于特定行政目的或者发展需要，进行合作而达成的协议。

行政委托协议是指行政主体依法将自己的行政职权委托给另一行政机关或相对人行使而与其签订的协议。[3]例如，根据《行政处罚法》第 20 条、《行政许可法》第 24 条之规定，行政机关可在其职权范围内，委托其他机关实施行政许可和行政处罚。行政委托协议根据被委托者与被委托职权的关

---

〔1〕 黄学贤、廖振权：“行政协议探究”，载《云南大学学报（法学版）》2009 年第 1 期。
〔2〕 王克稳：《政府合同研究》，苏州大学出版社 2007 年版，第 8~9 页。
〔3〕 江利红：《行政法学》，中国政法大学出版社 2014 年版，第 329 页。

系,可以分为两种:第一种为地域委托协议,即行政主体将其管辖区域内的某一行政事务委托给另一行政区域内具有相同职能的行政主体的协议;第二种为权限委托协议,即被委托者在被委托前没有某种行政职权,因被委托而取得该项职权,如乡、镇人民政府委托村民委员会办理某项行政事务的协议,行政委托协议签订后,被委托人在执行该项事务时,必须以委托的行政主体的名义进行,行为的法律后果由委托的行政主体承担。如果被委托人超越被委托的权限,其代理行为无效,由被委托人自己承担法律责任。法律法规规定某种行政事务不能委托的,行政主体不能签订关于该项事务的协议。

(二)行政机关与其工作人员订立的劳动人事协议

行政机关与其工作人员订立的劳动人事协议因不具备最高人民法院界定的行政协议的特征而被排除在外。典型的如公务员聘任协议,是指"行政机关与公民之间依法就设立、变更、终止行政职务关系,明确各自的权利义务而达成的协议"。[1]2005年公布的《公务员法》第95条至第100条首次规定,行政机关可以对专业性较强的职位和辅助性职位实行聘任制。在此基础上,2011年中共中央组织部、人力资源和社会保障部联合印发了《聘任制公务员管理试点办法》,就公务员聘任制度作出了进一步细化规定。但是二者均未明确聘任协议的具体性质。根据《聘任制公务员管理试点办法》第2条的规定,"本办法所称聘任制公务员,是指机关在规定的编制限额和工资经费限额内,经中央或者省级公务员主管部门批准,以合同形式聘任、依法履行公职、由国家财政负担工资福利的工作人员"。聘任制协议在内容上涉及公务员身份的取得,涉及行政职权、职责的承担,包含公法上的权利义务关系。

四、学理上有待探讨的协议

(一)行政担保协议

现有法律上的行政担保协议包括行政拘留暂缓执行担保协议、纳税担保协议以及海关事务担保协议。依据《治安管理处罚法》(2005年)第107—

---

〔1〕 杨临宏:《中国公务员法:原理与制度》,云南大学出版社2009年版,第292页。

111 条的规定，被处罚人对行政拘留处罚不服，申请行政复议或提起行政诉讼的，其可以向公安机关申请行政拘留的暂缓执行。如公安机关认为暂缓执行不具有社会危害性，在其提出符合本法规定的担保人或者缴纳保证金时，可以对其决定暂缓执行行政拘留。在此期间，担保人应当保证被处罚人不逃避行政处罚的执行。此类担保涉及公安机关的行政拘留权以及被处罚人公法上的权利义务，因而应属于行政协议。关于纳税担保协议的性质，理论上存在民事说、行政说及混合说三种观点。笔者以为，纳税担保协议作为一种从协议，其性质应取决于主债权的性质，而作为主债权的国家税收债权显然具有行政属性。因此，纳税担保协议也应为一种行政协议。关于海关事务担保的性质，根据《海关事务担保条例》的规定，当事人如若在办结海关手续前申请提供担保，货物可以提前放行。此类海关事务担保协议亦应属于行政协议范畴。

（二）行政和解协议

行政和解协议，是指行政机关为有效达成行政目的，解决行政争执，对于经过职权调查仍不能确定的事实和法律关系，在与相对人互让的基础上缔结的协议。[1]行政和解协议是德国行政协议的一个重要类型。和解协议在反垄断法、证券法、环境法、税法以及专利法等领域均有其适用空间。我国主要存在三种行政和解协议，分别是税务行政和解协议、行政强制和解协议以及行政诉讼和解协议。典型的案例如北京某家具城与北京市城市规划管理局行政和解案等。[2]由于和解协议发生在行政过程中，其内容涉及行政法上权利义务关系，应属于行政协议范畴。以"蒋某霞与高台县公路运输管理所债务纠纷案"为例。高台县公路运输管理所以蒋某霞擅自从事道路运输经营活动为由，给予蒋某霞罚款 5000 元的行政处罚，蒋某霞因不服该管理所的处罚而提起行政诉讼，高台县人民法院以（2012）高行初字第 06 号行政判决书维持了该管理所的处罚，蒋某霞不服判决提起上诉，张掖市中级人民法院在审理过程中，当事人双方达成行政和解协议，约定该管理所退还蒋某霞交

---

〔1〕 王克稳：《政府合同研究》，苏州大学出版社 2007 年版，第 52 页。

〔2〕 杨建顺："行政强制中的和解：三环家具城案的启示"，载《南通师范学院学报（哲学社会科版）》2002 年第 1 期。

缴的罚款 2500 元。此后，由于该管理所未按和解协议履行义务，蒋某霞提起民事诉讼要求该管理所退还罚款 2500 元。高台县人民法院经审理认为，"原被告在行政二审诉讼期间，达成的行政和解协议，不具有民事协议性质，不属于人民法院受理民事诉讼的范围"。

第四章

行政协议的订立

第一节 订立的主体

一、行政主体的缔约能力和权限范围

（一）行政机关作为行政主体

行政机关的概念有广义和狭义之分。广义上的行政机关是指各级人民政府及其工作部门甚至内部的各行政机构。狭义上的行政机关是指依法能够以自己的名义代表国家对外行使行政职权并独立承担其法律后果的行政组织，不包括不具有对外职能的内设行政机构。我国法律法规较多使用"行政机关"的概念，但行政法学教科书中则较多地使用"行政主体"的概念。行政主体是一个学理概念，意指依法享有行政职权，可以以自己的名义实施行政行为并能够独立承担其法律效果的组织。行政机关是最主要的行政主体，但是，行政机关并不是唯一的行政主体，其他依法得到授权的组织也可以成为行政主体，可见，行政主体的范围要大于行政机关。而且，行政机关也并不是在任何场合都是行政主体，当行政机关以机关法人的身份参与民事活动时就是一般的民事主体，只有在行使国家行政权实施行政行为时才成为行政主体。从缔约能力的角度考虑，依法得到授权的组织当然具有相应的民事权利能力和民事行为能力，同时也因为授权而具备了以行政协议手段进行行政管理的相应职权。因此，无论是行政机关还是依法得到授权的组织，只要有行政主体资格，都可以在其权限范围内缔结行政协议。

（二）行政职权及其权力界限

作为国家权力之一的行政权力，具有强大的支配力量和调控力量，在行使过程中具有扩张和滥用的顽强倾向，必须纳入法律制度框架中加以明确有效地定位、监督和制约，也即实现行政权力的法定化，才有利于实现法治状态，促进和保障一个国家、地区的经济与社会发展。行政职权就是行政权力法定化的具体表现。所谓行政职权，是指行政主体依法享有的、对于某一个行政领域或某个方面行政事务实施行政管理活动的资格及其权能。它是定位到具体的组织机构和职位上的行政权力，是通过立法将行政权力与一定的行政主体、行政事务联系起来加以规范的结果。

行政职权既有通过宪法、行政组织法等直接赋予行政机关的固有职权，也有依照法律、法规和规章的明确授权规定取得的特定职权，还存在通过行政委托代行有权行政机关的特定职权的情况。需要注意的是，一般来说，无论行政机关还是其他行政主体，都应亲自行使行政职权。但是，当某些行政主体因受条件限制或存在特殊原因，无法亲自行使某项行政职权，难以负担起某方面或某项行政管理任务时，则可以通过实施行政委托，由其他组织或人员代其具体行使行政职权，以达成行政管理目标。但是行政委托不发生行为效果的转移及行政主体资格的变化。这种情况下，往往会产生疑问：由于行政委托而代行某些行政职权的社会组织，能否成为行政协议的合格缔约主体？严格地说，这些社会组织不一定可以成为行政协议的合格订立主体，但是可以在取得行政委托方同意的情况下，以行政委托方的名义订立行政协议。而且，由于行政委托必须依法进行，在委托事项、委托对象方面都有一些限制，并往往采取书面委托的形式，签订委托协议或者委托文书。例如，在有权行政机关人手不足、时间紧迫、专业人员水平和技术装备暂时不适应行政管理的客观需求等情况下，有权行政机关以委托协议的形式委托某些社会组织在物价、治安、卫生等方面进行监督检查。这个委托协议本身，应当视为一种行政协议。

配置行政权力也就是确定行政职权时，必须确定权力边界，否则行政权力在运作中必然出现无限扩张和滥用的趋势。行政权限就是行政主体行使行政职权时不得逾越的法定范围和界限，或曰赋予行政主体完成行政管理任务时在事务、地域、层级方面的法定范围和界限。事务管辖权涉及各类行政主体之间的分工问题，一般来说，国务院和地方各级人民政府的事务管辖权由宪法和组织法加以规定，国务院主管部门和县级以上地方人民政府职能部门的事务管辖权由单行法律、法规和规章加以规定。现实生活中，由于政府及其职能部门的事务管辖权长期以来基本稳定，社会公众对于行政机关的事务管辖权一般都有比较清楚的认知。

地域管辖权是指享有事务管辖权的行政主体在管辖地域上的分工。一般来说，每一个行政主体都只能在一定地域范围内享有管辖权，而中央行政主体则在全国范围内具有地域管辖权。具体来说地域管辖权又比较复杂，往往要根据事务性质和法律法规规定进行管辖。例如，申请营业执照、居民身份证等事务由公民住所地行政主体管辖，申请暂住证则由公民居所地行政主体管辖。

层级管辖权又称级别管辖权，是指上下级行政主体间处理某一行政事务上的权限分工。一般来说，法律、法规、规章以及行政规范会综合考虑行政相对人的法律地位或级别、对公共利益的影响程度、对行政相对人权利义务的影响程度、标的物价值、有无涉外因素等确定上下级行政主体间的级别管辖权。但是，由于行政管理的客观对象错综复杂，客观情况经常发生变化，造成原有的行政权限分工已不符合客观实际，或者由于知识的局限，法律文件对行政权限划分存在不科学、不合理、不清晰之处，使得有关行政主体无所适从等，导致发生行政权限争议的情况也有不少。而一旦发生行政权限争议，涉及相关行政主体的缔约能力，往往成为行政协议主体资格认定的难点问题。

二、行政协议适用的领域

（一）理论上行政协议的适用领域

有的学者总结提出，从各国行政协议的法律实践来看，行政主体可以就四类事项与行政相对人缔结行政协议：（1）关系国计民生的事项。凡国计民生事项，必是行政机关履行职责的重点。（2）与其他社会主体自身生存相关的创造财富的事项。例如，粮食和农副产品的生产和供应，对农民而言，既是在创造财富、对社会作贡献，又是与自己的切身利益息息相关，比较适合采取行政协议的管理方式。(3) 政府直接投资创建的能够具体指标化的基础设施事项，如交通、原材料、通信以及电力、自来水、热力、燃气供应等能源项目。(4) 社会公共物品提供事项。提供社会公共物品是政府的重要职能，如建设市政设施、消防设施和公共的文化休闲设施。[1]

有的学者从现存的行政协议的具体类型出发，总结归纳出以下领域可以推行行政协议制度：(1) 需要更多地调动相对人主动性和积极性的领域。在完全可以通过市场竞争予以调节的领域，不需要行政协议管理手段。但是，作为"经济人"的趋利性使得相对人对某些领域并不感兴趣时，就需要行政机关采取措施调动相对人的主动性和积极性，促进社会的发展。例如，环境保护领域是一个利润很小或者需要在很长时期以后才能获利的领域，仅有立法和行政决定不足以调动相对人的积极性和主动性，有必要通过行政协议来约定权利义务。(2) 需要相对人履行某种义务和避免影响相对人合法权益的领域。在某些领域相对人具有行政法上的长期义务，但是无法通过行政决定来保障这种义务的长期履行，或者说通过行政决定往往会导致对相对人合法权益造成不必要的影响。如在治安管理、海关监管、安全生产、保密工作、科研资助等领域，往往签订行政保证协议或行政担保协议。(3) 需要对行政主体作出更多约束的领域。在行政特许、行政征用、行政主体履行赔偿义务领域，为防止行政主体作出行政决定的随意性，维护公共利益，有必要尊重相对人的意愿，积极鼓励相对人参与，并通过行政协议来保障相对人的合法权益。在行政给付和行政指导领域，为防止政策的多变性和指导的随意性，确保相对人履行义务后行政机关给付义务的实现，或者确保行政机关在相对人响应号召后兑现相应优惠承诺，往往也需要行政协议来予以保证。在行政主体推进依法行政，对自己作出比法律规定更严格要求的场合，也需要缔结行政协议来保证承诺的兑现。(4) 需要专业性、技术性的领域和行政事务具有临时性的场合。在行政认可、行政核准、行政鉴定等领域，往往具有较强的专业性和技术性。当前这些领域的长期性和经常性的行政事务往往是通过行政法规范的授权，赋予某些社会组织行使。但实际上也可以通过行政委托

---

[1]　郑秀丽：《行政合同过程研究》，法律出版社 2016 年版，第 73 页。

协议委托给相应的社会组织来处理此类行政事务。

在日本，一般认为给付行政领域更适合采用行政协议方式，但并不意味着其他行政领域就不能采用行政协议的方式。日本著名行政法学者盐野宏先生，在将行政协议分为给付行政意味的行政协议、规制行政意味的行政协议、准备行政意味的行政协议的基础上，总结出日本在这三个领域适用行政协议的不同特点。

（1）给付行政领域，只要没有特别规定，就推定可以采取行政协议的方式，并且该领域确实存在实定法积极地采用协议方式的倾向。但是必须注意的是，在法律的特别规定之中，有时并不是预先规定了协议，而是预先规定了通过行政行为进行权利变动，以行政处分的形式进行给付行政的例子也不少见，如生活保护决定、社会保险给付的行政裁决、公共设施利用许可等。给付行政意味的行政协议，如公共水道使用协议、公营住宅利用协议，从公共资源利用和保障公民生存权的角度出发，往往有一些法律限制。例如，应当遵循平等利用、机会均等的原则；规定强制缔结协议、强制提供服务等，某些协议内容也会有特殊规定。

（2）规制行政领域与给付行政领域不同，更适合采用行政行为的方式。此外，在依法行政原理强烈支配的领域，例如在税务行政等领域之中，基于当事人意思自治的合意缔结协议这种行为形式，可以说原则上是不能使用。但是，这并不是说在规制行政中协议方式从理论上讲完全不可能，而是必须放在各个领域中分别研讨。作为在规制行政领域采用协议方式的事例，有公害行政领域的公害防止协议。从历史上看，在公害法制不健全的时代，地方公共团体和企业缔结的公害防止协议，发挥了填补国家立法方面公害规制欠缺的作用；公害规制法得以健全以后，公害防止协议仍然作为对企业方面科处在实定法上没有规定的部分义务，或者科处比实定法的规定更为严厉的义务之手段而得以使用。不过，公害防止协议的内容，虽然作出了比法律规定更严厉的规制，同时也有规定地方公共团体的职员进入现场检查权等的事例，但不能通过公害防止协议对其违反契约行为科处刑罚。

（3）准备行政领域，如政府采购合同等经常采取行政协议的形式。用于政府机关事务的各种各样的物品，在法律上也都是以买卖协议的方式来筹措的。当然，关于国有、公有的财产管理，为了保证其公正，也制定了特别的法律，如会计法、企业国有资产法、物品管理法和地方自治法。这些基本上是作为行政机关内部的规范，具有内部法的意义，并且，即使是具有外部关系的规范，那也会被作为民法特别法来处理。也就是说，准备行政意味的协议，并没有作为公法上的协议而形成和民法不同的特别法理。

（二）实务中行政协议的容许标准

至于实务中，究竟哪些领域、哪些事项可以适用行政协议，往往是以有无法律法规依据作为容许标准。我国目前行政协议的立法实践主要还是停留在地方层面，地方性程序立法实践基本上坚持传统的、严格的合法性容许标准，要求订立行政协议必须有法律、法规依据。例如，根据《湖南省行政程序规定》第93条，行政协议主要适用于下列事项：（1）政府特许经营；（2）国有土地使用权出让；（3）国有资产承包经营、出售或者出租；（4）政府采购；（5）政策信贷；（6）行政机关委托的科研、咨询；（7）法律、法规、规章规定可以订立行政合同的其他事项。尤其需要注意第7项的兜底性条款，反过来说意味着订立行政协议一般需要有法律、法规、规章作为依据，这显然比学者理论上的阐释要简单清晰得多，合法性要求的容许标准也要更加严格。这种正面列举的规定似乎总有挂一漏万的嫌疑，可能会限制行政协议方式的灵活运用。

世界上其他国家和地区，例如德国行政协议的立法实践对合法性容许标准没有采取正面列举的方式，而是以反向排除的方式作出规定。1976年《联邦德国行政程序法》第54条规定，公法范畴的法律关系可以通过协议设立、变更或撤销，但以法规无相反规定为限。行政机关尤其可以与拟作出行政行为的相对人，以签订公法协议代替行政行为的作出。德国向来侧重高权行政并以行政处分为核心，形成了行政部门的威权主义，这被认为不利于民主化的展开，因此第二次世界大战后主流观点构思在行政行为类型中新增当事人双方处于平等地位的行政协议。之前通说强调行政协议只有例外情形才被允许，亦即只有当法律明文授权时才被允许，其余均应以行政处分方式作出。但《联邦德国行政程序法》采取了原则上肯定公法协议的立场，依据该法第54条的规定，只要相关法律无相反规定（包括直接规定或经由解释），便可以订立行政协议，表明德国关于行政协议的容许标准，立法实践中已经有了相当程度的突破。尽管如此，当时因为担心行政机关滥用职权，所以国家立法做了很多限制性的制度设计，例如规定要采取书面形式、严厉对待不正当连接的法律效果，而且必须是行政机关拥有裁量权或者所谓"处置余地"，才被容许订立行政协议，但在当今时代，行政协议需求和实践大量出现的情况下，这些严格要求是否属于过度规制，以至于不能很好地运用行政协议回应国家和社会的需求，德国也有学者质疑并提出修改法律的主张。

在目前服务型行政、给付型行政背景下，积极鼓励运用行政协议来有效达成行政管理目标既是世界趋势，也是现实行政管理的需要。

第二节　订立的原则

行政机关签订行政协议的目的是以行政协议的形式，在特定的领域内进行行政管理，其并不是为了促成民事交易，这是行政协议行政性的显著特征。同时行政协议又具备一定的契约性，这是行政协议与行政命令的区别。[1]

对于行政协议的界定有以下四方面要素：一是主体要素，即必须一方当事人为行政机关，另一方为行政相对人；二是目的要素，即必须是为了实现行政管理或者公共服务目标；三是内容要素，协议内容必须具有行政法上的权利义务内容；四是意思要素，即协议双方必须协商一致。[2]

在此基础上，行政协议的识别还可以从以下两方面标准进行：一是形式标准，即是否发生于履职的行政机关与行政相对人之间的协商一致；二是实质标准，即协议的标的及内容有行政法上的权利义务，该权利义务取决于是否行使行政职权、履行行政职责；是否为实现行政管理目标和公共服务；行政机关是否具有行政优益权。

行政协议的订立需要行政机关和行政相对人的参与，在协议签订前需要一些准备工作，例如，《珠海市政府合同管理办法》[3]第 9 条规定了行政合

〔1〕 江必新："行政协议的司法审查"，载《人民司法》2016 年第 34 期。
〔2〕 最高人民法院（2017）最高法行申 195 号裁定书。
〔3〕 2013 年 5 月 27 日珠海市人民政府八届 21 次市政府常务会议审议通过，2013 年 8 月 6 日珠海市人民政府令第 96 号发布，自 2013 年 9 月 6 日起施行。

同的订立程序，包括磋商、合同文本的拟定、风险论证、合同报批与合同签署。[1]

表 4-1　《珠海市政府合同管理办法》规定订立政府合同应遵循的程序

阶段	具体规定	备注
磋商	承办部门负责组织与合同相对方的磋商工作，在磋商过程中，应当有本部门法制机构或部门法律顾问全程参与。属重大政府合同的，可以邀请市政府法制部门参与	这里的磋商，包括与行政相对人的磋商，和行政机关组织相关部门、机构、法律顾问的内部磋商。其中内部磋商属于行政协议的内部程序
合同文本的拟定	承办部门负责拟定合同文本，应当认真研究签约事项，对合同主体、标的、权利义务、违约责任等主要条款进行认真审查，并避免与之前签订的同类型合同发生冲突	
风险论证	合同签订前，承办部门应当对合同的法律、经济、技术和社会稳定等方面的风险进行预先的分析和论证，必要时可以听取法律顾问等有关专家的意见。属重大政府协议的，应当有法律顾问等有关专家的论证意见书	
合同报批	经合法性审查后，以市政府工作部门为一方当事人的政府合同，由承办部门领导班子集体讨论审批，属市政府工作部门重大政府合同的，由承办部门领导班子集体讨论后报分管市领导审批；以市政府为一方当事人的政府合同，由分管市领导审批，属市政府重大政府合同的，由市政府常务会议或者市长办公会议讨论审批	
合同签署	政府合同经批准后，由市政府或其工作部门法定代表人或负责人签署。授权其他人员签署的，应当有法定代表人或负责人的书面授权	签署行为本身不属于行政合同内部程序

---

[1]　肖徐东："行政合同程序论"，华东政法大学 2017 年博士学位论文。

行政性是行政协议的本质属性，行政机关通过订立和履行协议的方式履行职责，其属性并没有因其形式的不同而发生改变，其订立的原则适用于公法规则。行政协议具有行政管理和公共服务的性质，基于此性质实现公共利益是行政协议的订立原则。

一、依法订立原则

依法行政是行政法的基本原则之一，因此，在订立行政协议时，其基本原则之一就是依法订立。学术上，依法行政的含义分为广义和狭义，狭义是指，行政机关的行为只有在法律明确授权的情况下才能被视为合法；广义是指，只要行政机关在其职权范围内进行的行政行为就可以被认为是依法行政。因为经济社会发展阶段的不同，对这两种学说也有不同的理解。在不同的发展阶段，这两种论述都具有一定的合理性。不过在当下社会环境中，行政机关兼具社会管理者和社会服务者两种身份和职责，因此，随着经济社会的发展和进步以及社会法治化进程的推进，行政机关的非权力行政行为日渐增多，亟须出台对行政机关非权力行为相对人进行保护的法律，2019年新司法解释公布，其中第1条明确规定行政机关与行政相对人应在法定职权内订立协议，此项也是法院在司法审查中的重点。

行政协议依法订立原则有以下几点内涵：首先，当法律规定行政机关需要通过行政协议来行使某项行政职权时，行政机关必须严格按照法律规定的路径行使职权，实施行政管理行为；其次，当法律没有对行政机关行使职权的方式进行具体规定，行政机关可以在其职权范围内根据所行使职权事务的性质订立行政协议；最后，行政机关必须严格按照法定程序订立行政协议。如果法律没有明确规定，订立行政协议需受到以下三方面限制：第一，行政机关必须在其有管辖权的范围内订立行政协议，其管辖权包括但不限于事务管辖权、地域管辖权和层级管辖权；第二，行政协议不能违背现行法律规定；第三，订立可能对第三人造成直接损害的行政协议必须经过第三人的同意。

二、抵触无效原则[1]

抵触无效原则是指行政协议不能束缚行政主体。行政协议作为兼具公共利益和行政性的一种行政机关行使职权的方式，具有非权力性。这种非权力性表现在，行政协议的执行需要协议双方协商一致。但是因为其行政性，行政机关在履行协议中享有特权，反映在行政协议订立的内容中。为了实现公共利益，行政机关无权签署限制其特权的协议。

三、平等原则

平等原则指的是符合行政资质的主体享有平等的参与权和竞争权，具体表现为行政主体之间平等、行政相对人与行政主体的平等和行政相对人之间的平等。

四、公正、公开原则

公正、公开原则贯穿于行政协议从订立到履行的始终。公正原则指的是行政机关在可能作出对相对人不利的决定时要听取相对人的意见，并在作出决定后告知相对人理由，具体表现在选择行政相对人或在履行行政协议、行使行政权力等过程中。公开原则是指行政协议的订立动机、制定过程以及最终行政协议的文本都要公开，让民众广泛参与行政协议的制定。例如，在订立国有土地有偿使用合同中，是否坚持公正、公开原则订立协议，在协议签订的结果方面差异极大，不仅可以使政府行为的透明度大为增加，还可以避免交易的不公正性。

五、竞争择优原则

行政委托事项需要行政机关和行政相对人共同合作，因此为了更好地维护公共利益，保证行政行为的质量和效率，行政机关需要择优选择合适的行政相对人。

---

〔1〕 王名扬：《英国行政法》，中国政法大学出版社 1987 年版，第 238~240 页。

六、自由协商原则

缔结行政协议是协议各方自愿的行为。自由是行政协议有效实现的前提。协商是凝聚共识、排除对立的过程，是达成行政协议的途径。行政协议的订立应遵循自愿原则，若行政协议在受胁迫等违背相对方真实意思表示的情形下签订，则人民法院可依法判决撤销该行政协议。在"王某某诉江苏省仪征枣林湾旅游度假区管理办公室房屋搬迁协议案"[1]中，2017年原仪征市铜山办事处（现隶属于省政府批准成立的江苏省仪征枣林湾旅游度假区管理办公室）为加快铜山小镇项目建设，改善农民居住环境，推进城乡一体化建设和枣林湾旅游产业的发展，决定对包括铜山村在内的部分民居实施协议搬迁，王某某所有的位于铜山村王营组×号的房屋在本次搬迁范围内。2017年8月4日早晨，仪征市某房屋拆迁服务有限公司工作人员一行到王某某家中商谈搬迁补偿安置事宜。2017年8月5日凌晨约一点三十分左右，王某某在本案被诉的《铜山体育建设特色镇项目房屋搬迁协议》上签字，同时在《房屋拆除通知单》上签字。2017年8月5日凌晨五点二十分，王某某被送至南京鼓楼医院集团仪征医院直至8月21日出院，入院诊断为"多处软组织挫伤；……"。因认为签订协议时遭到了胁迫，王某某于2017年9月19日向扬州市中级人民法院提起诉讼。

扬州市中级人民法院一审认为，行政协议兼具单方意思与协商一致的双重属性，对行政协议的效力审查自然应当包含合法性和合约性两个方面。根据1999年《合同法》第54条第2款规定，一方以欺诈、胁迫的手段或者乘人之危，使对方在违背真实意思的情况下订立的合同，受损害方有权请求人民法院或者仲裁机构予以变更或撤销。在签订本案被诉的房屋搬迁协议过程中，虽无直接证据证明相关拆迁工作人员对王某某采用了暴力、胁迫等手段，但考虑到协商的时间正处于盛夏的8月4日，王某某的年龄已近70岁，协商的时间跨度从早晨一直延续至第二日凌晨一点三十分左右等，综合以上因素，难以肯定王某某在签订搬迁协议时系其真实意思表示，亦有违行政程

---

〔1〕 "王某某诉江苏省仪征枣林湾旅游度假区管理办公室房屋搬迁协议案"，载中国法院网，https://www.chinacourt.org/article/detail/2019/12/id/4719283.shtml，最后访问日期：2020年9月1日。

序正当性原则。据此，判决撤销本案被诉的房屋搬迁协议。

七、书面形式缔结原则

在其他国家及地区，对于行政协议的缔结采取以书面形式为原则，以其他形式为例外的做法。《联邦德国行政程序法》第 57 条规定："公法合同以书面形式订立，但以法规未规定其他形式为限。"在法国，行政协议可以是书面形式的，也可以是口头形式的，用招标方式缔结的协议都采取书面形式，用直接磋商方式缔结的协议，法律往往规定所涉金额在一定标准以上时也要采取书面形式，金额的高低随行政机关的地位和各时期的经济情况而不同。不仅在大陆法系国家，在英美法系国家也一般认为书面形式是防止和解决行政协议纠纷的较好方式。英美等国政府协议制度中也出现鼓励使用标准合同的倾向，而且美国要求对政府协议的任何变更都要采用书面形式。

以书面形式为原则订立行政协议，具有以下积极意义。首先，书面形式的行政协议有助于实现缔约的确定性，区分协议成立与缔约前的协商行为；其次，书面行政协议能够确定协议当事人的意思表示，细化当事人各自的要求，明确当事人的具体权利义务，预先杜绝可能产生纠纷的根源；再次，行政协议涉及公法关系，书面形式的行政协议便于监督机关审查协议的合法性；复次，书面形式的行政协议能够提示当事人在缔约前认真审视协议中的权利义务约定，保护当事人不会因仓促缔约而遭受权益损害；最后，在行政主体与相对人发生纠纷时，书面形式的行政协议也为当事人的举证提供了方便，使协议内容存在有形的记载，有据可查，易于分清责任，加速解决纠纷的进程。

我国地方性行政程序立法也对行政协议的缔结形式作出规定。例如，《湖南省行政程序规定》第 95 条规定："行政合同应当以书面形式签订。"当然，不分行政协议的种类、大小都要求采取书面形式，一概排斥"口头等其他形式"也是不可取的。但是，具体应当如何理解"书面形式"，仍然有待进一步深入探讨。行政协议要求以书面形式作出，主要目的在于明确内容、防止纠纷和警示双方当事人，使协议双方当事人免受仓促缔约的不利影响。以书信、电报、邮件等方式达成意思表示，只要是内容明确，签名手续完备，也应当认为符合书面形式缔约的规则，只是书面的载体可能有

所差别。我国《民法典》第 469 条第 2 款对"书面形式"也作出了具体的
规定。[1]

第三节 订立的要件

2019 年公布的新司法解释第 1 条描述了行政协议的边界和定义，从主
体、内容、目的三个层面更加清晰地对行政协议的内涵进行了界定。其中规
定，行政协议是行政机关为了实现行政管理或公共服务目标，与公民、法人
或其他组织协商订立的具有行政法上权利义务内容的协议。此处的行政协议
概念与《行政诉讼法》第 12 条第 1 款第 11 项的规定相同。订立要件，主要
有以下三项。

一、订立协议主体适格

主体是否适格是行政协议是否有效的首要条件，也是法院在审理行政协
议案件中首先需要考虑的问题。因行政协议主体具有特殊性，即一方是行政
机关，另一方是公民、法人或其他组织，因此，在考虑主体问题时，应对主
体职权以及主体本身的合法性进行全面审查，也是对民法上的"权利能力和
行为能力"作出了适度的调整和认识。[2]例如在房屋拆迁协议中，会出现
居民委员会或者街道办事处与行政相对人签订拆迁协议的情形，判定行政主
体是否适格，需要兼顾合法性和行政职能。因此，虽然根据我国法律，政府
部门享有房屋征收权，但是，如果居民委员会或街道办事处是政府委托授权
行使征收权的，那么该行政协议也是合法有效的。

行政协议主体的特殊性在于其不仅包括行政机关，还包括行政相对人。
行政相对人的适格则体现在其必须具有相应的民事行为能力。具体表现为行
政相对人具有签订协议的必备条件和资格。有些行政协议对行政相对人有相
应资格的特殊要求，因为行政协议具有行政管理和公共服务的特殊目的。例

---

〔1〕《民法典》第 469 条："当事人订立合同，可以采用书面形式、口头形式或者其他形式。
书面形式是合同书、信件、电报、电传、传真等可以有形地表现所载内容的形式。以电子数据交换、
电子邮件等方式能够有形地表现所载内容，并可以随时调取查用的数据电文，视为书面形式。"
〔2〕 陈无风："司法审查图景中行政协议主体的适格"，载《中国法学》2018 年第 2 期。

如在特许经营协议中，行政机关只有与具有相应特许经营权的行政相对人签订的协议才是合法有效的。

新司法解释第 4 条第 1 款规定，因行政协议的订立、履行、变更、终止等发生纠纷，公民、法人或者其他组织作为原告，以行政机关为被告提起行政诉讼的，人民法院应当依法受理。该解释第 6 条规定，被告就该协议的订立、履行、变更、终止等提起反诉的，人民法院不予准许。此规定即对符合条件的相应行政协议的行政相对人的诉讼权利做到了最大限度的保障。人民法院审理行政协议案件，在对行政协议进行效力性审查的同时，也会对行政机关订立行政协议的行为进行合法性和主体资格审查，并作出相应裁判。在"安吉某金属精密铸造厂诉安吉县人民政府搬迁行政协议案"[1]中，中共安吉县委办公室、安吉县人民政府办公室于 2012 年 5 月 18 日印发安委办〔2012〕61 号文件设立安吉临港经济区管理委员会（以下简称临港管委会），2013 年 12 月 30 日安吉县编制委员会发文撤销临港管委会。2015 年 11 月 18 日，湖州振新资产评估有限公司接受临港管委会委托对安吉某金属精密铸造厂（以下简称某铸造厂）进行资产评估，并出具《资产评估报告书》，评估目的是拆迁补偿。

2016 年 1 月 22 日，临港管委会与某铸造厂就企业搬迁安置达成《企业搬迁补偿协议书》，约定临港管委会按货币形式安置，搬迁补偿总额合计 1 131 650 元。协议签订后，合同双方均依约履行各自义务。2017 年 7 月 12 日，某铸造厂以安吉县人民政府为被告提起诉讼，请求判令被告作出的《企业搬迁补偿协议书》的具体行政行为违法应予以撤销，并责令被告依法与其重新签订拆迁补偿协议。

浙江省高级人民法院二审认为，行政协议既有行政性又有契约性。基于行政协议的双重性特点，在行政协议案件司法审查中对行政机关行政协议行为应坚持全程监督原则、双重审查双重裁判原则。在具体的审查过程中，既要审查行政协议的契约效力性，又要审查行政协议行为特别是订立、履行、变更、解除行政协议等行为的合法性。本案中，临港管委会系由安吉县人民

---

〔1〕 "安吉展鹏金属精密铸造厂诉安吉县人民政府搬迁行政协议案"，载中国法院网，https://www.chinacourt.org/article/detail/2019/12/id/4719283.shtml，最后访问日期：2020 年 9 月 1 日。

政府等以规范性文件设立并赋予相应职能的机构，其不具有独立承担法律责任的能力，无权以自己的名义对外实施行政行为，该管委会被撤销后，更无权实施签约行为。虽然安吉县人民政府追认该协议的效力，但是并不能改变临港管委会签订案涉补偿协议行为违法的事实。案涉补偿协议系双方基于真实意思表示自愿达成，且已经实际履行完毕，补偿协议的内容未并损害某铸造厂的合法权益，在安吉县人民政府对案涉补偿协议予以追认的情况下，协议效力应予保留。

故判决确认安吉县人民政府等设立的临港管委会与某铸造厂签订案涉协议的行为违法；驳回某铸造厂要求撤销案涉协议并依法与其重新签订拆迁补偿协议的诉讼请求。

二、协议内容合法有效

人民法院处理有关行政协议问题的核心是对行政协议效力的认定，行政协议履行的前提和基础是存在合法有效的行政协议。而判断行政协议是否有效的核心，是分析行政协议的内容。对于行政协议的效力，一直都是存在争议的问题，有两效力说、三效力说、四效力说、五效力说等不同学说。德国法中普遍认为行政协议分为存续力和构成要件效力两效力。三效力说是我国部分学者持有的观点，因其自身说服力较弱，而不被大部分学者所接受。国内主流学说是四效力说，虽然其自身也有一定的问题，且学界对四效力也争议颇大，但是相比其他学说，其仍是目前受到学界广泛肯定的学说。五效力说是从四效力说演变而来的，是学界对四效力说争议的一个分支，可以作为四效力说的一个延伸。除上述普遍被学界认可的学说之外，我国台湾地区学者翁岳先生提出七效力说，虽然没有被广大学者认可，但是可以看出对行政协议效力的认定是未来学界的广泛研究趋势。

行政协议作为特殊类型的合同同样适用于《民法典》中关于无效合同的相关规定，即合同内容不得损害国家和社会公共利益。行政协议也具有契约性，有学者对契约性进行解释，契约所蕴含的自由空间即为行政法上自由裁量，行政协议的内容一旦超出行政机关的自由裁量权范围，或者滥用自由裁量权，那协议内容就是违法的。由此可见，若行政机关行使的权力超过了行政法所赋予的行政权力，则此行政协议的内容即是违法的，此行政协议无效。因此，行政协议内容不得违背行政法律法规的相关规定，行政机关不能超出行政法律法规的规定行使权力，即"法无授权即禁止"，防止部分行政机关因为与行政相对人之间的私利危害国家公共利益。在判断行政协议是否有效，不仅要根据《民法典》的相应规定进行判断，还要根据行政法律法规的规定，任何违背相关法律法规规定的协议都是无效的。[1]在"大英县永佳纸业有限公司诉四川省大英县人民政府不履行行政协议案"中，2013年7月，中共四川省遂宁市大英县委出台《关于研究永佳纸业处置方案会议纪要》（以下简称《会议纪要》），决定对大英县永佳纸业有限公司（以下简称永佳公司）进行关停征收。根据《会议纪要》，四川省大英县人民政府安排大英县回马镇人民政府于2013年9月6日与永佳公司签订了《大英县永佳纸业有限公司资产转让协议书》（以下简称《资产转让协议书》），永佳公司关停退出造纸行业，回马镇人民政府受让永佳公司资产并支付对价。协议签订后，永佳公司依约定履行了大部分义务，回马镇人民政府接收了永佳公司的厂房等资产后，于2014年4月4日前由大英县人民政府、回马镇人民政府共计支付了永佳公司补偿金322.4万元，之后经多次催收未再履行后续付款义务。永佳公司认为其与回马镇人民政府签订的《资产转让协议书》系合法有效的行政合同，大英县人民政府、回马镇人民政府应当按约定履行付款义务。故诉至法院请求判令，大英县人民政府、回马镇人民政府支付永佳公司转让费894.6万元及相应利息。经四川省遂宁市中级人民法院一审，四川省高级人民法院二审判决《资产转让协议书》合法有效，大英县人民政府应当给付尚欠永佳公司的征收补偿费用794.6万元及利息。大英县人民政府、回马镇人民政府不服，向最高人民法院申请再审称，《资产转让协议书》系民事合同，若属行政协议，永佳公司不履行约定义务将导致其无法救济，故本案不属于行政诉讼受案范围。

最高人民法院再审裁定认为，界定行政协议有以下四个要素：一是主体要素，即必须一方当事人为行政机关，另一方为行政相对人；二是目的要素，即必须是为了实现行政管理或者公共服务目标；三是内容要素，协议内容必须具有行政法上的权利义务内容；四是意思要素，即协议双方当事人必

---

[1] 江必新："中国行政合同法律制度：体系、内容及其构建"，载《中外法学》2012年第6期。

须协商一致。在此基础上，行政协议的识别可以从以下两个标准进行：一是形式标准，即是否发生于履职的行政机关与行政相对人之间的协商一致；二是实质标准，即协议的标的及内容有行政法上的权利义务，该权利义务取决于是否行使行政职权、履行行政职责；是否为实现行政管理目标和公共服务；行政机关是否具有行政优益权。本案中的《资产转让协议书》系大英县人民政府为履行环境保护治理法定职责，由大英县人民政府通过回马镇人民政府与永佳公司订立协议替代行政决定，其意在通过受让涉污企业永佳公司资产，让永佳公司退出造纸行业，以实现节能减排和环境保护的行政管理目标，维护公共利益，符合上述行政协议的四个要素和两个标准，系行政协议，相应违约责任应由大英县人民政府承担。同时，我国行政诉讼虽是奉行被告恒定原则，但并不影响作为行政协议一方当事人的行政机关的相关权利救济。在相对人不履行行政协议约定义务，行政机关又不能起诉行政相对人的情况下，行政机关可以通过申请非诉执行或者自己强制执行实现协议救济。行政机关可以作出要求相对人履行义务的决定，相对人拒不履行的，行政机关可以该决定为执行依据向人民法院申请强制执行或者自己强制执行。故不存在案涉《资产转让协议书》若属行政协议，永佳公司不履行约定义务将导致行政机关无法救济的问题。据此，最高人民法院裁定驳回大英县人民政府的再审申请。

三、协议订立形式、程序合法

法律规定行政协议的签订需要以书面形式，如果法律另有规定的遵循其规定。书面形式签订符合行政协议的公共利益的目的，因为书面形式签订一方面可以更明确地体现行政相对人和行政机关之间的权利义务，使双方更好地履行各自的权利义务；另一方面在行政协议中，行政机关享有行政优益权，因此，行政相对人处于相对弱势地位，书面形式有利于行政相对人更好地维护自身利益，为其维权提供依据。

程序合法也是行政协议签订的必要原则。社会实践中，行政协议大多是行政机关向不特定的行政相对人发出要约，为了保证行政相对人公平公正地进行竞争，行政协议的签订程序必须公开透明，更有利于符合条件的行政相对人平等竞争机会。例如，在签订中，采取公开招标、拍卖等形式，以及签订过程中遵循合理、公正的原则，能够更好地维护行政相对人的权益。例如在特许经营权协议的签订中，根据我国《基础设施和公用事业特许经营管理办法》第15条的规定，未经公开公正合法程序签订的行政协议无效。

第四节　行政协议订立程序及方式

一、订立程序

行政协议的缔结程序是行政协议成立之前的各个阶段、步骤。在行政协议缔结过程中，行政机关与行政相对人就合同内容相互协商，最终达成订立合意。行政协议采取的各种具体缔结方式，依照法律规定都分别有不同的程序步骤，但从一般原理上来说与民法领域的私法合同类似，通常都要经历要约邀请、要约与反要约、承诺等阶段。遵守行政协议的订立程序，是实现协议目的的保障，是配置当事人权利义务的关键，可以通过程序为相对人权利提供保护并强化对行政特权的控制。以下从行政机关的角度，介绍行政合同的一般性缔结程序，尤其是不同于普通民事合同缔结程序的部分内容。

行政协议是行政主体向外派生、对外交往的结果，因此其会根据外在条件的不同而变化。但是在这些变化中又有相同之处，基本步骤主要有协商、草拟、定案、确认、签署、备案等。协商是凝聚共识、排除对立，达成一致的必经过程。实践中，协商往往是由一方发起、各方参与的，如泛珠三角地区首批行政协议的诞生就是由广东省人民政府发起的。稳定的区域性合作往往会建立固定的合作协商机制。草拟的方式有多种，如一方独立起草、一方起草他方参与和共同起草等。定案是在草案的基础上，通过双方或多方的协调与沟通，对草案修正的结果。

行政协议订立程序还涉及是否必须有公众参与的问题，此问题需要根据协议订立内容、动机和性质进行决定。直接性行政协议一般只涉及行政机关内部事务，如行政协助性协议，则不需要公众参与。但是，涉及公众重大利益事项的间接性行政协议，应当依照行政立法的程序，通过征求意见、听证等程序让公众参与其中。

确认程序主要出现在作用于下属行政机关的行政协议中。一般分为两种情况：如果行政协议的内容属于上级行政机关职权范围内，但是在缔结的过程中涉及了下属行政机关，上级行政机关应当及时通知下属行政机关；如果行政协议的内容是在上级行政机关的职权范围外，则上级行政机关必须根据其权限和程序规定征求下级行政机关意见并取得认可。

签署是行政协议生效的形式要件。实践中行政协议签署的常见形式是行政首长联席会议和特定组织确认。备案是对行政协议效力确认的重要程序。根据行政协议内容的不同，备案不是必须的签订步骤。在我国大多数行政协议的签订都需要通过备案得到上级行政机关的认可。但是如果行政机关有独立的缔约权力，则备案不是必备程序。

（一）订立程序的启动：要约邀请和要约

行政协议具有"合同性"和"行政性"双重属性。从"合同性"角度来讲，其与普通民事合同的订立程序相同，包括要约人发出要约，受约人作出承诺两个基本环节，无要约和承诺则合意无从谈起，合同无从成立。从"行政性"角度来讲，其与普通民事合同双方均可启动订立程序存在不同。民事合同主体签订合同是为了自身利益，行政主体签订行政协议是实现行政管理目标，维护公共利益。因此基于行政协议为了执行公务和实现公共利益的制度宗旨，在行政协议的订立过程中，启动者往往是行政机关或者其他法律法规授权的组织，也就是我们前面提到的行政主体。行政机关处于优先启动行政协议的地位，这也是"行政优益权"或者"行政特权"在订立程序中的体现，即行政主体依法享有选择合同相对方的权利，享有对合同履行的指挥权和监督权。但是随着行政协议方式适用范围越来越广泛，行政协议具体类型越来越丰富，现实中并不排除在某些情况下相对人作为行政合同订立程序的启动者首先发出要约或者要约邀请的可能。

一般合同启动程序包括要约邀请和要约，首先介绍要约邀请。在合同法中，它是指一方当事人希望另一方当事人向自己发出要约的意思表示，寄送的价目表、拍卖公告、招标公告、招股说明书、商业广告等为要约邀请。商业广告的内容符合要约规定的，视为要约。简单来说就是希望对方向自己发出要约，而将承诺权保留在自己手里。因此，行政协议能否最终缔结，取决于要约邀请人是否对对方当事人的要约予以承诺。依据我国《政府采购法》，行政机关采取招标的方式，发出的招标公告或者招标邀请书，就是一种要约邀请。而投标是要约，招标人选定中标人，为承诺。在美国，行政主体通常并不主动向潜在缔约人提出要约，而主要处于受要约人的地位，或在竞争性投标采购中邀请投标，或在谈判采购中提出意向。通过这种方式，行政主体可以保留确定缔结契约时机的权力，因为如前文所言，行政协议能否最终缔结，取决于要约邀请人是否对对方当事人的要约予以承诺。

　　一般而言，行政协议的要约邀请，是启动行政协议谈判的基础和前置性条件，为行政主体与潜在的另一方当事人磋商提供方便和扫清障碍，以使另一方当事人得以真实的意思表示发出要约或者对行政主体的要约予以承诺。因为要约邀请是当事人订立合同的预备行为，当事人处于订约的准备阶段，只是引诱他人发出要约，不能因相对人的承诺而成立合同。在发出要约邀请以后，要约邀请人撤回其邀请，只要未给善意相对人造成信赖利益的损失，要约邀请人一般不承担责任。但是，对要约邀请而言，行为人并非一概无须承担责任，行为人在要约邀请中有欺诈等不诚信行为时，仍然要承担责任。这是因为当事人为订立合同在协商之际，已经由一般的关系转入特殊的信赖关系，依照民法的诚实信用原则，尽管此时合同尚未成立，仍然在当事人之间产生了一种互相照顾、协调、保护、诚实等附随义务。所以，行政机关一方在协议订立前，需要以诚实信用原则履行保护、协助、保密、保管等义务，这些义务是行政协议先合同义务的重要组成部分，违反则需要承担缔约过失责任。

　　首先从概念和法律效力上来讲，要约是进入行政协议订立程序的第一个正式步骤，是发生承诺之前的意思表示，也是受法律规范约束的表意行为，一旦对方作出承诺，双方即受到该意思表示的约束。要约的意思表示必须表明，只要经受要约人承诺，要约人就要受该意思表示的约束，因此要约含有行为人在该意思表示被另一方当事人接受时就受其约束的意旨，这也是要约与要约邀请在效力上最大的不同。

　　其次从内容上来讲，我国《民法典》合同编明文规定，要约的内容必须具体、确定。所谓"具体"即指要约内容必须具有足以使合同成立的主要条款，当然，合同的性质不同，其主要条款亦不相同。究竟哪些才是合同的主要条款，应当根据合同的性质和内容来具体予以判断。所谓"确定"就是指要约的内容必须明确，合同内容不能含糊不清，否则受要约人就难以理解要约人的真实含义，就会无法承诺或难以与要约人达成一致。

最后从程序的角度来讲，进入要约阶段才是真正的启动行政协议订立程序。前面论述已经提到，该程序的启动者往往是行政主体，但随着行政协议类型的多样化也不排除行政相对人率先提出的可能，因此行政机关根据行政协议的类型不同处于受要约人或者要约人的地位。我国行政协议的订立方式主要有以下几种：一是招标，二是拍卖，三是邀请发价，四是直接磋商。一般来讲，采取直接磋商或者统一定价方式订立的行政协议，就比较适合由行政机关直接以要约的形式启动订立程序，以直接磋商为例，直接磋商指行政机关在特定情形下直接与特定的公民、法人或其他组织磋商来签订协议，多是在情况紧急或者需要保密等法定情形下才可以适用，此时由行政主体直接发出要约有利于提高行政效率，并在一定程度上避免行政机关滥用特权。例如，交通、煤气、供水等方面，有时会基于法律授权或者行政委托，而与公众订立行政协议，但如果允许行政机关通过保留决定权而控制行政协议的成立，对于作为消费者的公众是十分不利的，所以这类行政协议的意思表示无论针对的对象是否确定，是否保留决定权，都应当视作要约，一旦消费者对其意思表示予以同意或承诺，行政协议即应成立。这样就可以将主动权和决定权交由公众，从而保护其合法权益。总而言之，行政协议的要约一经发出，并经受要约人同意，行政协议即告成立，故作为要约人，必定将决定是否缔结成立行政协议的权利留给对方当事人。

（二）选择确定协议相对人：承诺和强制承诺

在订立协议的程序启动之后，需要确定协议相对人，其方式有两种：承诺和强制承诺。下面先介绍何为承诺以及行政机关作出承诺前的必要环节。第一，从概念和效力来看，承诺是受要约人向要约人发出的无条件接受要约内容，并决定以要约的内容与要约人订立行政协议的意思表示。根据《民法典》合同编规定，承诺一般是以通知的形式作出，但根据交易习惯或者要约表明可以通过行为作出承诺的除外。承诺的法律效力在于，一经作出并到达要约人，该合同即告成立，要约人不得拒绝。

第二，从行政机关作出承诺前的必要环节看，从要约到承诺还有一个很长的过程。尽管如学者所说，要约和承诺是达成契约合意的两个基本环节，但是在行政协议缔结过程中，对于行政机关最终作出承诺来说，承诺前如何选择确定相对人的过程非常复杂也非常重要，至少应该包括如下考量。一方面，行政机关应当首先对受要约人的综合情况进行调查，对作为受要约人的行政相对人的诚信状况、资产资质、履约资格和能力进行把握，同时也要充分调查了解自身履约能力。在之前的论述中提到，行政协议现实中往往出现行政主体重大决策失误的情况，因为没有在订立阶段做好市场调查和估算，给行政相对人甚至公共利益都带来巨大损失。同时行政机关也应当认真审查协议内容，比如其中的唯一性条款是否能够履约，一旦后期违约是否可能造成整个项目失败等。另一方面，行政机关应该有针对性地与潜在协议相对人进行磋商和谈判，在比较的基础上选择确定最优协议相对人，并与其协商确定协议具体条款。在做好前面两个步骤之后，行政主体应该对拟签订的行政协议文本进行合法性审查，确保其内容合法。最后是向选择确定的协议相对人作出承诺，即可正式签订行政协议。由此可见在行政机关作出承诺之前还存在一系列的考量程序。

确定行政相对人的方式，与之相关的是强制缔约制度，理论上认为强制缔约包括强制要约与强制承诺，是指依据法律规定，民事主体负有与他人缔结契约的法定义务，非有正当理由不能拒绝承诺。依据传统合同自由理论，任何人都不负有与他人订立合同的义务，也不得强迫其他人与之订立合同。但是，如果法律规定，受要约人负有对要约人向其发出的要约予以承诺的义务，非有正当理由不得拒绝该要约，则在此种情形下，强制缔约就表现为法律对民事主体施加的强制承诺的义务。因此强制缔约制度的出现，改变了传统的合同自由理论，[1]也使得强制承诺作为一种独立的确定相对人的方式而存在，与传统的"承诺"存在差异。

具体来看，行政协议中强制承诺的情形主要有以下两种：一是在招标和拍卖等缔约方式中，投标人和竞拍人向行政主体发出要约，行政主体有义务向提供最优条件且超出标底的投标人，或者出价最高且超过标底的竞拍人作出承诺。如果允许行政主体任意拒绝，投标或者竞拍的相对人利益将受到损

---

[1]　李国平："强制缔约制度浅析"，载《中国外资》2012年第23期。

害，行政主体的公信力也会受到损害，投标或者竞拍这种最能体现公开竞争原则的程序设计也就完全丧失了意义。二是在行政主体以合同方式提供诸如道路通行、公共资源供应等公共服务时，如果允许其通过保留拒绝承诺的权利而控制行政协议的成立，可能会对行政相对人享受公共服务造成不利后果，因此应当通过强制承诺制度保障公共服务提供的公开性和公平性。[1]

（三）依法审查或批准：协议生效

依照《民法典》合同编规定，依法成立的合同，自成立时生效。一般来说，行政协议成立之时就是行政协议生效之时。行政协议有效，是指行政协议具备了协议的生效要件。但是，有的行政协议还需要符合特别生效要件，即行政协议需经批准、登记生效的，应当按照法律、法规、规章的规定进行审查或批准。同时对于须经批准、登记生效的，在一审法庭辩论终结前未获得批准的，人民法院应当确定行政协议不发生效力。因此，行政协议的成立并不完全等同于生效，任何国家的法律都不可能规定，只要双方当事人达成合意（意思表示一致），行政协议就可以毫无限制地发生其预设的效果。从内容上来讲，其审查事项一般包括：协议的内容是否合法、公平合理，行政主体单方行为的事实和法律依据，是否约定违约责任，签订行政协议的主体是否合法，行政相对方是否符合缔约的条件，行政主体行使行政优益权是否合法，订立协议的程序和形式是否合法，等等。

规定行政协议依法审查或批准才能生效，主要是基于以下两个方面的考虑：一是，行政协议双方当事人的意思自治是有界限的，任何违反或者超越这一界限的行为，法律要对其进行否定性评价。因为，双方当事人合意的效果可能会存在侵害社会公共利益、其他个人利益等情况。二是，行政机关必须依法、依权限、依程序订立行政协议，并接受有权机关监督。如果行政机关滥用其优势地位造成信息不对称，签订可能导致当事人之间利益不平等的协议，或者超越权限、违反程序与行政相对人缔结协议，都是违反行政协议本意的，法律必须对其进行否定性评价。因此，很多时候法律、法规有必要作出规定，行政协议经过依法审查或批准才能生效。

除上述两方面的考量之外，有些情况下，由于缔结行政协议的行政机关

---

[1] 施建辉：《行政契约缔结论》，法律出版社2011年版，第68~71页。

权限问题，其行政协议并不能立即生效。例如，《湖南省行政程序规定》第 96 条规定："行政合同依照法律、法规规定须经其他行政机关批准或者会同办理的，经过其他行政机关批准或者会同办理后，行政合同才能生效。"每个行政机关只具有在其管辖事务范围内签订行政协议的权限，不可以越权签订。

二、订立方式

行政协议的订立方式与民事合同有所不同，体现在两个方面：一是行政机关有优先要约的地位，二是赋予行政机关选择相对人的权利。这些都是为了选择最具有履行能力的相对人，保证行政管理目标更好地得以实现。下文从《政府采购法》《城镇国有土地使用权出让和转让暂行条例》等法律法规出发，主要介绍招标（包括公开招标、邀请招标等）、拍卖、竞争性谈判、邀请发价、直接磋商、统一定价等缔结方式。

（一）招标

招标是一种被广泛采用的行政协议订立方式，指行政机关根据行政公务本身需要确定行政协议的标底和主要条款（以招标公告或招标邀请书方式公布特定的标准和条件），参加投标者根据行政协议作出承诺（报价及相应条件），行政机关经过评标和议标程序，从符合标底的参加者中选择最优者并与之签订行政协议。其中招标的行政机关称为招标人，参加投标的行政机关称为投标人，与行政机关签订协议的行政相对人称为中标人。招标与一般的交易方式相比，主要有以下三个特点：一是招标是由参加投标的企业按照招标人所提出的条件，一次性递价成交的贸易方式，双方无须进行反复磋商。二是招标是一种竞卖的贸易方式。三是招标是在指定的时间和指定的地点进行的，并事先规定了一些具体的条件，因此，投标必须根据其规定的条件进行，如不符合其条件，则难以中标。

我国《招标投标法》规定，招标方式分为公开招标、邀请招标，其中占主要地位的是公开招标。比如，《政府采购法》第 26 条规定："政府采购采用以下方式：（一）公开招标；（二）邀请招标；（三）竞争性谈判；（四）单一来源采购；（五）询价；（六）国务院政府采购监督管理部门认定的其他采购方式。公开招标应作为政府采购的主要采购方式。"该条不仅介绍了政府采购的几种形式，更是强调了公开招标的地位。公开招标具有竞争性、公开性，可以在一定程度上防止营私舞弊和财政经费的浪费，确保选择最优者签订行政协议。是否采用公开招标的方式需要根据客观数额标准进行判断，禁止采购人以各种形式规避应当以招标方式采购的货物或者提供的服务。只有不适合公开招标才可以进行邀请招标，但也有法律上的限制。比如《招标投标法》第11条规定："国务院发展计划部门确定的国家重点项目和省、自治区、直辖市人民政府确定的地方重点项目不适宜公开招标的，经国务院发展计划部门或者省、自治区、直辖市人民政府批准，可以进行邀请招标。"因此在适用范围上两者存在巨大差别，以下分别对公开招标和邀请招标进行详细阐述。

第一，公开招标。公开招标是最能突出招标的本质特征和制度价值，因此无特殊说明情况下，一般意义上的招标指的是公开招标。行政法治和市场经济的本质要求是公开原则和竞争原则，而招标和拍卖很好地体现了这两个原则。据上文已知，招标是指行政机关根据行政公务本身需要确定行政协议的标底和主要条款（以招标公告或招标邀请书方式公布特定的标准和条件），参加投标者根据行政协议作出承诺（报价及相应条件），行政机关经过评标和议标程序，从符合标底的参加者中选择最优者并与之签订行政协议。而在经济行为中，拍卖是在规定的时间与场所，按照一定的章程和规则，将要拍卖的货物向买主展示，公开叫价竞购，最后由拍卖人把货物卖给出价最高的买主的一种现货交易方式。因此招标和拍卖正体现了公开和竞争的原则，保障了交易自由。许多实体性法律和程序性法律中，都规定了相应的行政行为需要通过招标、拍卖的方式进行。如国有建设用地使用权出让协议、政府特许经营协议、政府采购协议等。招标投标的目的在于选择最优的中标人并与之签订协议，因此，招标投标是签订协议的具体方式，是要约与承诺的特殊表现形式。招标投标中主要的具体法律行为有招标行为、投标行为和确定中标人行为。由此可见，招标行为是行政过程中的阶段性行为，可以作为一个独立的行政行为。作为一个独立的行政行为，招标投标行为也应满足行政行为应有的原则，即上文所说竞争性、公平性原则。目前主要的法律依据有《招标投标法》《招标投标法实施条例》等。

招标投标要遵循一定的程序和原则。其一，招标行为一般包括招标准备、招标邀请、发售招标文件、审查招标文件、标前会议、投标、评标、签标等过程。其作为订立行政协议过程中的程序性行为，具有全面、动态呈现行政程序的特点。在保证程序性行为效率的前提下，规范和严谨地实施此类行为是为了通过程序规范，实现公平、公正地找到合适的行政相对人的程序目标。

其二，具体展开招标投标活动也需要遵循公平公正原则。招标投标行为是市场经济的产物，必须遵循市场经济活动的基本原则。因此各国立法普遍规定招标投标行为需要遵循"三公原则"，即公开、公平、公正。在我国，《招标投标法》第5条就规定，"招标投标活动应当遵循公开、公平、公正和诚实信用的原则"，这同时也符合宪法上的平等权，只有程序公开透明，才更有利于保护行政相对人的程序权利，只有信息公开，才有利于保障公民的知情权。

在进行招标投标之前的准备阶段，包括项目的可行性论证、风险论证等，这些行政机关的内部程序并不需要符合公开性和竞争性的要求。但是进行招标投标的具体过程必须符合《招标投标法》《招标投标法实施条例》中所规定的依法公开原则。

其三，在评标阶段，选择行政相对人（投标人）时还有回避制度。《招标投标法实施条例》第46条第3款规定："评标委员会成员与投标人有利害关系的，应当主动回避。"第71条又规定了"应当回避而不回避"的法律责任。因此，为了保证评标工作的公平、公正，必须实行评标委员会成员的回避制度。凡与投标人有直接利害关系或作为投标人组成的课题组成员的专家不宜作为评标委员会成员。由此可见，回避原则同样是行政程序的重要内容，在行政合同缔结的招标投标过程中应当得到体现。

其四，招标投标前后具有相关的审批程序。《招标投标法》第9条第1款规定："招标项目按照国家有关规定需要履行项目审批手续的，应当先履行审批手续，取得批准。"《招标投标法实施条例》第7条作了更为详细的规定。此外，通过相关行政机关对招标项目的审核、批准可以降低行政协议风险，预防腐败滋生。

第二，邀请招标。我国招标投标法规定，邀请招标是指招标人以投标邀请书的方式邀请特定的法人或者其他组织投标。邀请招标和公开招标在适用范围上存在明显差异，之所以单独设立邀请招标，主要是考虑到效率价值。具体来说，邀请招标是由行政机关根据供应商或承包商的资信和业绩，选择一定数目的法人或其他组织（不能少于三家），向其发出招标邀请书，邀请其参加投标竞争，最终从中选定中标供应商的一种缔结行政协议的方式。因此结合以上可知，邀请招标能够按照项目需求特点和市场供应状态，有针对性地从已知了解的潜在投标人中，选择具有与招标项目需求匹配的资格能力、价值目标以及对项目重视程度均相近的投标人参与投标竞争，有利于投标人之间均衡竞争，并通过科学的评标标准和方法实现招标需求目标，招标工作量和招标费用相对较小，既可以省去招标公告和资格预审程序（招标投标资格审查），又可以获得基本或者较好的竞争效果。但是邀请招标与公开招标相比，投标人数量相对较少，竞争开放度相对较弱；受招标人在选择邀请对象前已知投标人信息的局限性，有可能会损失应有的竞争效果，得不到最合适的投标人和获得最佳竞争效益。现实中存在利用邀请招标之名行虚假招标之实，破坏竞争秩序的现象。

为此，我国相关法律法规中对于邀请招标的适用范围也有明确规定和限制。比如，《投标招标法》第 11 条规定："国务院发展计划部门确定的国家重点项目和省、自治区、直辖市人民政府确定的地方重点项目不适宜公开招标的，经国务院发展计划部门或者省、自治区、直辖市人民政府批准，可以进行邀请招标。"同时《政府采购法》第 29 条规定："符合下列情形之一的货物或者服务，可以依照本法采用邀请招标方式采购：（一）具有特殊性，只能从有限范围的供应商处采购的；（二）采用公开招标方式的费用占政府采购项目总价值的比例过大的。"

在程序上，邀请招标方式除了公开范围相对有限，其他也应当遵循与上述公开招标类似的程序。采用邀请招标方式需要注意的是，行政机关应当通过招标前期的资格审查程序对参加招标的投标人进行资格审查，确保投标人都具有履行相应行政协议的资格和能力，保证行政程序的有效性，避免出现一些学者主张的"如果中标人的确不适合执行公务时，应当赋予行政主体一定的权力重新进行招标"等情况，以保证行政效率。毕竟《政府采购法》之所以在公开招标之外再设邀请招标，最主要的价值追求是效率，否则单设公开招标即可。最终通过筛选，与最优者签订行政协议。

（二）拍卖

行政协议订立的最主要方式除了公开招标，还有拍卖。拍卖是指行政机关或其委托机构以公开竞价的方式，将特定的物品或财产权利转让给最高应价或条件最优的行政相对人而与其签订行政协议的方式。这种行政协议订立方式从竞争性、公开性上考虑，应该是与招标方式处于同一水平，都能够通过行政协议订立过程的透明性，来有效防止"暗箱操作"问题，确保选择到最优者并与其订立行政协议。例如，《湖南省行政程序规定》第 94 条规定，订立行政合同应当遵循竞争原则和公开原则，订立行政合同一般采用公开招标、拍卖等方式。订立行政合同应以招标、拍卖方式为主，其他订立方式为辅；采用招标方式时如上所述，以公开招标为主，以邀请招标为辅。然而，应当如何确定何时采用招标方式，何时采用拍卖方式呢？这个问题在实践中实际上是很清楚的，根据相关法律法规规定，招标方式主要适用于政府采购物品、服务过程中，拍卖主要适用于国有资产的出让领域。也就是说，政府作为购买方原则上应当采用招标方式，一般是以报价最低者为最优；政府作为出卖方原则上应当采用拍卖方式，一般是以价格最高者为最优。招标、拍卖程序应适用《招标投标法》《拍卖法》《政府采购法》等法律、法规、规章的规定。

（三）竞争性谈判

竞争性谈判，是指行政主体对不能或者不宜采取招标或拍卖的方式缔约的事项，通过与多个相对人分别谈判，从中选择最合适的相对人订立协议。应用此种方式，行政机关享有更大的选择权，并且更符合行政协议的原始意味。但因为公开性、竞争性上受到影响和限制，法律规定适用竞争性谈判的条件往往比较严格。例如，《政府采购法》第 30 条规定："符合下列情形之一的货物或者服务，可以依照本法采用竞争性谈判方式采购：（一）招标后没有供应商投标或者没有合格标的或者重新招标未能成立的；（二）技术复杂或者性质特殊，不能确定详细规格或者具体要求的；（三）采用招标所需时间不能满足用户紧急需要的；（四）不能事先计算出价格总额的。"以上四种情形应当原则上优先适用竞争性谈判方式。依据我国《政府采购法》第

38 条的规定，采用竞争性谈判方式采购的，应当遵循下列程序：（1）成立谈判小组。谈判小组由采购人的代表和有关专家共三人以上的单数组成，其中专家的人数不得少于成员总数的三分之二。（2）制定谈判文件。谈判文件应当明确谈判程序、谈判内容、合同草案的条款以及评定成交的标准等事项。（3）确定邀请参加谈判的供应商名单。谈判小组从符合相应资格条件的供应商名单中确定不少于三家的供应商参加谈判，并向其提供谈判文件。（4）谈判。谈判小组所有成员集中与单一供应商分别进行谈判。在谈判中，谈判的任何一方不得透露与谈判有关的其他供应商的技术资料、价格和其他信息。谈判文件有实质性变动的，谈判小组应当以书面形式通知所有参加谈判的供应商。（5）确定成交供应商。谈判结束后，谈判小组应当要求所有参加谈判的供应商在规定时间内进行最后报价，采购人从谈判小组提出的成交候选人中根据符合采购需求、质量和服务相等且报价最低的原则确定成交供应商，并将结果通知所有参加谈判的未成交的供应商。竞争性谈判相对操作简便，有利于节约经济成本和时间成本，提高效率，所以在我国，竞争性谈判是在情况特殊复杂、时间紧迫的情况下，作为招标投标的补充手段或简易手段而存在。

竞争性谈判的特点在于，行政机关享有更大的选择权，而不是前文提到的公开招标和拍卖方式更倾向于公平透明性。因此，竞争性谈判可能会因为行政机关更大的选择决定权导致对行政相对人不利，因此法律上对其适用条件有更严格的限制。根据相关法律法规等规定，竞争性谈判的适用范围为：（1）依法制定的集中采购目录以内，且未达到公开招标数额标准的货物、服务；（2）依法制定的集中采购目录以外、采购限额标准以上，且未达到公开招标数额标准的货物、服务；（3）达到公开招标数额标准、经批准采用非公开招标方式的货物、服务；（4）按照招标投标法及其实施条例必须进行招标的工程建设项目以外的政府采购工程。

（四）邀请发价

邀请发价，是指行政主体为实现某种公务，提出一定的条件邀请相对人发价，然后由行政主体综合各方面的因素，选择最合适的相对人签订行政协议。与招标投标相比，在邀请发价中，行政主体只确定行政公务达到的标准，不确定标底；另外，在邀请发价中没有中标人，行政主体可以综合各方面因素选择最合适的相对人而不一定是报价最低或报价最高的相对人，具有更大的自由选择权。在学理上"邀请发价"的提法，容易与"邀请招标"混淆，具体而言，邀请发价相当于《政府采购法》中规定的询价，该法第32条规定："采购的货物规格、标准统一、现货货源充足且价格变化幅度小的政府采购项目，可以依照本法采用询价方式采购。"

邀请发价一般应当遵循以下程序。（1）成立询价小组。询价小组由采购人的代表和有关专家共三人以上的单数组成，其中专家的人数不得少于成员总数的三分之二。询价小组应当对采购项目的价格构成和评定成交的标准等事项进行规定。（2）确定被询价的供应商名单。询价小组根据采购需求，从符合相应资格条件的供应商名单中确定不少于三家的供应商，并向其发出询价通知书让其报价。（3）询价。询价小组要求被询价的供应商一次报出不得更改的价格。（4）确定成交供应商。采购人应当根据符合采购需求、质量和服务相等且报价低的原则确定成交供应商，并将结果通知所有被询价的未成交的供应商。

（五）直接磋商

直接磋商是指行政机关在某些情况下，直接通过和行政相对人进行单一协商，通过协商双方直接签订行政协议的方式。《政府采购法》所规定的"单一来源方式采购"即是其重要表现形式。根据《政府采购法》第31条，"符合下列情形之一的货物或者服务，可以依照本法采用单一来源方式采购：（一）只能从唯一供应商处采购的；（二）发生了不可预见的紧急情况不能从其他供应商处采购的；（三）必须保证原有采购项目一致性或者服务配套的要求，需要继续从原供应商处添购，且添购资金总额不超过原合同采购金额百分之十的"。根据《政府采购法》第39条，"采取单一来源方式采购的，采购人与供应商应当遵循本法规定的原则，在保证采购项目质量和双方商定合理价格的基础上进行采购"。

由上面分析可知，这种通过直接磋商订立行政协议的方式几乎不存在竞争，因此对于这种方式的适用在法律上的规定也更为严格，例如对于相对人资格和能力要求较高的国家科研合同中才可以用此种订立方式。

（六）统一定价

统一定价，是指在土地征收等行政领域，法律规定由国家或者省、自治区、直辖市统一制定土地补偿费、安置补助费标准，并依照标准与相对人签订行政合同的方式。例如《土地管理法》第 48 条第 2 款规定："征收土地应当依法及时足额支付土地补偿费、安置补助费以及农村村民住宅、其他地上付着物和青苗等的补偿费用，并安排被征地农民的社会保障费用。"

相比上面提到的其他订立行政协议的方式，统一定价行政机关在价格方面处于绝对优势地位，又因为缺少监督会有损害行政相对人利益之嫌，所以需要法律赋予处于弱势地位的行政相对人更多的权利，例如赋予行政相对人提出意见的权利。这一点，在相关法律中有所体现。

比如，《土地管理法》第 47 条第 2 款规定，县级以上地方人民政府拟申请征收土地的，应当开展拟征收土地现状调查和社会稳定风险评估，并将征收范围、土地现状、征收目的、补偿标准、安置方式和社会保障等在拟征收土地所在的乡（镇）和村、村民小组范围内公告至少三十日，听取被征地的农村集体经济组织及其成员、村民委员会和其他利害关系人的意见；第 49 条规定，被征地的农村集体经济组织应当将征收土地的补偿费用的收支状况向本集体经济组织的成员公布，接受监督。禁止侵占、挪用被征收土地单位的征地补偿费用和其他有关费用。

第五节　订立的风险

行政协议的风险产生的原因主要有行政主体的违约、与法律文件冲突、合同条款不完备、项目合同违约等。

一、行政协议中行政主体的承诺

行政主体违约即政府不履行或者无法履行协议而给项目带来失败的危险。引发行政主体违约风险的主要原因有行政主体不合理决策、行政主体不合法承诺以及行政主体不按合同约定履行义务履约等。

行政协议是通过行政主体和行政相对人之间合作签订，有些行政协议无法通过行政相对人单独来完成，需要行政机关提供相应条件的支持，例如提供项目所需配套设施、相关配套条件，或者协助利用现有的基础设施等。因此行政主体的承诺为行政协议的顺利履行起到了分担风险的作用，并相应提供了优势条件。但同时，行政主体应当谨慎承诺、合理承诺，如不当承诺也会给行政协议中的项目履行带来很多风险，例如在"崔某某诉徐州市丰县人民政府招商引资案"[1]中行政机关违反招商引资承诺义务，滥用行政优益权，人民法院对此不予支持。

2001年6月28日，中共丰县县委和丰县人民政府（以下简称丰县政府）印发丰委发〔2001〕23号《关于印发丰县招商引资优惠政策的通知》（以下简称《23号通知》），就丰县当地的招商引资奖励政策和具体实施作出相应规定。2003年，在崔某某及其妻子李某某的推介运作下，徐州某环保水务有限公司建成并投产。后崔某某一直向丰县政府主张支付招商引资奖励未果。2015年5月，崔某某向一审法院提起本案之诉，请求判令丰县政府依照《23号通知》第25条和附则的规定兑现奖励义务。丰县政府在收到一审法院送达的起诉状副本后，其下属部门丰县发展改革与经济委员会（以下简称丰县发改委）于2015年6月作出《关于对〈关于印发丰县招商引资优惠政策的通知〉部分条款的解释》（以下简称《关于23号通知的解释》），对《23号通知》第25条和附则作如下说明："……3.本县新增固定资产投入300万元人民币以上者，可参照此政策执行。本条款是为了鼓励本县原有企业，增加固定资产投入，扩大产能，为我县税收作出新的贡献，可参照本优惠政策执行。"

经江苏省徐州市中级人民法院一审，江苏省高级人民法院二审认为，丰县政府作出的上述招商引资奖励承诺，以及崔某某因此开展的介绍行为，符合居间人向委托人报告订立合同的机会或者提供订立合同的媒介服务，委托人支付报酬的特征，具备诺成性、双务性和不要式性的特点。崔某某多次主张丰县政府应当按照《23号通知》的规定向其支付招商引资奖励未果，由此发生的纠纷属于行政协议争议，依法属于人民法院行政诉讼受理范围。对

---

[1] "崔某某诉徐州市丰县人民政府招商引资案"，载北大法宝网，https://www.pkulaw.com/chl/6d3f4c7f2ece2f02bdfb.html，最后访问日期：2020年8月26日。

于本案中丰县政府是否应当支付招商引资奖励的问题，要审查其行为有无违反准用的民事法律规范的基本原则。诚实信用原则不仅是合同法的帝王条款，也是行政协议各方当事人应当遵守的基本行为准则。基于保护公共利益的考虑，可以赋予行政主体在解除和变更行政协议中具有一定的优益权，但这种优益权的行使不能与诚实信用原则相抵触，不能够被滥用，尤其是在行政协议案件中，对于关键条文的解释，应当限制行政主体在无其他证据佐证的情形下任意行使所谓的优益权。本案一审中丰县发改委对《23号通知》附则所规定的"本县新增固定资产投入"作出仅指丰县原有企业，追加投入，扩大产能的解释，属于限缩性的解释，该解释与社会公众正常的理解不符。丰县政府通过对当时承诺重新界定的方式，推卸自身应负义务，是对优益权的滥用，显然有悖于诚实信用原则。故认定丰县发改委《关于23号通知的解释》中的相关内容无效，判令丰县政府继续依照《23号通知》的承诺履行义务。

二、行政协议中的唯一性条款

在行政协议中，常常会有唯一性条款，具体来说经常出现在特许经营合同和使用者付费的PPP项目合同中，即"政府与社会资本合作协议"。在后一种模式中最常见的就是公共交通项目，比如修建公路、大桥等基础设施建设工程一类，例如因唯一性条款违约而导致项目失败的案例：杭州湾跨海大桥项目开工还不到两年，便面临唯一性风险和收益不足的风险。另一个案例鑫远闽江四桥建设协议中，因为行政机关没有保证项目的唯一性，导致这一协议项目收益减少，并且项目的损失是由于行政机关的违约。也有泉州刺桐大桥项目以及京通高速公路项目因为违背了唯一性条款导致双方共担失败风险。湖南省首条长潭西高速公路争议特别值得思考。该项目特许经营合同约定政府方在约定期限内不得进行竞争性项目的建设。而政府相继修建了长湘高速和长韶娄高速两条收费高速公路，分流了长潭西高速公路大约二分之一的车流量通行费。针对该情况，项目双方各执一词，项目公司认为是政府方违约，而政府方则认为该唯一性条款属于限制竞争条款，因而无效。

比如在财政部《PPP项目合同指南（试行）》中对唯一性条款作出了相应的规定，在采用使用者付费机制的项目中，项目公司需要通过从项目最终用户处收费以收回投资并获取收益，因此必须确保有足够的最终用户会使用该项目设施并支付费用。鉴于此，在这类项目的 PPP 项目合同中，通常会规定政府方有义务防止不必要的竞争性项目，即通常所说的唯一性条款。除此之外，国家发改委等部门公布的《基础设施和公用事业特许经营管理办法》第 21 条规定："政府可以在特许经营协议中就防止不必要的同类竞争性项目建设……等内容作出承诺……"《政府和社会资本合作项目通用合同指南》第 10 条中也指出，"如有必要，可做出合作期间内的排他性约定，如对政府同类授权的限制等"。

这种唯一性条款存在的正当性在于，涉及此类条款的一般是投资巨大、回收周期较长的项目，因此，只有项目获得稳定收益，才能吸引社会投资方积极参与项目建设。而项目能否获得稳定收益，则取决于是否有足够的使用量，至少达到可行性研究报告中的最低数量，如果一旦出现竞争性项目，则项目实际需求量必然降低，从而使项目存在风险，特别是竞争性项目在不收费或低收费的情况下更是如此。如果不设立唯一性条款，那么对行政机关就没有有效的制约，行政机关一旦在此期间修建其他竞争性项目，会导致市场供求变化，行政相对人市场收益不足，将给行政相对人造成不利影响，从而影响行政协议的顺利进行。同时行政机关违约也不利于保护公共利益和维护行政机关的公信力。因此，设立此种条款的目的并不是限制竞争，而是为了解决现实中行政相对人因行政机关所受制约过少、随意侵害其合法权益的现象，从而保障社会资本方参与公私合作的积极性和安全感。

杭州湾跨海大桥、鑫远闽江四桥、泉州刺桐大桥以及京通高速公路的案例中，都是行政主体不遵守约定，使得项目唯一性得不到保证，降低行政相对人收益，从而导致项目失败、行政主体赔偿的情形。然而在湖南长潭西高速公路案件中，行政协议所订立的唯一性条款涉嫌违反我国反垄断法"禁止无正当理由，滥用市场支配地位排除、限制竞争的行为"这一规定。因此这一案例中除了要承担收益减少的风险，还要面临可能被判定为限制竞争而使得该条款无效的风险。如此看来实践中"唯一性条款"的实施面临许多问题，未能很好地发挥保护行政相对人的作用。

由上述案例可见，为了在实践中更容易遵守或者避免限制竞争的风险，唯一性条款应当在订立的时候具体化，精确限制时间和区域。有些观点认为为了保证唯一性条款的有效性，双方可以约定在某些条件下行政机关可以回购项目或者行政相对人在某些条件下有权要求行政机关按照约定进行回购。

因此，对于社会资本而言，在合同谈判阶段最好明确时间和区域范围，比如以项目为中心，50千米范围内，要求行政主体作出相关承诺，即承诺项目期限内不在项目附近兴建竞争性的项目，使社会资本能获得较高的回报率，以避免过度竞争引起社会资本收益下降，从而引发社会资本参与PPP项目的热情等。

同时还有观点认为，为了保证唯一性条款的有效性，应该在协议中约定相应的救济机制，还应该明确约定行政主体违反唯一性条款时的违约责任，比如对社会资本方进行赔偿，明确赔偿范围，包括但不限于未收回的投资，以及可预期利润等；那么针对涉嫌限制竞争的风险，如果约定更加明确，就可以在纠纷中减少对于该条款合法性和合理性的争议。比如，约定行政主体对社会资本方股份的回购义务，并需要在合同中详细列明回购的计算方式、支付方式，或者约定行政主体对社会资本进行补偿，以及补偿形式和补偿范围等。

在"英德中油燃气有限公司诉英德市人民政府、英德市英红工业园管理委员会、英德华润燃气有限公司特许经营协议纠纷案"〔1〕中，英德市建设局与中油中泰燃气有限责任公司（以下简称中油中泰公司）于2008年8月20日签订《英德市管道燃气特许经营协议》。同年8月22日，英德市人民政府向英德市建设局作出批复，同意将该市管道天然气特许经营权独家授予中油中泰公司，期限为30年，至2038年8月20日止。后中油中泰公司组建英德中油燃气有限公司（以下简称中油公司）负责经营涉案业务。2010年至2011年，英德市英红工业园管理委员会（以下简称英红园管委会）先后与中油公司签订投资天然气站项目合同、补充协议等协议，就该公司在英红工业园内的管道燃气特许经营权具体实施，包括许可范围、开发建设及经营期限、建设用地等进行约定。2012年9月4日，英德市人民政府发布管道燃气特许经营权招标投标公告。华润燃气投资（中国）有限公司参与招标并中

〔1〕"英德中油燃气有限公司诉英德市人民政府、英德市英红工业园管理委员会、英德华润燃气有限公司特许经营协议纠纷案"，载中国法院网，https://www.chinacourt.org/article/detail/2019/12/id/4719283.shtml，最后访问日期：2020年8月16日。

标，并于 2013 年 2 月 20 日与英德市规划和城市综合管理局签订《英德市管道燃气特许经营协议》，取得包括英红工业园在内的英德管道燃气业务独家特许经营权，有效期限为 30 年，至 2043 年 2 月 20 日止。该公司随后成立了英德华润燃气有限公司（以下简称华润公司）负责项目经营管理。

中油公司因与华润公司对英红工业园管道燃气特许经营权发生争议，向法院起诉，请求判令英德市人民政府、英红园管委会继续履行案涉行政协议，授予其在英红工业园内管道燃气的独家特许经营权；判令英德市人民政府立即终止华润公司在涉案地域内的管道燃气建设及经营活动。

经清远市中级人民法院一审，广东省高级人民法院二审认为，案涉行政协议合法有效，中油公司享有的特许经营权利受法律保护，协议各方应当按照约定履行相关的合同义务。英德市人民政府作为该管委会这一事业单位的设立机关以及特许经营许可一方，应承担相应合同义务，保障合同履行，但英德市人民政府又将英红工业园的管道燃气特许经营权授予华润公司，存在对同一区域将具有排他性的独家特许经营权先后重复许可给不同主体的行为，应当认定为违法。法院同时认为，该重复许可系行政机关的行政行为所致，并不必然导致在后的华润公司所获得的独家特许经营权无效，华润公司基于其所签订的特许经营权协议的相关合同利益、信赖利益亦应当予以保护。且中油公司、华润公司均已进行了管道建设并对园区企业供气，若撤销任何一家的特许经营权均将影响到所在地域的公共利益。对于重复许可的相关法律后果，应当由行政机关承担，不应由华润公司承担。英德市人民政府应当采取补救措施，依法作出行政处理，对双方相应经营地域范围予以界定，妥善解决本案经营权争议。故判决：（1）确认案涉协议有效，确认中油公司在英红工业园内具有管道燃气特许经营权，且不得授予第三方；（2）确认英德市人民政府、英红园管委会将英红工业园内管道燃气的独家特许经营权授予华润公司的行为违法；（3）责令英德市人民政府采取补救措施；（4）驳回中油公司的其他诉讼请求。

在能源和公共基础设施建设等领域，行政机关将同一区域内某项目的独家特许经营权通过行政协议先后授予不同的经营者，人民法院应当认定该行为属于违约行为，并判决其承担相应法律责任。虽然该案并未明确规定唯一性条款，但是对中油公司所授予的是"独家特许经营权"，具有排他性。后政府违反了该约定进行了重复授权许可，从而导致了该纠纷的发生。该参考案例体现了唯一性条款订立时不精细、不完整所带来的不利后果。因为法院以保护后者的信赖利益为由不对后者所获得的特许经营权进行否认，而是判令政府对双方的经营地域进行界定划分。试想如果订立协议时明确约定了地域范围，并且约定违约后果，那么中油公司即可利用协议规定维护自己的合法权益。

三、协议文件内容完备

因为行政协议所具有的公共属性，它不仅会涉及行政合同双方当事人，还会涉及相关的社会公众，因此从公平和效率角度来看，行政合同中应该尽可能内容完备。协议文件内容不完备指的是，合同条款中权利义务分担或风险分担不合理或合同所包含的内容存在冲突。例如英国伦敦地铁公司行政协议案，政府与 Metronet、Tube Lines 公司签订行政协议，约定在出现风险时，各社会资本方以 700 万英镑为限来承担风险。不久两个私营合作者之一的 Metronet 公司因股东撤资而宣布倒闭。最终由伦敦地铁管委会缴纳了 17 亿英镑的补偿金宣告项目失败。后来议会提出的调查报告显示，协议约定股东责任限制在 700 万英镑以内，无法有效地将风险从政府方转移到社会资本方。Metronet 由于经营不善导致破产的事实，只能由无辜的纳税人和乘客承担。

在"金华市某商贸有限公司诉金华市金东区人民政府拆迁行政合同案"[1]中，行政机关采用签订空白房地产收购补偿协议方式拆除房屋后，双方未能就补偿内容协商一致，行政机关又不作出补偿决定的，人民法院应当判决行政机关限期采取补救措施。2017 年 3 月 4 日，原告金华市某商贸有限公司法定代表人严某某与被告金华市金东区人民政府设立的多湖中央商务区征迁指挥部签订《多湖中央商务区金华市某商贸有限公司房屋与土地收购货币补偿协议》一份，原告同意多湖中央商务区征迁指挥部收购其所有的坐落于金华市金东区浮桥东路××号华丰市场综合楼的房屋。但双方未就房屋的性质、面积及收购的补偿金额等内容进行约定。同日，原告法定代表人严某某作出书

---

〔1〕 "金华市某商贸有限公司诉金华市金东区人民政府拆迁行政合同案"，载中国法院网，https://www.chinacourt.org/article/detail/2019/12/id/4719283.shtml，最后访问日期：2020 年 8 月 22 日。

面承诺，承诺其本人会积极响应多湖中央商务区开发建设，同意先行拆除华丰市场综合楼建筑物，自愿承担先行拆除的所有法律效果。次日，多湖中央商务区征迁指挥部对原告所有的华丰市场综合楼实施了拆除。之后，因被收购房屋性质为商业用地、土地性质为工业用地，双方对适用何种补偿标准产生争议，一直未就补偿金额协商一致。故原告起诉请求确认《多湖中央商务区金华市某商贸有限公司房屋与土地收购货币补偿协议》无效；请求被告恢复原状并赔偿损失或按现行附近同类房地产价格赔偿原告损失。

经浙江省金华市中级人民法院一审，浙江省高级人民法院二审认为，建立在平等、自愿、等价、有偿基础上的收购协议，在一定层面上有利于提高旧城改造的效率，并有助于通过合理的价格来对房屋所有权人给予更加充分更加及时的补偿安置，具有现实合理性和可行性。对于原告同意收购、承诺可以先行拆除再行协商补偿款项并已实际预支部分补偿款、行政机关愿意对房屋所有权人公平合理地进行不低于当时当地同区位同类房屋市场评估价格的补偿安置，且不存在1999年《合同法》第52条等规定的以欺诈、胁迫等手段签订收购协议情形的，不宜完全否定此种收购协议的合法性。故对原告事后要求确认该协议无效的请求，不予支持。同时鉴于协议约定的房屋已被拆除，对原告要求恢复房屋原状的请求，亦不予支持。对于涉案房屋的损失补偿问题，被告应采取补救措施，协商不成的，被告应及时作出补偿的处理意见。遂判决责令被告于本判决生效之日起三个月内对原告所有的案涉房屋的损失采取补救措施；驳回其他诉讼请求。该案例的裁判要旨是：行政机关采用签订空白房地产收购补偿协议方式拆除房屋后，双方未能就补偿内容协商一致，行政机关又不作出补偿决定的，人民法院应当判决行政机关限期采取补救措施。该案例对于行政机关采用签订空白房地产收购补偿协议方式拆除房屋后，双方未能就补偿内容协商一致的情况作出了明确的规定，具有指导性作用。

协议内容不完备在一定程度上体现了双方签约的"随意"。以上述案件为例，双方起初并未就补偿标准达成一致，而补偿内容应属于该份行政协议的关键性和实质性内容，行政相对人应该预见到涉及金钱事务潜在的风险和争议，但是却没有谨慎地进行审查；同时政府作为成熟理性的行政主体，更应该对此类问题的相关规定和可能的争端有合理的预见，应该提前做好协商和审查。法院最后判处的是由政府采取相应的补救措施，从而打破双方僵持的局面，在一定程度上是为了提高效率，避免问题悬而不决带来进一步的麻烦。法律法规在对行政协议内容不完备带来后果进行进一步规定的同时，也不宜做过多的干涉，应将解决方式的选择权交由双方。

四、行政主体决策失误

行政决策是指国家行政机关工作人员在处理国家行政管理事务时，为了达到某种预定的目标，根据一定的情况和条件，运用科学的理论和方法，系统地分析主客观条件，在掌握大量的有关信息的基础上，对所要解决的问题或处理的事务，作出决定的过程。[1]我国在 2019 年起施行的《重大行政决策程序暂行条例》中，对于政府的重大行政决策失误进行了详细的规定。行政主体在订立行政协议之前需要对相应的项目进行充分调研和评估，为了提高公共效率，更好地维护公共利益，行政主体需要对项目开始和结束的时间、收益以及社会市场形势的变化等做好细致的调查与估算，从而节省人力物力，避免浪费公共资源。一旦行政主体产生了重大决策失误，就需要对由此产生的后果承担责任。

例如，在廉江中法供水厂项目中，合同约定廉江自来水公司每日至少购入 6 万立方米的自来水，每立方米付费 1.5 元，根据地区物价的变化而增长。供水厂项目开始进入运营后，由于本地自来水价稳定在约定水价以下，总用水量又不足约定购入最少水量的三分之一。在此案件中，因为行政机关在订立合同的时候没有精确考虑市场的变化，使得合同约定与当时廉江市的实际情况严重不符，导致项目最终失败。[2]结果落得一个两败俱伤的结局。该事件以行政相对人自行承担亏损结束，该市人民政府犯下的重大决策失误依照《重大行政决策程序暂行条例》应该被上级政府问责。但是问责后的经济损失由谁来赔偿，社会公众遭受的不利影响如何补偿，该条例没有作出明确规定。这也体现了该条例的不足之处。同时，对于决策主体的监督约束机

---

〔1〕 参见 360 百科，载 https://baike.so.com/doc/5759475-5972237.html，最后访问日期：2020年 8 月 25 日。

〔2〕 "双输！廉江 4500 万回购中法塘山水厂"，载中国水网，http://www.h2o-china.com/news/85088.html，最后访问日期：2020 年 7 月 2 日。

制仍不够有效，这在一定程度上导致了行政决策失误频频出现。

在"徐某某诉安丘市人民政府房屋补偿安置协议案"[1]中，行政机关在与相对人签订协议时没有做充分的调研，以至于可能给公共利益造成损失，人民法院认定协议无效。1993年12月，徐某某以非本村集体经济组织成员身份在王五里村购得一处宅基地，并盖有占地2间房屋的二层楼房。2013年，安丘市人民政府设立指挥部，对包括徐某某房屋所在的王五里村实施旧村改造，并公布安置补偿政策为"……房屋产权调换：每处3间以上的合法宅基地房屋在小区内安置调换200m²楼房，分别选择一套80m²、一套120m²的十二层以下小高层楼房；2间以下的安置一套100m²的小高层楼房。实际面积超出或不足部分，按安置价找差……"。同年8月5日，指挥部与徐某某签订《产权调换补偿协议书》，该协议第2条约定的补偿方式为"徐某某选择住宅楼回迁，选择住宅楼两套均为十二层以下小高层，分别为120m²和80m²户型设计……"。协议签订后，徐某某领取房屋及地上附着物补偿款、临时安置费、搬迁费等共计152 984元。2017年7月，指挥部交付徐某某一套100m²安置房。对此，相关部门答复称"根据当时的拆迁政策，徐某某只能享受100m²安置房一套"。徐某某不服，遂起诉请求判令安丘市人民政府继续履行《产权调换补偿协议书》，交付剩余的100m²安置房。

潍坊市中级人民法院一审认为，根据《行政诉讼法》第75条的规定，行政行为有实施主体不具有行政主体资格或者没有依据等重大且明显违法情形的，人民法院判决确认无效。本案中，安丘市人民政府作为旧城改造项目的法定实施主体，制定了安置补偿政策的具体标准，该标准构成签订安置补偿协议的依据，而案涉《产权调换补偿协议书》关于给徐某某两套回迁安置房的约定条款严重突破了安置补偿政策，应当视为该约定内容没有依据，属于无效情形。同时考虑到签订案涉协议的目的是改善居民生活条件，维护社会公共利益，如果徐某某依据违反安置补偿政策的协议条款再获得100m²的安置房，势必增加政府在旧村改造项目中的公共支出，侵犯整个片区的补偿安置秩序，损害社会公共利益。因此，根据1999年《合同法》第52条之规

〔1〕 "徐某某诉安丘市人民政府房屋补偿安置协议案"，载中国法院网，https://www.china-court.org/article/detail/2019/12/id/4719283.shtml，最后访问日期：2020年7月27日。

定，涉案争议条款关于给徐某某两套回迁安置房的约定不符合协议目的，损害社会公共利益，亦应无效。故徐某某在按照安置补偿政策已获得相应补偿的情况下，其再要求安丘市人民政府交付剩余 $100m^2$ 的安置房，缺乏事实和法律依据，人民法院遂判决驳回徐某某的诉讼请求。双方当事人未上诉。

行政协议存在重大且明显违法情形或者适用民事法律规范亦属无效的，人民法院应当确认该协议无效。因为，行政协议具有两面性，既有作为行政管理方式"行政性"的一面，也有作为公私合意产物"合同性"的一面。故行政协议既是一种行政行为，具有行政行为的属性，又是一种合同，体现合同制度的一般特征。因此，对于行政协议无效的判断，既适用《行政诉讼法》关于无效行政行为的规定，同时也适用民事法律规范中关于合同无效的规定。但是笔者认为由此也会给行政相对人带来信赖利益的损失，在私利益和公共利益存在冲突的情况下，该案法院并未体现对于此种信赖利益的保护和补偿。究其原因，应该是考虑到行政协议的行政性一面，面向的是社会大众，在私利益和公共利益有冲突时，会更多地考虑维护大多数人的利益。

第五章

行政协议的履行

第一节　履行的原则

一、实际履行原则

行政协议在履行方面和民事合同差异较大，民事合同如果没有实际履行，履行方可以通过民事诉讼取得违约金或赔偿金等，通过金钱弥补没有履行造成的损失。但是行政协议的目的在于维护社会公共利益，只有行政协议实际履行，才能达到保障社会公共利益的目的。因此，行政协议以实际履行为原则，同时赋予行政主体在协议履行过程中的制裁权，从而保障更好地实现公共利益。

行政协议也存在没有实际履行的情况，主要在发生在以下三种情形中。第一，公共利益发生根本性变化，继续履行已无实际意义；第二，由于行政相对人的自身条件发生变化，不能继续履行协议；第三，行政协议的标的物已灭失，没有履行的对象。[1]

民事合同中，缔约当事人的目的是通过民事合同追求自身的经济利益，即民事合同是手段，经济利益是目的。民事合同如果没有得到实际履行，守约方通过违约方的违约金或者损害赔偿金等形式仍能够实现自身所追求的部分经济利益，因此，民事合同是否实际履行是一个无关紧要、可以由双方协商的问题。与民事合同不同，行政机关签订行政协议是其执行公务的方式，其目的是实现公共利益。行政机关追求的公共利益和私人追求的经济利益有

---

〔1〕　马怀德主编：《行政法学》，中国政法大学出版社 2007 年版，第 298 页。

两点不同：一是公共利益只能通过协议履行才能实现；二是公共利益很难通过金钱来衡量。因此，行政协议以实际履行为原则。行政机关在行政协议的履行过程中享有诸多特权，例如制裁权，主要就是用来确保行政协议的实际履行。需要注意的是，实际履行原则并非意味着任何情况下行政协议都要得到实际履行，也并非仅针对行政相对人提出的原则要求，而是要在一定程度上限制行政协议双方对于履行协议的意思自治行为。法律上认可不履行的三种情况，无论是因为协议目的发生重大变化导致协议的履行已无必要，还是因为协议主体行为能力或者协议标的物导致协议的客观履行不能，都应当是针对协议双方而言的，并不能仅仅要求行政相对人实际履行。

如协议未履行，人民法院要根据协议的条款和原告的诉讼请求，判决继续履行，如被告不能继续履行或者继续履行无实际意义的，可依据民事法律规范参照协议约定判决采取补救措施、赔偿等。在"本溪某广告有限公司诉被告本溪市住房和城乡建设局履行评估协议"案[1]中，2012年9月6日，本溪某广告有限公司与本溪市原城乡规划建设委员会所属的本溪城市管理处签订《本溪市道路护栏投资、建筑、管理协议》。本溪某广告有限公司取得在本溪市解放路、胜利路和人民路护栏物化投资建设的产权及广告经营权。之后，本溪某广告有限公司开始制作广告牌及安装。本溪某广告有限公司在安装过程中，因故该协议未能全部履行。经本溪某广告有限公司多次找有关部门协商均未果。2014年8月20日，经协商，本溪某广告有限公司与本溪市原城乡规划建设委员会签订了评估协议。双方约定，双方共同确认评估部门，评估其经济损失，具体赔偿办法待评估数额确定后，双方另行协商。至今本溪市原城乡规划建设委员会没有履行该协议。本溪某广告有限公司认为，本溪市原城乡规划建设委员会的行为侵害其合法权益，请求其依法履行该协议。法院认为，行政协议是指行政机关为实现行政管理目标，在行使行政职权过程中与公民、法人或者其他组织协商订立的具有行政法上权利义务内容的协议。本溪市原城乡规划建设委员会与本溪某广告有限公司签订的评估协议具有法定职权。该协议是在双方自愿协商一致的情况下达成的，系双

---

[1] "本溪某广告有限公司与本溪市住房和城乡建设局城乡建设行政管理：其他（城建）一审行政判决书"，载北大法宝网，https://www.pkulaw.com/pfnl/a6bdb3332ec0adc4a890b98c5f03b3724d4128ba49c98fbbbdfb.html，最后访问日期：2020年9月1日。

方的真实意思表示，符合法律规定，应依法予以保护。该行政协议签订后，本溪市原城乡规划建设委员会有义务按照法律及协议的规定，履行相应的职责义务。庭审前，双方虽已有意向共同确认其评估机构，但最终没有与评估机构共同签署协议。由此可见，该协议还是没有履行完毕。因此，法院支持了本溪某广告有限公司请求本溪市原城乡规划建设委员会履行该评估协议的主张。

行政相对人实际履行行政协议时，行政机关要基于协议的约定给予配合，以保证公共利益得以实现，这也体现行政机关通过签订协议实现公共服务的初衷。由于行政相对人自身条件，根本不可能履行行政协议的情况是存在的，同时也要认识到，即使之前能够缔结有效的行政协议，由于之后行政机关职责权限调整，导致行政机关根本不可能履行行政协议的情况也是存在的，这时都不能要求行政相对人单方实际履行行政协议。关于"公共利益发生根本变化"，有的学者认为应当将此类公共事务裁量和判断权完全交给政府，但是应当认为短时期内"公共利益发生根本变化"的可能性还是比较小的，这种关系到行政相对人协议信赖利益和社会公共利益的重大判断至少在程序上应当让协议相对方和社会公众参与，才能最大程度杜绝行政机关独断专行，较好地促进行政协议的稳定履行和行政协议目的真正实现。

二、亲自履行原则

行政协议相较于民事合同的主要不同在于主体不同，因此，行政协议履行的另一个重要原则是亲自履行原则，重视行政相对人自身的实际履行。未经行政主体同意不能将其权利和义务转由他人代为履行，行政主体也不能随意更换。[1]也就是说，亲自履行原则同样是约束协议双方当事人的，并不仅仅是要求行政相对人应当亲自履行。在行政协议中，基于依法行政原则，法律系统地规定了行政主体的设立、职权，职权行使的条件、程序等，国家行政职能由各类行政机关分别行使。行政机关作为公共权力的代表，在从事包括行政协议在内的行政行为时，不得以任何方式违背其权力或义务，对于法律赋予权力范围之外的事项，没有行为能力。行政机关作为行政协议的当事

---

[1]　应松年主编：《行政程序法》，法律出版社 2009 年版，第 167 页。

人，对于通过缔结行政协议所处理的行政事务，应当具有相应的事务管辖权、级别管辖权和缔约管辖权，并且应当在其权限内实施履行行政协议的行为。当行政机关依据协议约定负有履约义务时，如果由其他行政机关代为实施，则有违反依法行政原则尤其是职权法定原则的嫌疑，因此，行政机关也应当依照协议约定亲自履行协议。代为履行会带来履行的众多风险，可能违背行政协议签订的初衷，也可能妨碍行政主体实施行政管理，不利于实现公共利益。

民事合同以追求自身经济利益为目的，只要能实现经济利益，对合同的实际履行者并没有严格的限制。与民事合同不同，行政机关为了执行公务而签订行政协议，协议的缔结方式包括招标、拍卖、竞争性谈判、直接磋商、邀请发价等，其中招标、拍卖都特别强调通过贯彻公开竞争原则选择和确定行政相对人来缔结行政协议，竞争性谈判、直接磋商、邀请发价等方式特别强调行政相对人的自身因素，如行政相对人的能力问题、履行条件、相关经验等。重视行政相对人的自身因素，通过公开竞争程序选择和确定行政相对人，是行政协议区别于民事合同的一个重要特征，同样这也决定了在实际履行原则下强调行政相对人应当亲自履行行政协议，原则上不能委托或转包他人代为履行，否则极有可能使得选择行政相对人的公开竞争程序失效，导致行政协议的目标不能实现。当然，亲自履行原则并不排除代为履行情况的存在，但代为履行必须经过行政机关的同意。

三、信赖保护原则

信赖保护原则是行政法中的一项基本原则，是指政府一旦作出一个行政决定就会使行政相对人产生一种信任和依赖，行政相对人因这种信赖而从事的活动，理应受到法律保护。信赖保护源于德国联邦行政法院根据法的秩序安定性原则以及民法的诚实信用原则推论而确立，后为大陆法系其他国家借鉴与接受。信赖保护原则的作用在于防止行政主体反复无常的行为给行政相对方权益造成损害，行政主体一旦作出某种行为，特别是赋予行政相对方一定权益的行为，即使存在瑕疵，也不得任意改变。信赖保护原则包括以下两方面内容：一方面是值得保护的信赖利益的标准。根据德国联邦行政法院判例，授益行政行为在不违背信赖保护的前提下方可撤销。符合下列情况时信赖保护须予以承认：（1）受益人的信赖保护须予以承认；（2）受益人的信赖需要保护；（3）保护信赖利益大于恢复合法性公益。另一方面是合理补偿。如果因行政相对人的信赖利益小于公共利益而解除行政协议，行政主体应给予受信赖利益保护的行政相对人以适当的补偿。

政府行使行政权力的基础固然在于其权力来源的正当性和合法性，而政府行使权力的有效性和权威则基于政府的公信力。政府行使权力的公信力则基于其行使权力的确定力。无论是从保护公民合法权益的角度，还是从维护政府公信力的角度，都很有必要从法律层面确立信赖利益保护原则。我国《行政许可法》第 8 条规定："公民、法人或者其他组织依法取得的行政许可受法律保护，行政机关不得擅自改变已经生效的行政许可。行政许可所依据的法律、法规、规章修改或者废止，或者准予行政许可所依据的客观情况发生重大变化的，为了公共利益的需要，行政机关可以依法变更或者撤回已经生效的行政许可。由此给公民、法人或者其他组织造成财产损失的，行政机关应当依法给予补偿。"在孙某巨与沈阳长白岛经济区管理委员会案〔1〕中，2019 年 8 月 16 日，原告孙某巨与被告沈阳长白岛经济区管理委员会以及被委托拆迁单位沈阳某土地整理有限公司签订《农地拆迁补偿安置协议》，该协议第 3 条拆迁补偿金额约定，被告补偿原告地上附属物补偿金额 1 710 000元；协议第 5 条补偿金额支付时间及方式显示，被告支付时间处为空白，支付方式为一次性支付给原告。法院根据 2019 年新司法解释第 11 条第 2 款规定："原告认为被告未依法或者未按照约定履行行政协议的，人民法院应当针对其诉讼请求，对被告是否具有相应义务或者履行相应义务等进行审查。"第 19 条第 1 款规定："被告未依法履行、未按照约定履行行政协议，人民法院可以依据行政诉讼法第七十八条的规定，结合原告诉讼请求，判决被告继续履行，并明确继续履行的具体内容；被告无法履行或者继续履行无实际意义的，人民法院可以判决被告采取相应的补救措施；给原告造成损失的，判决被告予以赔偿。"本案中，原、被告及被委托拆迁单位签订的《农地拆迁补偿安置协议》合法有效，被告应当按照约定履行给付原告补偿款的义务。关于协议的履行时间、方式问题，原告主张被告履行给付补偿款的时间为随

---

〔1〕 辽宁省沈阳市沈河区人民法院（2020）辽 0103 行初 4 号行政判决书。

时履行且一次性支付，而被告则主张该协议尚未届履行期。法院认为，虽然该协议中，双方对补偿金额支付时间并未约定，但约定一次性支付，在双方已就征地拆迁补偿事宜达成协议，且原告已在规定期限内履行搬迁腾出被征用土地义务的情况下，根据相关规定，被告应在合理期限内一次性支付补偿款。然而被告至今未履行，因此应承担给付原告补偿款的责任。

经双方协商缔结的行政协议，会使行政相对人产生一种信任和依赖，行政相对人因这种信赖而从事履行行政协议的活动，期待从行政协议中获得合理回报，这种信赖利益理应给予保护，唯有如此才能从根本上保障行政协议的顺利履行。行政机关在履行行政协议过程中，以及上级行政机关在检查行政协议履行情况时应当确保行政相对人的信赖利益不受侵害。

四、诚实信用原则

诚实信用原则被称为民法中的"帝王条款"或者"一般原则"，其基本含义是行使权利、履行义务，应依诚实及信用之法。我国《民法典》第 7 条规定："民事主体从事民事活动，应当遵循诚信原则，秉持诚实，恪守承诺。"将诚实信用原则引入行政协议中，主要是为了约束行政协议双方当事人在行政协议中讲信用，恪守诺言，诚实不欺，维护双方的利益以及当事人利益与社会利益的平衡。

实践中发生的一些"招商投资，关门打狗"的事例，对于政府的诚信形象以及行政协议制度都会成重大损害。2012 年 11 月 3 日，红网报道湖北商人宋某峰在第二届中博会上，与某县人民政府签署《签约项目协议书》，投资 6000 多万元建设 307 国道固关服务区项目，遭遇"招商忽悠"，项目建成却无法运营。原本应该车水马龙的服务区，修建完工两年多以后，因一张遥遥无期的运营许可证而"胎死腹中"，致使 6000 多万元投资打了水漂。[1]

诚实信用原则由于其高度抽象性和概括性，使其难以被我国法官适用到具体的案件中去，在我国的司法审判实践中直接适用诚实信用原则审理的案

---

〔1〕 "招商引资出败笔应当问责官员"，载新浪新闻，https://news.sina.com.cn/o/2012-11-03/021325499761.shtml，最后访问日期：2022 年 2 月 9 日。

件十分罕见。但是，在日益讲求行政机关自律和自我约束的今天，缔结和履行行政协议的行政机关自身，以及有权批准和审查行政协议的上级行政机关都应当遵循诚实信用原则，积极发现并纠正行政机关在履行行政协议过程中有损诚实信用原则的行为。

第二节　行政协议履行的特点

行政协议的履行过程集中反映了行政协议和民事合同的不同，行政协议的履行既要考虑行政主体的特权，也要兼顾行政相对人的经济利益。

一、权利不对等

因为行政协议双方身份的不对等，二者之间也存在权利的不对等。行政主体具有双重身份，既是行政协议的一方签订者，也是监督实现公共利益的保障者，因此需要提前介入行政协议，确保公共利益的实现。权利不对等主要体现在行政机关行政优益权的行使上。

（一）行政协议的发起权

行政机关在签订行政协议时，只有行政主体享有发起权，能够单方面向对方发出要约，行政相对人不享有这种权利。这不同于民事合同，在民事合同中，平等主体的双方当事人均享有向对方发出要约的权利，究其原因，主要是由于签订行政协议是为了能够维护社会公共利益，满足大多数人的需求，而非行政相对人的私人利益，同时也是为了实现行政主体的行政管理目标，而民事合同的签订则是为了平等的双方民事主体各自的利益，行政协议较民事合同有更强的行政属性，因此由行政主体发起签订行政协议更为合适。

（二）对行政协议相对人的选择权

行政协议中行政相对人的资质与能力状况关乎行政协议的履行情况，资质高、能力强的行政相对人能够确保协议更加顺利地履行，为了实现签订行政协议的最初目的，保证大多数人的权利，达成行政管理的目标，行政主体有权在法律规定的权限范围内，对候选相对人进行对比择优，选出最值得信赖、最有利于协议履行的行政相对人。

（三）行政协议履行中的监督和指导权

在行政协议中，行政相对人一方通常是市场主体，市场主体在履行协议的过程中必然会追求个人利益，甚至会不惜以损害社会公共利益为代价来牟取一己私利。行政主体通过行使监督和指导权，能够使得行政相对人在合法的权限范围内履行协议，规范行政相对人的行为，使得协议履行的质量和效果能够满足社会公共利益的需求。

二、经济利益平衡原则

在协议的履行中，行政相对人为了保障公共利益的实现，同样也承担了较民事合同更多的义务，所以同样应该拥有民事合同中当事人一方所没有的权利。例如，在行政协议履行过程中，行政相对人和行政主体均没有责任，但致使行政相对人的利益受损时，行政相对人可以从行政主体处得到适当补偿，保证两者之间的经济平衡。因为公共利益的实现不能损害行政相对人的利益，保证行政相对人的利益有助于其积极地履行行政协议，确保公共利益的实现。

在上文提及的"金华市某商贸有限公司诉金华市金东区人民政府拆迁行政合同案"[1]中，行政机关采用签订空白房地产收购补偿协议方式拆除房屋后，双方未能就补偿内容协商一致，行政机关又不作出补偿决定，人民法院判决行政机关限期采取补救措施。

本案中法院认为，建立在平等、自愿、等价、有偿基础上的收购协议，在一定层面上有利于提高旧城改造的效率，并有助于通过合理的价格来对房屋所有权人给予更加充分更加及时的补偿安置，具有现实合理性和可行性。对于原告同意收购、承诺可以先行拆除再行协商补偿款项并已实际预支部分补偿款、行政机关愿意对房屋所有权人公平合理地进行不低于当时当地同区位同类房屋市场评估价格的补偿安置，且不存在1999年《合同法》第52条等规定的以欺诈、胁迫等手段签订收购协议情形的，不宜完全否定此种收购

---

[1] "金华市某商贸有限公司诉金华市金东区人民政府拆迁行政合同案"，载中国法院网，https://www.chinacourt.org/article/detail/2019/12/id/4719283.shtml，最后访问日期：2020年8月22日。

协议的合法性。故对原告事后要求确认该协议无效的请求，不予支持。同时鉴于协议约定的房屋已被拆除，对原告要求恢复房屋原状的请求，亦不予支持。对于涉案房屋的损失补偿问题，被告应采取补救措施，协商不成的，被告应及时作出补偿的处理意见。遂判决责令被告于本判决生效之日起三个月内对原告所有的案涉房屋的损失采取补救措施；驳回其他诉讼请求。

第三节　行政协议履行中的特殊情形

一、行政主体的无法履行

《民法典》第 590 条规定："当事人一方因不可抗力不能履行合同的，根据不可抗力的影响，部分或者全部免除责任，但是法律另有规定的除外。因不可抗力不能履行合同的，应当及时通知对方，以减轻可能给对方造成的损失，并应当在合理期限内提供证明。当事人迟延履行后发生不可抗力的，不免除其违约责任。"所谓"不可抗力"，依照《民法典》的规定是指不能预见、不能避免且不能克服的客观情况。具体地说，构成不可抗力的客观情况变化主要包括自然灾害和社会事件两种。在行政协议中也是一样，因为不可抗力独立于人的意志和行为之外影响到行政协议的正常履行，导致客观不能履行行政协议的，应当根据不可抗力的影响程度，部分或全部免除有关当事人的法律责任。在不可抗力面前，行政主体与行政相对人的权利义务平等。对于因不可抗力导致行政协议客观履行不能时，负有给付义务的当事人须及时通知另一方当事人，并将有关证明文件提交另一方当事人。

不可抗力与情势变更都是当事人不能预见的客观情况，但需注意以下几点区别：第一，二者的客观表现不同。情势变更一般是由社会经济情势的变化引起的，如通货膨胀、经济政策变化等因素。而不可抗力是起因于重大的自然灾害（如水灾、地震等）和重大的社会事件（如战争状态、暴乱等）。第二，二者的履行结果不同。情势变更发生后，行政协议一般仍然能够履行，只是履行之后会造成明显的不公平后果。而不可抗力发生后，一般来说行政协议的全部或部分义务不能履行。第三，二者的法律后果不同。适用情势变更原则的法律后果是变更行政协议内容或者解除行政协议并免除当事人的法律责任，变更或者解除行政协议的目的在于平衡双方当事人的利益，消除对其中一方的不公平后果。而不可抗力则仅仅是变更或者解除行政协议的因素之一，主要法律后果在于确立法律责任的减免问题。第四，不可抗力是引起情势变更的原因，情势变更可能是不可抗力所产生的后果，但二者不能互为因果，一般来说情势变更不能引起不可抗力的出现。

二、行政主体的继续履行无实际意义

行政协议的履行过程中，也可能会存在不守信用、当事人主观不愿履行协议约定义务的情形。一是行政相对人不履行的情况。由于行政机关等行政主体享有对协议执行的监督指挥权、制裁权等，有法律规定的情形下，行政机关可以发布命令要求行政相对人必须采取某种履约措施；没有法律规定的情形下，从行政协议旨在实现公共利益的宗旨出发，为了确保行政协议的实际履行，行政主体可以行使特权，对不愿履行行政协议的行政相对人实行金钱制裁予以督促（主要包括违约金、损害赔偿等），也可以采用代履行等强制手段强制行政相对人改变主观任性并诚实履行行政协议。二是行政主体不履行的情况。一般情况下，行政机关等行政主体均遵循诚实信用原则履行所签订的行政协议。但是，有可能存在部分行政机关工作人员因为谋求个人利益而在履行行政协议过程中故意制造障碍的情况。也有可能存在行政协议制度管理不规范，缔结行政协议的负责人调离职务以后，新上任的负责人不愿意履行原有的行政协议的情况。还有可能存在缔结行政协议的行政主体愿意履行行政协议，但是缺乏足够资金导致行政协议难以履行的情况。为此，应当分门别类通过完善行政协议制度，加强对行政主体履行行政协议的监督和保障。一般来说，应当通过采取以下措施来预防和减少行政主体不愿或不能履行已经签订的行政协议的情况。第一，行政协议缔结程序应当合法有效，经过行政主体内部法制机构的合法性审查和备案，避免在履行过程中存在合法性瑕疵，导致出现继任负责人不愿意履行行政协议的情况。第二，行政协议缔结程序中应当有行政主体内部财务部门的审核认可，履行行政协议时行政主体内部财务部门应当及时拨付足够资金，并掌控行政协议资金的分阶段使用情况。

三、行政协议履行中的变更和解除

（一）行政协议变更、解除的理论基础

对于行政单方变更、解除权之法律属性，2014 年《行政诉讼法》公布前，有审判观点认为其属于具体行政行为。而后我国学者于立深教授认为其属于一种"有限的单方特权"，因为行政主体行使此权利后还要予以赔偿，并引用法国法上"契约财务平衡原则"加以解释。也有学者认为不论是行政机关变更或解除行政协议，还是命令行政相对人继续履行协议，均属于公法上之单方意思表示。在民法上，单方意思表示与法律行为之区分在于是否产生法律上之效果，而在行政法上，由于行政行为的公定力、拘束力、执行力，单方意思表示在作出时便已产生法律上之效果，因此二者在行政法层面是统一的。还有学者认为行政单方变更、解除权属于行政优益权，情势变更只是其中一种行使情形，此外还包括公共利益损失及协议基础丧失等情形。目前学理上，行政特权理论（行政优益权理论）占据主导地位。

（二）行政协议的变更

行政协议的变更是指行政主体根据公共利益的需要，在不改变行政协议根本性质的限度内，对行政协议的主体、客体和内容的条款做必要的修改、补充或者限制。基于公共利益发生变化，行政主体有权对行政协议进行变更，但其变更行为给行政相对人造成损失时，应对其损失进行补偿。

1. 行政协议的单方变更和协商变更

行政机关可以选择协商的处理方式，与公民、法人或者其他组织签订设立、变更或终止行政法律关系的协议。虽然行政协议是行政机关与公民、法人或者其他组织协商一致作出，但在特殊情况下，行政机关可以单方变更、解除协议。作出单方变更、解除协议的决定，通常是为了更好地实现公共利益或者行政管理目标，而对行政协议的履行作出单方调整；有时，也是基于协议存在某种违法的情形。依法行政原则要求行政行为保持合法的状态，撤销一切违法的行政行为。这一原则在行政协议领域同样应当遵守。行政协议的违法性包括通过恶意欺诈、胁迫或者通过对重要问题的不正确、不完整的陈述而促成行政协议的订立，以及其他导致协议目的无法实现的情形。

我国不同于德国行政契约法上情势变更原则与特殊解除权理论，也不同于法国行政契约法上单纯的行政优益权理论，从司法实践中来看，我国更倾向于行政机关单方变更、解除权之理论。在单方变更、解除协议案件之审查思路方面，我国法院主要从单方变更、解除权是否法定；单方变更、解除条件是否满足；单方变更、解除是否依法定程序三个维度进行审查。

2. 行政协议的情势变更

一般认为，修正后的《行政诉讼法》确立了主观之诉为主，客观之诉为辅的诉讼模式，即以人民法院通过合法性审查来监督行政机关依法行使职权，同时也保护了提起行政诉讼的公民的合法权益。在行政机关单方变更、解除协议案件中，人民法院审查行政机关单方变更、解除行为的合法性是为了监督行政机关依法行政，目的在于通过监督行政机关维护客观法律秩序，带有一定客观之诉的目的。

但是，从《行政诉讼法》第78条借鉴1999年《合同法》第107条[1]关于违约责任的规定来看，立法者更倾向于对行政机关违约行为的监督。换言之，在行政协议诉讼中，对被告违约行为的审查和对原告合法权益的保障是其不同于一般行政诉讼的明显特点。通过仔细对比《行政诉讼法》第78条与1999年《合同法》第107条的规定，共同之处在于不履行合同义务或者履行合同义务不符合约定，区别在于《行政诉讼法》第78条还规定了行政机关单方变更、解除行政协议的情形。从《过渡解释》第12条、第16条等关于不依法履行、未依约履行与单方变更、解除之区分来看，法院对于不依法履行、未依约履行行为的审查更强调的是对行政机关违约行为的监督，偏向权利保护侧面，而法院对于行政机关单方变更、解除行为的审查更强调的是对行政机关依法行使职权，偏向权力监督侧面，在一定程度上，立法上是将行政机关单方变更、解除行为等同于《行政诉讼法》中的"行政行为"概念。这与德国行政契约法上情势变更原则理论类似，即将行政机关的单方变更、解除协议行为置于协议框架之中，既是行政行为，又是履约或违约行为，且此行为的作出与协议之情势密不可分。2014年修正的《行政诉讼法》将"具体行政行为"修改为"行政行为"，这样做的目的是解决实践中法院

---

〔1〕 现在已为《民法典》第577条所取代。

不愿受理行政案件，为"具体行政行为"设定标准的问题。然而，行政行为的概念并不能很好地囊括所有的行政机关行为，在修法过程中，有意见认为应当以"行政争议"代替"具体行政行为"，但这并不符合行政诉讼监督行政机关的宗旨，因此未被采纳。根据立法机关的解释，行政行为不仅包括作为、不作为和事实行为，还包括行政机关签订、履行行政协议的行为。行政协议作为一类特殊的行政行为，虽然不同于传统的行政行为，但其本质仍为行政行为。

（三）行政协议的解除

行政协议的解除是指行政协议在缔结后尚未履行或者尚未完全履行的情况下，提前结束行政机关双方当事人的权利义务关系。从解除的形式上看，行政协议的解除可分为单方解除和双方解除，行政主体解除行政协议也是行使行政优益权的具体体现。在"寿光某燃气有限公司诉寿光市人民政府解除特许经营协议案"[1]中，特许经营协议在履行过程中，出现损害社会公共利益的情形，符合协议解除的法定条件，行政机关可以单方解除特许经营协议并收回特许经营权，但该行为亦应遵循法定程序，给相对方造成损失的，应当依法补偿。

2011年7月15日，寿光市人民政府授权寿光市住房和城乡建设局与寿光某燃气有限公司（以下简称某燃气公司）签订《天然气综合利用项目合作协议》，约定由某燃气公司在寿光市从事城市天然气特许经营，特许经营期限为30年。协议签订后，某燃气公司办理了一部分开工手续，并对项目进行了开工建设，但一直未能完工。2014年7月10日，寿光市住房和城乡建设局发出催告通知，告知某燃气公司在收到通知后两个月内抓紧办理天然气经营许可手续，否则将收回燃气授权经营区域。2015年6月29日，某燃气公司向寿光市人民政府出具项目建设保证书，承诺在办理完相关手续后三个月内完成项目建设，否则自动退出授权经营区域。2016年4月6日，寿光市人民政府决定按违约责任解除特许经营协议并收回某燃气公司的特许经营权。某燃气公司不服，经复议未果，遂起诉请求确认寿光市人民政府收回其

---

[1] "寿光某燃气有限公司诉寿光市人民政府解除特许经营协议案"，载北大法宝网，https://www.pkulaw.com/chl/6d3f4c7f2ece2f02bdfb.html，最后访问日期：2020年8月16日。

天然气特许经营权的行为违法并撤销该行政行为。

经潍坊市中级人民法院一审，山东省高级人民法院二审认为，特许经营协议在履行过程中，出现了损害社会公共利益的情形，符合协议解除的法定条件，行政机关可以单方解除特许经营协议并收回特许经营权，但该行为亦应遵循法定程序，给相对方造成损失的还应当予以补偿。本案中，寿光市人民政府多次催促某燃气公司完成天然气项目建设，但某燃气公司长期无法完工，致使授权经营区域内居民供气目的无法实现，损害了社会公共利益，解除特许经营协议的法定条件成立。寿光市人民政府解除特许经营协议并收回某燃气公司已获得的特许经营权，应依据《市政公用事业特许经营管理办法》第25条之规定告知某燃气公司享有听证的权利，但其未能履行相应的告知义务，违反法定程序。因此，被诉行政行为虽然内容合法，但程序违法。鉴于被诉行政行为涉及社会公共利益，该行为一旦撤销会影响城市发展需要和居民供气需求，故该行为应判决确认程序违法但不予撤销。寿光市人民政府对此应采取相应的补救措施，对某燃气公司的合理投入予以弥补。

第六章

行政协议纠纷

第一节　行政协议纠纷与主要表现形式

一、行政协议纠纷概述

随着经济发展与民主法治的进步，行政法的内在价值也在不断转变，由传统的专政工具发展到行政管理的手段，再逐渐发展到对行政权的监督与制约、保障行政相对人的合法权益。在这种转变的过程中，出现了很多新的制度，行政协议即作为一种新兴的行政管理手段，在实践中被广泛应用。"行政合同是宣示现代行政理念不可或缺的重要载体，是推行现代行政政策不可或缺的基础平台，是管理现代行政事务不可或缺的基本方式，一言蔽之，是现代行政不可或缺的法律手段"，[1]但是长期以来，我国法律关于行政协议制度规定并不完善，而行政协议具有行政性和契约性双重属性，这就给行政协议纠纷的解决带来了诸多难题。

在 2014 年《行政诉讼法》修正以前，行政协议也被称为"行政合同""行政契约"，关于其内涵和外延，我国学者们也一度存在较大争议。为了避免与 1999 年《合同法》中的合同制度相冲突以及避免学者间的争议，2014年修正的《行政诉讼法》一方面明确规定行政协议争议属于行政诉讼受案范围，另一方面又对行政协议诉讼案件适用的判决方式作出了规定。此外，与2014 年修正的《行政诉讼法》同时实施的《过渡解释》还进一步针对行政协议案件所涉及的实体和程序问题作出了细化规定。虽然上述规定内容因

---

[1]　江必新："中国行政合同法律制度：体系、内容及其构建"，载《中外法学》2012 年第 6 期。

《最高人民法院关于适用〈中华人民共和国行政诉讼法〉的解释》（以下简称《行政诉讼法解释》）的出台而被废止，但根据最高人民法院时任副院长江必新大法官的说明，在《过渡解释》废止之后、最高人民法院针对行政协议案件出台专门司法解释之前，人民法院审理行政协议案件，可以参照《过渡解释》相关规定，在适用法律方面可以援引行政诉讼法、民事诉讼法以及合同法的有关规定。[1]根据《过渡解释》对行政协议的定义，行政协议本身就存在民事与行政的双重属性。具体体现为：第一，行政机关通过行政协议实现公共利益或行政管理目标，而行政相对人的目的则是获取私益；第二，行政主体地位的平等性与不平等性。平等性体现在行政机关与行政相对人之间就协议中的各项内容通过协商订立；不平等性体现在行政协议由行政机关主导，行政相对人处于被动地位，如在行政协议履行过程中，行政主体对行政相对人享有监督、协调、制裁等权利，发现行政协议瑕疵时，出于维护公共利益的需要，法律赋予行政主体特定条件下单方变更或解除协议的特别权利。[2]虽然行政协议是为了实现行政管理目标而存在，但由于行政协议的契约属性，其与民事合同一样，也会产生纠纷。行政机关作为理性的个体，在不违背订立协议目的的前提下，也会追求利益最大化，并以此作为考量因素来缔结和履行行政协议。因此，行政协议纠纷的发生就再所难免。对于行政协议纠纷，鲜少有学者对其下定义。一般而言，行政协议纠纷就是指行政协议在签订、履行和解除等的过程中所发生的跟行政协议相关的纠纷。行政协议纠纷的特征是：（1）行政协议纠纷的双方主体是行政机关和行政相对人。行政机关是有权签订行政协议的行政机关，享有行政管理职权，为履行行政管理职责而与行政相对人签订协议；行政相对人一般是公民、法人或者其他组织，因为与行政机关签订行政协议而参与到行政协议法律关系中。（2）行政协议纠纷是行政机关与行政相对人在订立、履行和解除行政协议过程中产生的纠纷，既有行政机关在行政协议中行使行政优益权或者其他争议产生的行政纠纷，也有因当事人不履行协议约定义务而产生的民事争议。（3）行政协议纠纷的性质具有多元性。行政协议纠纷不但有公法上的纠纷，也有私法

---

〔1〕 "15000 字：最高院江必新副院长详解新《行政诉讼法》司法解释"，载江苏省人民政府网，http://www.js.gov.cn/art/2018/2/7/art_49042_7724776.html，最后访问日期：2019 年 6 月 3 日。

〔2〕 杨解君："行政法平等原则的局限及其克服"，载《江海学刊》2004 年第 5 期。

上的纠纷。这使得行政协议纠纷可以在区分纠纷性质的前提下，既可以通过行政争议解决方式解决，也可以通过民事争议解决方式解决，具有多元性。

二、行政协议纠纷的主要表现形式

（一）依据纠纷发生的时间不同，可以将行政协议纠纷主要分为缔约阶段的纠纷和履行阶段的纠纷

缔约阶段的纠纷。行政协议缔约阶段的纠纷，主要是指行政协议在协议缔结开始到协议生效前，行政机关违反诚实信用原则所负担的先合同义务致使行政相对人遭受损失，就可能产生缔约过失责任问题。在协议缔结过程中，行政相对人对行政机关作出的承诺、惯例等行为产生合理信赖，据此作出一定的作为或不作为，当行政机关基于公共利益或者其他原因变更其承诺或者未按照惯例作为时，应当对行政相对人的信赖加以保护，即对行政相对人基于信赖利益遭受的损失进行相应赔偿。要构成行政协议的缔约过失责任，一是缔约上的过失应该在行政协议订立过程中发生；二是行政机关违背其依诚实信用原则所应负的先合同义务，这种行为造成了行政相对人因信赖协议成立有效而结果协议不成立和无效而蒙受的不利益。例如，行政机关应当协助办理有关手续而未予协助办理导致行政协议不能缔结的情形。

履行阶段的纠纷。行政协议履行阶段的纠纷主要是因为当事人未按照协议约定履行和行政机关滥用行政优益权造成的。行政协议违约一般包括拒绝履行、迟延履行、不适当履行等。拒绝履行是指行政协议当事人在协议签订后，明示或者默示拒绝履行协议约定的内容；迟延履行是指行政协议的一方虽按照协议约定的内容履行其义务，但履行时间晚于行政协议规定的时间；不适当履行是指行政协议当事人未严格按照行政协议的要求履行义务。另外，行政协议违约还应当包括行政机关滥用行政优益权。滥用行政优益权，主要体现在滥用指导和监督权，滥用制裁权，滥用单方面变更、终止合同的权力。当然，在实践中，引起行政协议纠纷的具体原因有很多，政策变更等诸多因素都可能引起行政协议不能正常履行。

（二）根据主体不同，行政协议纠纷主要分为行政主体违约而产生的纠纷和行政相对人违约而产生的纠纷

行政主体违约而产生的纠纷。行政主体违约主要分为两种情况。一是作为行政协议的一方当事人，行政主体与行政相对人一样，享有相应的权利，同时也负担相应的义务。当行政主体违反行政协议规定时，行政主体应负法定义务而不履行或不适当履行协议约定的义务时产生的纠纷。二是因行政主体在行政协议中享有行政优益权，行政主体不当行使优益权使行政相对人遭受不必要的损失引起的纠纷。此处的行政优益权主要包括邀约邀请权、发起权、选择权、监督指挥权、单方变更解除协议的权利以及一定的制裁权。

行政相对人违约而产生的纠纷。行政协议具有较强的公益属性，因此要求行政相对人必须严格按照行政协议约定全面履行约定的义务，否则可能导致行政协议欲追求的公共利益无法实现。因行政相对人违约产生纠纷也主要分为两种情况。一是行政相对人未按照行政协议的约定履行或未完全履行行政协议约定义务。二是因行政相对人未亲自履行行政协议，在未经行政机关同意的情况下将约定的义务部分或全部转让给第三人履行引起纠纷。

（三）根据案件的不同类型，行政协议纠纷案件在类型确定、可否纳入行政复议和仲裁两个方面，均存在不同观点与司法实践的不同操作

第一，行政协议的类型不确定，无法确认一个行政协议是否能够进入法院审理的受案范围。无论是《行政诉讼法》第12条"等协议"的规定，还是《过渡解释》第11条第2款规定的"（一）政府特许经营协议；（二）土地、房屋等征收征用补偿协议；（三）其他行政协议"，均表明了在行政协议的类型上，除了政府特许经营协议和土地、房屋的征收补偿协议，还存在其他的行政协议类型。虽然2019年公布的新司法解释中对行政协议的类型作出了明确规定，将矿业权等国有自然资源使用权出让协议，政府投资的保障性住房的租赁、买卖等协议，符合本解释第1条规定的政府与社会资本合作协议也纳入了行政协议的范围，但第2条第6项"其他行政协议"的表述，也体现了行政协议的非法定性和不确定性，这样的问题带来很大的实践困扰。

例如在"龙岩某房地产开发有限公司、武平县国土资源局建设用地使用

权出让合同纠纷案"[1]中，龙岩某房地产开发有限公司（以下简称某房地产公司）与武平县国土资源局因履行 2010 年 11 月 8 日签订的《国有建设用地使用权出让合同》引起纠纷诉之法院。一审法院认为，本案系被告向原告出让国有土地使用权后，因原告认为被告交付的土地不符合合同约定要求赔偿损失及违约金，并要求返还土地出让金的差额而引起的纠纷。而本案中，被告武平县国土资源局系国家行政机关，其履行的系行政职权，其与原告签订的《国有建设用地使用权出让合同》应认定为行政合同，而非民事合同。因此本案的建设用地使用权出让纠纷系被告作为土地主管部门与土地受让人因履行《国有建设用地使用权出让合同》而产生的行政法律关系，属行政协议纠纷，并非平等主体之间因财产关系而产生的民事法律关系，不属于人民法院民事诉讼的受案范围。某房地产公司不服提起上诉，二审法院认为讼争《国有建设用地使用权出让合同》一方虽为国家行政机关武平县国土资源局，但其系依据 2007 年《物权法》、1999 年《合同法》等法律规定与某房地产公司平等协商一致订立合同，合同项下土地用途为商服用地及住宅用地，并约定了双方的违约责任等，没有涉及武平县国土资源局为实现公益利益或者行政管理目标的内容，应属平等主体间市场交易行为，现双方因承担国有土地使用权出让合同违约责任事项引发纠纷当属民事争议，某房地产公司提起的本案诉讼符合 2017 年《民事诉讼法》第 119 条规定的民事诉讼受案条件，应予依法受理。对国有建设用地使用权出让合同，一审法院认为属于行政合同，需要通过行政诉讼解决；二审法院却认为属于平等主体间市场交易行为，是民事争议。面对司法实践中种类繁杂的行政协议，行政协议的双方主体极易在协议类型认定上产生分歧，法律规定的不明确以及司法实践中不统一的做法对当事人选择采取何种纠纷解决方式维护自己合法权益造成阻碍。

第二，行政协议纠纷可否纳入行政复议和商事仲裁等问题尚无定论。关于行政协议可否纳入行政复议范围的问题，由于行政复议法尚未修改，行政协议是否能够当然纳入复议的范围，目前并没有定论。关于行政协议是否可以纳入仲裁的问题，2019 年新司法解释明确行政协议约定仲裁条款的，人民

---

[1]　福建省高级人民法院（2018）闽民终 658 号民事裁定书。

法院应当确认该条款无效。但是就行政争议的纠纷解决路径，是否可以允许当事人选择商事仲裁的法律空间，仍是一个值得讨论的问题。

第二节　行政协议纠纷解决的基本原则

一、行政协议纠纷解决概述

纠纷解决，是指在争议产生之后，特定的主体根据一定的规则和手段解决争议，从而消除争议双方的对抗状态，对损害进行救济以恢复社会秩序的活动。[1]在行政协议纠纷解决中，根据纠纷解决主体的不同，可以分为行政机关解决行政协议纠纷，以及行政机关以外的机构解决行政协议纠纷。行政机关解决行政协议纠纷的手段包括协商、行政调解和行政复议。行政机关以外的机构解决行政协议纠纷的方式包括仲裁、行政诉讼等。

二、行政协议纠纷解决的基本原则

行政协议作为一种被广泛运用的行政管理手段，其在签订、履行的过程中产生争议是一种客观的必然。行政协议纠纷解决方式也是世界各国和地区法律制度的重要组成部分，"行政合同的原则是行政合同在订立、履行、解除和变更过程中所应当遵循的基本原则，也是解释行政契约条款以及解决行政契约争议时所应当考虑的基本指导思想；同时，还具有弥补合同法律规定不完善的功能"。[2]用正确的原则为解决行政协议纠纷作指导，才能使得行政协议纠纷解决的方式科学合理，进而支撑行政协议的广泛运用。

（一）利益均衡原则

行政协议纠纷的产生，往往代表着公共利益与个人利益的冲突。解决行政协议纠纷，目的是在行政机关与行政相对人在协议的订立与履行过程中发生争议时，通过调和双方的利益达到解决争议的效果。法国行政法创立了"经济平衡原则"，以使公共利益和私人利益获得较好的协调。一方面，承认

---

〔1〕　范愉：《纠纷解决的理论与实践》，清华大学出版社2007年版，第71页。
〔2〕　马怀德主编：《行政法与行政诉讼法学》，中国法制出版社2005年版，第353页。

行政机关在履行合同义务时有合法的特权，例如可以不履行合同，可单方面变更或者终止合同，等等；另一方面，在权利配置上赋予那些经济利益受到行政机关变更、解除权行使影响的相对方要求相应补偿的权利，并提供有效的行政救济。[1]于安教授也在论述我国政府特许经营协议发展时指出，"在争议解决方式和法律适用的选择上，现在面临的问题在于是否要继续按照投资人的主体特殊性和投资人的倾向性利益保护需求来决定，还是回归传统的法律制度设计的平等原则，来处理当事人的利益保护和考虑公私利益的平衡"。[2]

（二）权利救济原则

无救济则无权利，权利救济是指权利人的实体权利遭受不法侵害时，由有关机关在法律允许的范围内，采取一定的补救措施排除侵害，使权利人获得一定的补偿或赔偿，以保护权利人合法权利的制度。在行政协议案件中，行政协议纠纷解决内含的价值除了规范行政权力的行使，还包括充分保障行政相对人的权益。对行政相对人权益的保障就是给予行政相对人有效的权利救济。

（三）及时解决原则

行政协议一旦发生纠纷，行政机关和行政相对人能够及时解决，就可以避免纠纷扩大化造成更大的损失。行政协议纠纷的解决方式是多元的，应该在坚持及时解决原则的基础上，尽可能采取公平、有效的方式。比如，首先应由行政机关与行政相对人协商解决，如果协商没有效果，才采用更加复杂的行政复议途径或者仲裁途径。从这种争议解决方式的选择顺序可以看出，合意型的争议解决是第一位的，决定型的争议解决才是后位的，并且诉讼是最后一位的。这是因为决定型争议解决机制需要经历较为复杂的程序，而当事人之间通过协商和调解，能够及时根据实际情况通过沟通、互谅来解决争议，[3]及时解决的原则贯穿在行政协议纠纷解决的全过程中。

---

[1]　段孝刚、沈巋和："行政合同归责原则的建构"，载《行政与法》2004年第1期。
[2]　于安："论政府特许经营协议"，载《行政法学研究》2017年第6期。
[3]　龙倩："行政协议争议解决机制研究"，中国政法大学2019年博士学位论文。

（四）多元协作的原则

行政协议纠纷解决的目标是"定分止争、案结事了"。有纠纷就应该有解决的途径。对于产生的纠纷，如果没有得到及时的化解，纠纷终将泛滥成灾而危及社会安定。行政协议纠纷产生的原因是多方面的，行政协议纠纷的类型也是多样的。[1]同样，行政协议纠纷的多样性决定了纠纷解决机制的多元化。我国行政协议纠纷解决机制本身是多元化的，应该合理定位各种行政协议纠纷解决途径的功能，使每种纠纷解决途径与其他纠纷解决途径有机衔接、相互协调，保证所有行政协议纠纷有出口。

第三节　行政协议纠纷的解决方式

一、外国行政协议纠纷的解决方式

存在行政协议的国家都有自己的行政协议纠纷解决方式，这里选取与我国最相似的成文法国家的代表法国与德国的例子，作为参考。

（一）法国行政协议纠纷的解决方式

法国是行政协议制度的发源国，得益于成熟的行政协议理论，法国有比较发达的行政协议纠纷解决机制，在理论和实践中，法国主要通过司法诉讼、行政处理、议会救济、仲裁、调解等方式解决行政协议纠纷。

法国有专门负责审理行政案件的法院，而且自成体系。法国的行政法院对行政协议纠纷享有普遍的司法管辖权。一方面，所有因行政协议缔结和履行引发的合同之诉由行政法院受理；另一方面，因与协议分离行为引发的合法性审查之诉也由行政法院受理。前者被称为合同之诉，是一种典型的"关系之诉"，解决的是协议当事人之间的权利义务关系问题。因法官在审理此类纠纷时享有灵活而广泛的处置权，这类诉讼在法国法上被称为"完全管辖之诉"；后者因为更多关注行政一方行为的合法性而被看作是"行为之诉"，在法国法上被称为"越权之诉"。[2]在完全管辖之诉中，行政法院可以对行

---

〔1〕　耿宝建：《行政纠纷解决的路径选择》，法律出版社 2013 年版，第 66 页。

〔2〕　张莉："谈法国行政协议纠纷解决"，载《人民司法》2017 年第 31 期。

政机关的行政行为进行完全的审查，包括是否合法以及是否合适的问题；行政法官在后一类诉讼中通常只享有撤销、变更和责令重新作出决定的权力。因行政协议引发的诉讼中，当事人之间的合同之诉应当是"主"，由协议之外第三人提起的越权之诉不过是"辅"。之所以会在行政协议领域出现第二类诉讼，是因为行政协议内化了公共利益而波及的范围较广，需要为协议之外的第三人提供权益救济渠道。这里的第三人可能是招标投标过程中的竞争权人、公用事业的用户、地方民意代表、地方纳税人等，允许权利受到损害的第三人对促成协议缔结和履行相关的行政行为提起越权之诉。

法国中央政府总理府中设立的友好协商咨询委员会就是为了能够更平和友好地解决行政协议纠纷。该委员会成立于 1981 年，成员包括最高行政法院以及审计法院的法官、行政协议涉及的行政主体代表以及职工团体代表。在纠纷发生以后，行政机关或行政相对人都可以向友好协商咨询委员会提起诉求。委员会充分听取相关行政机关和行政相对人的意见，从而作出决议。行政机关在收到决议之后的 2 个月内把处理意见反馈给委员会。当然友好协商咨询委员会的救济并不是终局的，当事人依然享有提起诉讼的权利。

对于行政协议纠纷解决，法国还有一种救济方式叫作行政救济，行政相对人可以向行政机关申请行政救济，这个制度与我国行政复议制度相似。但是法国规定复议机关对行政协议进行复议时不仅要审查行政行为的合法性，还要审查行政行为的适当性，并且复议机关有权利变更或撤销原机关的行政决定，但前提是不损害行政相对人或第三人的利益，且法国行政救济没有具体时间的限制。在公共工程承包协议中，法律明确规定行政救济前置，即必须先申请行政救济，之后才能向法院起诉。

法国还有调解专员制度。法国调解专员制度中规定凡是行政协议中涉及非行政机关一方想要申诉，在申诉之前，必须先向行政机关提出，给予行政机关自行改正的机会，如果当事人对行政机关的处理结果不满意，才能向调解专员申诉。调解专员是独立的第三方，所以相比而言公平、公正，但是调解专员的决定不具有强制执行力，无权要求行政机关变更或撤销其行政行为。

在法国，公法人缔结的协议传统上不得仲裁。但是在公共行政从单边行政向合作行政演变的过程中，仲裁作为一种比诉讼更为灵活、专业和及时的纠纷解决方式，就值得在行政领域研究和借鉴。仲裁在法国行政领域的应用经历了先国际后国内的发展过程。[1]在公法人缔结的国际合同中，有些被认为是涉及国际贸易的私法合同，当然可以仲裁。对于无涉外因素的纯国内行政协议而言，不得诉诸仲裁的原则很难突破。法国自20世纪80年代起，通过单行立法，为某些特殊类型的公法人和协议类型诉诸仲裁开启绿灯。

（二）德国行政协议纠纷的解决方式

德国对行政协议纠纷的解决主要分为非正式法律解决途径和正式法律解决途径。非正式法律解决途径没有强制力，包括以请愿的形式提出异议和监督申请，提出的对象除有管辖权的行政机关之外，还可以是议会的议员。正式法律解决途径则主要是行政复议和行政诉讼。作为行政协议当事人的公民和法人可以向上级行政机关提起行政复议，请求行政机关予以解决纠纷。上级行政机关通过审理作出复议结果。如果当事人对结果不服，可以寻求诉讼救济。德国行政法院对行政协议纠纷享有管辖权，当事人可以向行政法院提起诉讼，如果涉及赔偿问题，当事人还可以一并提出赔偿请求。德国在行政协议纠纷解决上体现了私法契约的平等性和公法契约的民主性。双方当事人缔结协议后，情势发生了变更，使得协议不能按时履行或者发生履行不能的情况时，德国法上规定会作如下处理：先由双方当事人协商变更或解除行政协议；如果不能达成合意，则由行政机关为了预防或免除公共利益遭受重大损失而通过单方行为对协议予以解除。德国在处理行政协议纠纷时一方面会以行政机关和行政相对人的合意优先，给予当事人选择权；另一方面也会为了公共利益赋予行政机关行政优益权，同时对行政优益权进行必要的限制。[2]

二、我国行政协议纠纷的解决方式

我国目前尚没有针对行政协议的专门立法，仅在2019年公布了新司法解释，以司法解释的方式对行政协议作出具体规定。但是我国对于行政协议纠纷解决方式的研究与实务操作却是如火如荼。有学者指出，对于行政协议

[1] 张莉：“谈法国行政协议纠纷解决”，载《人民司法》2017年第31期。
[2] 吴政钧：“试论德国行政合同的若干法律问题”，同济大学2006年硕士学位论文。

的研究，"应当重点研究行政协议的救济，包括从行政内部救济到司法救济"。[1]为了解决行政协议带来的纠纷，目前主要有两大类纠纷解决方式，一类为诉讼机制，另一类为非诉讼机制。其中非诉讼机制主要有协商、行政调解、仲裁和行政复议。诉讼机制则包括民事诉讼和行政诉讼两种途径。

　　2014年《行政诉讼法》修正前我国行政协议纠纷主要通过民事救济途径解决，少部分纠纷通过自行协商或调解解决，大部分纠纷仍是通过民事诉讼或者仲裁予以救济。但是2014年《行政诉讼法》修正以后，将行政协议纳入了行政诉讼的受案范围，从实定法上确定了行政协议纠纷属于行政争议。目前学界已对行政协议纠纷解决关注点集中于协商、调解等纠纷解决方式在行政协议纠纷中的运用。行政协议纠纷能否仲裁，必要性是什么，面临什么问题？行政协议纠纷是否该纳入行政复议的范围？行政协议诉讼救济的正确途径是什么样的？如何考虑行政诉讼和民事诉讼之间的关系？行政协议案件的审理规则是什么？如何确定举证责任问题的分配等？下文将专章对以上问题进行进一步分析与讨论，梳理学界主要观点，结合2019年新司法解释的内容，运用司法实务中的实例探讨我国行政协议纠纷的解决。

---

[1]　江必新、梁凤云：《行政诉讼法理论与实务（上）》，法律出版社2016年版，第318页。

第七章

行政协议纠纷的非诉讼解决渠道

争议解决的方式有很多种，既有法律、类法律的方式当然也有非法律的方式。在现代社会，争议既可以由当事人自行解决，也可以由中立的第三方帮助解决。按照这样的思维进路，行政协议的纠纷解决也可以分为两大类：由行政协议当事人自行解决或是寻求中立的第三方协助解决。其中，由行政协议当事人自行解决的方式主要是由双方当事人进行协商。由中立的第三方协助解决则包括调解、仲裁、复议和诉讼。研究行政协议的纠纷解决，其逻辑前提是承认行政协议的法律地位。在这个基本前提下，行政协议纠纷解决主要通过非诉讼和诉讼两种机制解决。非诉讼机制包括协商、行政调解、仲裁、行政复议。

第一节　协　商

一、行政协议中的协商

行政协议中的协商，是指行政协议当事人通过非正式的谈判与意见交流，平等磋商或者相互协调，彼此消除对协议条款理解的差异以及有关纷争，以达成和解，解决行政协议纠纷。[1]因为行政协议的一方当事人是行政机关，行政协议中的协商往往被视为行政协商。行政协商是指行政主体为了实现特定的行政目的，节约行政成本，提高行政相对人对行政活动的认可度，在法定职权范围内，在部分行政立法与行政执法等行政活动中进行协

---

[1] 郑秀丽：《行政合同过程研究》，法律出版社 2016 年版，第 154 页。文中的行政合同，即指行政协议。

商、沟通，以实现行政任务的活动。[1]行政协商强调在行政治理过程中，行政主体应积极回应公民的权利诉求，尊重公民的主体地位，并在行政立法、行政管理、行政决策等活动中通过与公民间的对话、沟通，良好地解决纠纷。

二、协商制度运用现状

相较于其他纠纷解决方式，行政协商具有非正式性，也是一种低成本、高效的纠纷解决方式。基于这些优势，协商理应成为解决行政协议纠纷的首选方式，但是从我国目前实际来看，由于法律法规规定不够健全，协商制度在纠纷解决过程中仍存在很多问题。

一是双方恶意磋商，损害国家、集体和他人利益。部分行政机关工作人员为达到一己私欲，与行政相对人勾结，借协商之名，把国家、集体或他人的利益先行"侵占"再进行私分。二是违背行政相对人意愿强制协商。由于行政机关的行政优益权，行政主体在协商中占据主导地位，行政相对人则处于相对弱势。双方在进行协商的过程中，行政主体往往凭借特权，强迫行政相对人接受苛刻的条件，严重损害行政相对人的合法权益。三是缺乏协商监督机制。由于协商属于双方当事人之间的自愿手段，所以鲜少有程序规定，因此很难对其进行合法有效地监督。比如哪个部门有权监督、如何监督、通过怎样的程序进行监督，还缺少法律层面的具体规定。[2]

三、协商制度在解决行政协议纠纷时的重点

如何进一步完善行政协商制度，学者从不同角度进行了分析。从行政机关拥有的裁量权范围分析，有学者指出，在行政协商中原则上不允许对行政行为是否合法的性质进行协商。协商的内容亦不得逾越行政机关自由裁量权的限度。行政协商应该分为两种情况：第一种情况是当事人双方对具体行政行为的违法性已达成共识，协商的内容则是行政机关采取何种适当的补救乃至赔偿措施，换取行政相对人的谅解，以免除败诉的后果；第二种情况是行政相对人认可了行政行为的合法性但不放弃诉讼，则双方协商的轨迹是，借

---

〔1〕 徐博嘉："'合作'视角下的行政协商制度"，载《福建行政学院学报》2015 年第 2 期。
〔2〕 李靖源："我国行政合同救济制度初探"，延边大学 2006 年硕士学位论文。

鉴诉辩交易制度，行政相对人放弃推动诉讼程序进一步发展的权利，换取行政机关减轻或者免除对其作出的不利行为。行政机关则在充分考虑为应诉所要付出物质上、精力上以及其他有形的和无形的成本基础上作出决定。[1] 从行政协商制度促进法治政府的角度而言，有学者认为，首先要坚持行政主导与平等协商的有机均衡，健全行政协商的决策机制。其次要坚持社会组织与政治秩序的有机均衡，加强行政协商的整合机制。再次要坚持层级需求与上级管理的有机均衡，增强行政协商的协同机制。最后要坚持协商试点与协商推广的有机均衡，完善行政协商的拓展机制。"必须通过制度化构建，才能深化行政体制改革，实现有效社会治理的内在需求。"[2] 也有学者认为，需要将行政协商类型化为规则性行政协商、处理性行政协商、补救性行政协商。在类型化的基础上再谈协商制度的具体构建，培养协商意识、构建行政协商制度的配套机制等。[3] 行政协议从订立开始就带有协商行政、契约平等的精神，协商制度理应成为行政协议纠纷中最为常见和有效的解决方式。为了更好地发挥行政协商的作用，在行政协议纠纷协商中，应该把握以下重点。

第一，发生行政协议纠纷后，双方当事人在协商过程中应该遵循自愿、合法和公平的协商原则，不能因为行政优益权的存在而违反当事人的意志，应保护行政相对人自由协商的权利；针对行政协议的协商不能违反法律的强制性规定，不能违背公序良俗。行政机关不得强迫对方接受自己的意志，要尊重行政相对人的选择和合法诉求。

第二，行政协商应秉持诚信和善意、宽容礼让。在协商的过程中，当事人应该如实陈述自己的诉求及理由，在不违反法律规定的情况下，双方可以选择任何彼此都可接受的形式。

第三，行政协商完成后，行政协议双方当事人应该通过书面形式将协商过程中双方一致的意思表示固定下来，保证协商的效果。

---

〔1〕 欧阳庆芳、唐祖爱："行政救济中的 ADR 探讨——从行政纠纷解决机制看行政救济途径的拓展"，载《三峡大学学报（社会科学版）》2008 年第 1 期。

〔2〕 方刘松、彭懿现子："当代中国行政协商：价值、实践与制度化构建"，载《福建行政学院学报》2015 年第 1 期。

〔3〕 蔡武进："现代行政法治理念下的行政协商——一种诠释现代行政法治理念之行政方式"，载《天津行政学院学报》2013 年第 3 期。

第二节　行政调解

一、我国调解的类型

在我国，调解制度可分为司法调解、人民调解和行政调解三种。[1]我国《行政诉讼法》第 60 条第 1 款规定："人民法院审理行政案件，不适用调解。但是，行政赔偿、补偿以及行政机关行使法律、法规规定的自由裁量权的案件可以调解。"对于行政纠纷，司法调解可以适用的范围有限。调解作为一种行政协议纠纷的非诉讼解决方式，主要指行政调解和人民调解。相对于司法调解而言，行政调解和人民调解并没有法律上被强制执行的效力，但是对当事人均具有约束力。

根据《人民调解法》第 2 条规定，人民调解是指人民调解委员会通过说服、疏导等方法，促使当事人在平等协商基础上自愿达成调解协议，解决民间纠纷的活动。人民调解以调解民间纠纷为主要任务，具有群众性、自治性等特点，并接受行政机关、司法机关的指导。在实践中，人民调解委员会形式多样。除在村委会、居委会、街道、乡镇设立人民调解委员会外，在区县也设立了人民调解委员会。在基层法院、派出所等处理矛盾纠纷比较集中的部门设立了人民调解工作室。[2]而行政调解是指行政机关主导，以国家政策法律为依据，以自愿为原则，通过说服教育等方法，促使双方当事人友好协商，互谅互让，达成协议，从而解决纠纷的行政行为。[3]行政调解是国家行政机关对经济活动和社会生活执行管理和监督的一种方式。从制度的实效性出发，人民调解主要解决民众之间产生的纠纷，本节将着重论述行政调解在行政协议纠纷中的作用。

二、行政调解现行规定

我国尚未出台统一规范行政机关调解行政争议和民事纠纷活动的专门法

---

〔1〕　朱最新："社会转型中的行政调解制度"，载《行政法学研究》2006 年第 2 期。

〔2〕　王霞："人民调解制度的沿革与发展"，载《学习时报》2018 年 8 月 13 日，第 3 版。

〔3〕　熊文钊：《现代行政法原理》，法律出版社 2000 年版，第 480 页。

律法规，有关制度规定散见于单行法律、法规、规章以及规范性文件中。一些地方性法规、规章和规范性文件对行政调解的范围、主体、职责、程序等作出了具体规定，但是规定内容并不一致。如《北京市行政调解办法》规定，[1]行政调解的受案范围包括行政争议和民事纠纷，而《辽宁省行政调解规定》[2]只将民事纠纷纳入行政调解范围。

依据调解主体的不同，我国行政调解主要分为以下几类：一是基层人民政府的调解。基层人民政府（包括街道办事处和乡镇人民政府）对所辖区域内的经济社会事务行使行政管理职权，对民事纠纷以及轻微的刑事案件进行调解是基层人民政府的一项基本职能。二是公安机关的调解。公安机关可以对民间轻微的人身伤害事件、侵犯财物案件等治安案件进行调解处理。三是婚姻登记机关的调解。婚姻登记机关对婚姻当事人进行调解，减少家庭纠纷。[3]虽然各地方性规定的内容存在差异，但不可否认的是行政调解的内容较为广泛，包括行政纠纷、民事纠纷以及经济纠纷，等等。行政协议作为行政机关与行政相对人在平等协商的基础上签订的一种双方意思表示一致的协议，其中包含行政纠纷和民事纠纷，应该将行政协议纳入行政调解的客体之中。2019 年新司法解释第 23 条也明确规定："人民法院审理行政协议案件，可以依法进行调解。人民法院进行调解时，应当遵循自愿、合法原则，不得损害国家利益、社会公共利益和他人合法权益。"

三、行政调解在解决行政协议纠纷中面临的问题及其解决

行政调解在解决行政协议纠纷的过程中，可以发挥行政机关的专业性优势。相较于法院诉讼，行政调解快捷、低廉、高效，能够以尊重双方意思自

---

〔1〕《北京市行政调解办法》第 3 条规定："本市各级行政机关可以依法对下列争议纠纷进行调解：（一）法律、法规、规章规定可以由行政机关调解的公民、法人和其他组织之间的纠纷（以下简称民事纠纷）：……（二）公民、法人或者其他组织与行政机关之间关于行政赔偿、补偿以及行政机关行使法律、法规、规章规定的自由裁量权产生的争议（以下简称行政争议）。"

〔2〕《辽宁省行政调解规定》第 7 条规定："行政机关在行政管理职责范围内依法对下列纠纷进行调解：（一）治安纠纷、交通事故损害赔偿纠纷；（二）消费者权益纠纷；（三）医疗纠纷；（四）农村土地承包经营、土地权属、矿业权纠纷，林权、水事纠纷；（五）环境污染纠纷；（六）知识产权纠纷；（七）劳动人事和社会保障权益纠纷；（八）计量纠纷；（九）物业权益纠纷；（十）法律、法规、规章规定可以适用行政调解的其他纠纷。"

〔3〕龙倩："行政协议争议解决机制研究"，中国政法大学 2019 年博士学位论文。

治的方式解决当事人之间的冲突。但是也要注意到，进行行政调解的是行政机关，其与行政协议纠纷的行政机关之间，往往具有上下级身份和关系。在这样的条件下，如何使行政调解能够作为行政协议纠纷的高效解决方式需要解决两个问题：一是由哪个行政机关行使行政调解？二是如何通过设定程序设计一套完整的行政调解制度？

一是具体由哪个行政机关承担行政调解？行政协议的一方当事人是行政机关，行政调解又由行政机关承担。在这样的情况下，行政调解就会面临公正性的质疑。关于行政调解应由哪个行政机关行使，有学者认为，由于行政调解的内容涉及当事人的权利和利益，单纯由一个调解组织进行调解往往不能达到解决纠纷的目的，特别是跨行业、跨部门之间的纠纷。因此，可以考虑设置联合调解主体解决此类问题，即由当事人各方的主管机关或当事双方都能接受的两个机关组成联合调解主体，[1]这样的设置可以解决单一调解主体不能解决的问题，提高行政调解的效率。也有学者认为，所谓行政调解，主要是由缔结行政协议的行政机关的上一级行政机关对行政协议纠纷进行调解。[2]还有学者认为，行政协议的行政调解原则上应该由缔约行政主体的上级行政机关所属工商行政管理部门负责。[3]第一，工商行政管理部门主管相关事务，在专业知识和实践经验方面相对于其他职能部门具有极大优势；第二，上级行政机关所属工商行政管理部门相对于缔约行政主体具有相对独立的地位，比较容易获得行政相对人的信任和理解。笔者认为，行政协议一方当事人行政机关的上级机关以及上级机关所属工商行政管理部门都具有行政调解权。而且，最主要的问题不是由什么机构进行调解，而是调解员应该具备怎样的资质条件，使行政调解保持中立性与专业性。因此，在机构之中应注意培养业务能力强、保持公正的行政调解队伍，积极发挥党政机关法律顾问、人民调解员等"增量资源"的作用。

二是如何充分、有效发挥行政调解的应有功能，构建科学合理的行政调解制度？第一，充分尊重行政协议纠纷双方当事人的意愿。当事人自愿是调解工作的前提，如果一方当事人不同意调解或者调解未果的，行政机关应当

---

〔1〕 金艳："行政调解的制度设计"，载《行政法学研究》2005 年第 2 期。

〔2〕 胡宝岭：《行政合同争议司法审查研究》，中国政法大学出版社 2015 年版，第 90 页。

〔3〕 郑秀丽：《行政合同过程研究》，法律出版社 2016 年版，第 150 页。

及时终止调解程序，引导当事人运用其他方式解决纠纷。第二，行政调解应该遵循合法性原则，保证调解主体合法、程序合法、内容合法。行政调解应遵循法律规定的最低限度的程序正义原则，充分保障当事人平等表达意愿的权利；行政调解达成的调解协议内容不能违反法律、法规的强制性规定。[1]第三，由于时限、管辖、流程等不明确，调解过程中主观随意性较大，有的纠纷解决周期过长，影响公正性；有的纠纷多次重复调解，浪费公共资源。完善行政调解程序是行政调解走向科学化、规范化的必由之路。行政调解应该对启动、管辖、受理、回避、实施、时效以及相关权利义务作出具体规定。第四，应该对行政调解协议的效力作出规定。从目前来看，行政调解协议一般通过双方当事人自愿遵守协议而实现，当事人一方不履行调解协议，另一方不能申请法院强制执行而只能向法院提起诉讼。这样无疑会造成行政资源的浪费，制约行政协议当事人选择行政调解作为纠纷解决途径的意愿。

行政调解是行政机关对经济和社会活动进行管理和监督的一种方式。行政调解的运用对于行政协议纠纷解决具有十分重要的意义。其一，行政调解可以高效地解决行政协议纠纷。在行政调解中，双方当事人对于纠纷解决具有高度掌控权，需要双方发挥积极能动性，在调解中理解彼此的观点和诉求，互谅互让，达成协议，高效地解决纠纷。其二，行政调解能够缓和当事人的关系。调解的过程是双方表达意愿，根据合意达成协议的过程，行政调解能够维持双方的友好协作关系，精准地解决纠纷。行政调解在遵循最低限度的程序正义原则的基础上，可以灵活地运用调解模式、调解规则，对纠纷的解决具有很强的适应性。

第三节 仲 裁

一、仲裁概述

仲裁是解决纠纷的方式之一。仲裁是指双方当事人按事先或事后达成的协议，自愿将有关纠纷提交仲裁机构，由仲裁机构以第三人的身份依据法律

---

〔1〕 江国华、胡玉桃："论行政调解——以社会纠纷解决方式的多元化为视角"，载《江汉大学学报（社会科学版）》2011年第3期。

规定在全面、深入、客观调查的基础上对争议的事实和权利义务作出判断和裁决，以解决纠纷的一种制度。仲裁不仅广泛运用于民商事争议解决，也运用在劳动争议、农村承包争议、人事争议等领域。其中，行政机关作为仲裁机构以第三者身份进行仲裁的模式被称为行政仲裁。[1]相较于诉讼解决方式，仲裁具有低成本、高效率的优势；与协商相比，行政仲裁具有专业、权威的特点。仲裁的优势在于：（1）仲裁程序简便。法律并未对仲裁规定过于严格的程序规则，充分尊重双方当事人的意思自治，许多程序可以由双方当事人协商。（2）仲裁结案较快。由于程序简便，仲裁可以迅速作出裁决，避免损失扩大。（3）仲裁裁决执行率高。由于仲裁注重双方的自主性，因此对仲裁裁决双方接受度高，便于顺利执行。

行政仲裁主要适用于内部行政领域的行政协议纠纷。[2]根据法律规定，我国行政仲裁主要有两种。一是《土地承包法》第55条规定："因土地承包经营发生纠纷的，双方当事人可以通过协商解决，也可以请求村民委员会、乡（镇）人民政府等调解解决。当事人不愿协商、调解或者协商、调解不成的，可以向农村土地承包仲裁机构申请仲裁，也可以直接向人民法院起诉。"对于土地承包合同一类的行政协议在缔结或履行过程中引起的纠纷，可以交由农村土地承包仲裁委员会通过仲裁解决。二是根据《公务员法》第105条第1款至第2款规定："聘任制公务员与所在机关之间因履行聘任合同发生争议的，可以自争议发生之日起六十日内申请仲裁。省级以上公务员主管部门根据需要设立人事争议仲裁委员会，受理仲裁申请。人事争议仲裁委员会由公务员主管部门的代表、聘用机关的代表、聘任制公务员的代表以及法律专家组成。"但是就仲裁能否作为行政协议纠纷的解决方式，我国目前尚未明确实定法规定，学者的理论探讨存在较大的分歧。

二、仲裁成为行政协议纠纷解决方式的理论争议

有学者认为，行政仲裁在解决行政协议纠纷的问题上存在一些问题：第一，从立法本意上看，仲裁规则是为解决民事、经济合同纠纷而设计的，其

---

〔1〕 郑秀丽：《行政合同过程研究》，法律出版社2016年版，第154页。
〔2〕 江必新："中国行政合同法律制度：体系、内容及其构建"，载《中外法学》2012年第6期。

范围仅限于平等的公民、法人和其他组织之间发生的合同纠纷和其他财产权益纠纷，不完全适合于解决行政协议纠纷。《仲裁法》第 3 条第 2 项也明确规定，依法应当由行政机关处理的行政争议纠纷不能仲裁。第二，依据《仲裁法》重新组建的仲裁机构是民间组织，而行政协议纠纷从权利义务的属性上排斥民间仲裁的可能性。因此主张不宜将仲裁制度作为行政协议纠纷的救济方式。[1]

但是目前学界的主流观点仍认为，由于仲裁所具有的独到优势，其应该成为行政协议纠纷的解决方式。有学者提出，否定行政协议纠纷可以仲裁，多是基于《仲裁法》第 2 条规定，平等主体的公民、法人和其他组织之间发生的合同纠纷和其他财产权益纠纷，可以仲裁。在行政协议中几乎皆属权力支配关系，行政机关与行政相对人之间的关系不平等，从而没有"合意"产生的可能。基于契约当事人应处于平等地位的出发点，否定行政机关与私主体间可以缔结行政协议的可能性。但是传统行政法理论已无法适应现阶段行政法的发展，从行政合作理论的理念出发，政府与社会资本以自愿、平等的法律地位，通过协商的方式，约定相应的风险及责任分担而订立的合同属于行政协议。[2]也有学者认为，根据《仲裁法》第 3 条、第 17 条、第 20 条的规定，[3]即使存在仲裁协议无效的情形，在当事人对仲裁协议没有争议的情况下，则仲裁委员会仍然可以取得对案件的管辖权；因此，就行政协议的纠纷解决路径，应当存在当事人选择商事仲裁的法律空间。[4]

三、司法审判对行政协议仲裁的态度

《行政诉讼法》修正及《行政诉讼法解释》施行以来，行政协议是否可

---

〔1〕 王旭军：《行政合同司法审查》，法律出版社 2013 年版，第 46~47 页。

〔2〕 姜波、叶树理："行政协议争议仲裁问题研究"，载《行政法学研究》2018 年第 3 期。

〔3〕 《仲裁法》第 3 条规定，"下列纠纷不能仲裁：……（二）依法应当由行政机关处理的行政争议"。第 17 条规定，有下列情形之一的，仲裁协议无效：（1）约定的仲裁事项超出法律规定的仲裁范围的；（2）无民事行为能力人或者限制民事行为能力人订立的仲裁协议；（3）一方采取胁迫手段，迫使对方订立仲裁协议的。第 20 条规定，当事人对仲裁协议的效力有异议的，可以请求仲裁委员会作出决定或者请求人民法院作出裁定。一方请求仲裁委员会作出决定，另一方请求人民法院作出裁定的，由人民法院裁定。当事人对仲裁协议的效力有异议，应当在仲裁庭首次开庭前提出。

〔4〕 吕立秋："行政协议的纠纷解决路径与思考"，载《中国法律评论》2017 年第 1 期。

以仲裁，在实务界还没有达成共识。例如在嘉兴市国土资源局与浙江某投资管理有限责任公司建设用地使用权出让合同纠纷案[1]中，法院在认定仲裁效力时认为，根据《仲裁法》第58条的规定，当事人提出证据证明裁决的事项不属于仲裁协议的范围或者仲裁委员会无权仲裁的，仲裁裁决应当裁定撤销。《仲裁法》第2条规定，平等主体的公民、法人和其他组织之间发生的合同纠纷和其他财产权益纠纷，可以仲裁。《仲裁法》第3条第2项规定，依法应当由行政机关处理的行政争议，不能仲裁。本案双方争议为国有建设用地使用权出让合同纠纷，双方订立的国有建设用地使用权出让合同属于行政机关为实现公共利益或者行政管理目标，在法定职责范围内，与公民、法人或者其他组织协商订立的具有行政法上权利义务内容的协议，属于《行政诉讼法》第12条第1款第11项规定的行政协议。按照《行政诉讼法解释》的规定，双方纠纷应属于行政争议，嘉兴仲裁委员会对双方争议无权仲裁，所作裁决应予以撤销。又如在葫芦岛某置业有限公司诉葫芦岛市国土资源局不履行国有建设用地使用权出让合同案[2]中，二审法院认为，被上诉人葫芦岛某置业有限公司诉上诉人葫芦岛市国土资源局不履行国有建设用地使用权出让合同一案，合同主体的双方并非《仲裁法》第2条所规定的平等主体，本案双方之间形成的合同不能约定适用《仲裁法》的仲裁条款，故双方约定发生争议时的申请仲裁裁决条款无效。上诉人葫芦岛市国土资源局为实现公共利益或者行政管理目标，在法定职责范围内，与被上诉人葫芦岛某置业有限公司协商订立的国有建设用地使用权出让合同，属于《行政诉讼法》第12条第1款第11项规定的行政协议。在上述案件中，法院援引司法解释认定政府特许经营协议、土地房屋征收补偿协议、国有建设用地使用权出让合同属于行政协议，其中的行政主体具有公共事务管理者的身份，案涉协议属于《行政诉讼法》的受案范围，应当通过行政诉讼途径予以解决，不得进行仲裁。

但是从司法实践一以贯之的主流态度来看，肯定行政协议纠纷可以通过仲裁解决是一种主流趋势。从目前的裁判思维来看，肯定仲裁的行政协议纠

---

[1]　浙江省嘉兴市中级人民法院（2015）浙嘉仲撤字第16号民事裁定书。
[2]　辽宁省葫芦岛市中级人民法院（2018）辽14行辖终1号行政裁定书。

纷解决方式主要以下路径进行：否定传统行政法理论→肯定行政合作理论→行政主体与行政相对人平等协商、自愿订立行政协议→可以通过仲裁解决行政协议纠纷。早在 2015 年，最高人民法院在审理辉县市人民政府与河南某建设投资有限公司合同纠纷管辖权异议案[1]中即提出，案涉合同的直接目的是建设河南省辉县市上八里至山西省省界关爷坪的新陵公路，而开发项目的主要目的为开发和经营新陵公路，设立新陵公路收费站，具有营利性质，并非提供向社会公众无偿开放的公共服务。虽然合同的一方当事人为辉县市人民政府，但合同相对人河南某建设投资有限公司在订立合同及决定合同内容等方面仍享有充分的意思自治，并不受单方行政行为强制，合同内容包括了具体的权利义务及违约责任，均体现了双方当事人的平等、等价协商一致的合意。基于行政协议中仍具有的当事人平等、等价协商一致的合意，为行政协议纠纷的仲裁提供基础。在福州凤凰房屋征收工程处、福州某置业有限责任公司等申请确认仲裁协议效力案[2]中，厦门市中级人民法院认为，住房管理局、建设投资中心、福州某置业有限责任公司、福州凤凰房屋征收工程处签订《房屋征收补偿安置协议书》后，又在《补充协议》（一）中明确约定因安置协议或与之有关的一切争议各方同意均应交由厦门仲裁委员会按照该会现行有效之规则进行裁决，该条款有明确的请求仲裁的意思表示、仲裁事项及选定的仲裁委员会。仲裁条款涉及的仲裁事项为与《房屋征收补偿安置协议书》及《补充协议》（一）有关的争议，虽然合同一方主体住房管理局、建设投资中心属于行政机关，但并非行政机关作出的行为都属于行政行为，从《房屋征收补偿安置协议书》及《补充协议》（一）的内容来看，该协议是针对补偿款的金额及支付方式作出的约定，属于财产权益纠纷，合同内容也是各方友好协商的结果；从《房屋征收补偿安置协议书》及《补充协议》（一）的性质来看，当事人已经达成拆迁补偿安置协议的前提下就补偿协议的履行提起的诉讼属于民事诉讼范围，也即在性质上属于民事合同纠纷。因此，《补充协议》（一）中的仲裁条款所涉及的事项符合《仲裁法》第 2 条规定的可以仲裁的事项，而非应当由行政机关处理的行政协议纠纷。

---

[1] 最高人民法院（2015）民一终字第 244 号民事裁定书。
[2] 福建省厦门市中级人民法院（2016）闽 02 民特 52 号民事裁定书。

但是 2019 年新司法解释第 26 条规定，行政协议约定仲裁条款的，人民法院应当确认该条款无效。该条规定否定了行政协议纠纷寻求仲裁解决的进路。但是这样的规定显而易见与我国的司法实践存在巨大分歧。这一规定也体现了司法的冲动，没有保持司法谦抑性的特点。在纠纷解决中，司法始终是解决纠纷的最后手段，其他纠纷解决机制无法解决时，司法才发挥作用。此外，随着行政协议特别是政府特许经营协议的发展，仍不肯定仲裁在行政协议纠纷中发挥的作用，会使得某些专业性比较强的协议不能获得该领域专家的参与审理，造成纠纷不能及时得到解决，也阻碍社会资本参与基础设施建设的积极性。行政协议的特殊性和我国新的司法环境下，探索多元化的行政协议纠纷解决机制是当下行政协议救济机制的重点。行政协议纠纷适用仲裁解决并不违反我国相关法律和行政法规的规定，加上仲裁制度有其独特优点，仲裁制度应该作为多元化的行政协议纠纷解决方式之一。

第四节　行政复议

一、行政复议概述

行政复议是指公民、法人或其他组织认为行政主体作出的具体行政行为侵犯其合法权益，依法向法定的行政复议机关提出申请，由行政复议机关对该具体行政行为进行合法性、适当性审查，并作出相应决定的一种活动。《行政复议法》对行政复议的受案范围、申请、受理、决定以及法律责任都作出了比较详尽的规定。行政复议是现代法治社会重要的解决行政协议纠纷的方式之一，与行政诉讼共同构成了行政救济的基本制度，是保护行政相对人重要的法律途径。[1]相较于行政诉讼，行政复议的优势和劣势均源于"行政化"。优势方面，借助于行政系统的组织优势、熟稔行政业务及相关法律政策优势，行政复议可以在化解个案争议的同时，发现制度层面存在的缺陷或不足，从源头上直接消除行政协议纠纷产生的土壤，快速、灵活、高效

---

〔1〕　姜明安主编：《行政法与行政诉讼法》，北京大学出版社、高等教育出版社 2015 年版，第 366 页。

地解决行政协议纠纷。"行政复议是一种较行政诉讼审查程度更深、更严格的救济制度，不仅要审查行政行为的合法性，还要审查行政行为的合理性，不仅要审查行政行为本身，还要审查行政行为涉及的规范性文件。在判定行政行为是否合法、是否合理方面，行政复议机关比人民法院有更多的选择手段。"[1]

二、行政复议定位

行政复议定位，是对复议制度本质属性、价值取向、主要目的、制度框架内容、功能以及发展方向等重大问题的认识与选择，是一种制度定位，是行政复议制度的基础理论问题，是整个制度运行的基石和起点。

（一）立法变化

从立法变化来看，关于行政复议的功能定位，我国的行政复议制度自改革开放以来，经历了从分散立法到统一的《行政复议法》公布实施的历程。1990年国务院发布《行政复议条例》，1999年《行政复议法》公布实施，行政复议有了最直接与权威的法律依据。根据《行政复议法》第1条"为了防止和纠正违法的或者不当的具体行政行为，保护公民、法人和其他组织的合法权益，保障和监督行政机关依法行使职权，根据宪法，制定本法"的规定可知，该法的立法宗旨为"保护合法权益"与"保障和监督行政机关依法行使职权"。《行政复议法》出台后，国务院曾专门下发文件部署该法的贯彻实施事宜，其中又重申"行政复议是行政机关自我纠正错误的一种重要监督制度"，事实上将行政复议与现有的行政监察、层级监督和信访制度相提并论。[2]这说明，在行政复议制度设立之初，立法者是将行政复议的功能定位为内部监督的。

（二）理论争议

行政法学界对于行政复议功能的定位，在理论上大致形成了三种观点：内部监督说、权利救济说、纠纷解决说。一是内部监督说，即行政复议制度

---

[1] 江必新、梁凤云：《最高人民法院新行政诉讼法司法解释理解与适用》，中国法制出版社2015年版，第66页。

[2] 方军："论中国行政复议的观念更新和制度重构"，载《环球法律评论》2004年第1期。

是一种上级行政机关对下级行政机关的层级监督和纠错制度，行政复议的功能就是"行政机关内部的监督功能"。[1]二是权利救济说，即行政复议的功能是在公民的合法权利和利益受到行政机关的具体行政行为侵害时，为行政相对人提供的一种法律救济途径，且该行政救济途径比行政诉讼更为便捷、高效。三是纠纷解决说，即行政复议制度是由行政复议机关按照法定的程序居中裁决，处理行政机关与行政相对人之间的行政协议纠纷的纠纷解决制度。

针对行政复议功能定位的三种学说，学者们尚未达成一致。有学者认为，根据我国《行政复议法》实施的效果来看，纠纷解决功能应当是行政复议的首要功能。[2]因为行政复议机构居中对行政协议纠纷作出的裁判行为，直接影响到行政机关权力的行使和行政相对人的合法权益。有学者提出，无论以"内部监督"还是"权利救济"作为行政复议的立法目的，其最终效果都是在解决行政协议纠纷这一具体过程中实现的，即解决行政协议纠纷是行政复议达到立法目的的必要手段。[3]有学者从功能定位与现实需求之间协调角度论证行政复议基本功能应当向解决纠纷转变。[4]与此相反，也有学者认为行政复议法应当坚持权利救济的功能定位。[5]

笔者认为，行政复议的权力属性是具有准司法性的，一方面行政复议机关是行政机关，且行政复议决定的效果一般不具有像判决一样的强制执行力，具有行政权属性；另一方面行政复议机关处于居中地位，对行政协议纠纷进行裁决，作出复议决定书，定分止争，具有司法权的特征。从权力属性方面并不能客观地对行政复议的功能进行定位，因为行政复议的准司法属性正是体现了该制度解决行政协议纠纷与实现权利救济的功能。

行政复议的准司法性也要求权利救济是首要功能。强调权利救济，一方

---

[1]　甘臧春、柳泽华："行政复议主导功能辨析"，载《行政法学研究》2017年第5期。

[2]　沙金："论中国行政复议制度的司法化改革"，载《河北法学》2015年第8期。

[3]　黄学贤、马超："行政复议：制度比较、功能定位与变革之途"，载《法治研究》2012年第6期。

[4]　卢护锋："论行政复议的功能与构造——历史、现状与改进构想"，载《理论导刊》2011年第5期。

[5]　陈尚龙："海峡两岸行政复议制度的功能定位比较研究"，载《山东社会科学》2015年第2期。

面体现行政复议具有高效、便捷、灵活的行政性特点，进而实现行政权力的内部层级监督；另一方面行政复议机关居中裁决，具有一定的客观、公平、公正性质，满足了行政相对人对其所选择的解决行政协议纠纷的法律途径的要求和期望。如果以内部监督为首要功能，行政复议便会过度强调其行政权的属性，弱化行政复议对公民的权利救济与保障，其结果必然得不到公民的信任。同样的，如果以纠纷解决为首要功能，便可能过分强调其司法性，行政复议的过分司法化也不利于其高效、便捷、灵活地处理纠纷，且司法救济才是权利保障的最后一道屏障，不应期望所有行政协议纠纷在行政复议程序中解决。

综上，行政复议作为一种特殊的行政行为，它所处理的纠纷是行政机关在行政管理过程中实施具体行政行为而与行政相对人发生的纠纷，既要审查行政协议纠纷的合法性，又要审查行政协议纠纷的合理性。行政复议以具体行政行为为审查对象，并附带审查部分抽象行政行为。

三、行政复议在行政协议纠纷中的运用困境

2014年修正的《行政诉讼法》将行政诉讼的受案范围扩大到行政行为，但是《行政复议法》仍将受案范围限定于具体行政行为。具体行政行为是一种单方行政行为，而行政协议具有双方行政行为属性，从对法律规范进行文义解释的角度来讲，行政协议不能被纳入具体行政行为范围之内。从行政复议制度设计的基础来看，行政复议制度表现为一种单向构造，即行政复议制度设计的理念是保障行政相对人的权益，并不为行政机关提供救济。在行政复议中，复议机关审查的是行政机关行政行为的合法性和合理性。同时，行政复议也只能由行政相对人提出。行政复议制度的单向性构造并不能解决所有的行政协议纠纷。

在刘某生诉天津市河西区人民政府复议案[1]中，最高人民法院对于行政协议是否属于行政复议受案范围，采取了一种暧昧的态度。刘某生是天津市河西区尖山红光里××号房屋承租人。该房屋被列入征收范围后，刘某生与天津市河西区房地产管理局于2014年3月4日签订了《天津市国有土地上

---

[1] 最高人民法院（2016）最高法行申4701号行政裁定书。

房屋征收补偿协议》。2014 年 7 月 21 日，刘某生以天津市河西区房地产管理局为被申请人向河西区人民政府提出行政复议申请，请求撤销其与该局签订的房屋征收补偿协议。河西区人民政府收到刘某生的复议申请后，于 2014 年 7 月 23 日作出津西政行复决字〔2014〕115 号《行政复议申请不予受理决定书》（以下简称 115 号不予受理决定）并对其送达。河西区人民政府认为刘某生与天津市河西区房地产管理局签订的《天津市国有土地上房屋征收补偿协议》不属于具体行政行为，其行政复议请求不符合《行政复议法》第 6 条之规定，故根据《行政复议法》第 17 条第 1 款之规定，决定不予受理。刘某生不服 115 号不予受理决定，提起诉讼，请求予以撤销，判令河西区人民政府受理其行政复议申请。

天津市第二中级人民法院一审认为，刘某生于 2014 年 7 月 21 日提出行政复议申请，河西区人民政府收到该申请后，在法定期限内作出 115 号不予受理决定并书面告知了刘某生，符合《行政复议法》第 17 条第 1 款的规定，程序合法。因刘某生申请撤销的房屋征收补偿协议的签订时间及 115 号不予受理决定的作出时间均发生在 2015 年 5 月 1 日之前，故本案所涉争议应适用 2014 年修正前的《行政诉讼法》及相关法律、法规的规定予以处理。就刘某生申请复议的房屋征收补偿协议争议，《行政复议法》及 2014 年修正前的《行政诉讼法》均未列入受理范围，据此驳回刘某生的诉讼请求。刘某生不服，提起上诉。天津市高级人民法院二审基本以相同理由判决驳回上诉，维持一审判决。

最高人民法院认为，本案的核心争议是再审申请人刘某生就其与天津市河西区房地产管理局之间的房屋征收补偿协议纠纷，向再审被申请人河西区人民政府申请行政复议，是否属于《行政复议法》规定的行政复议范围。刘某生于 2014 年 3 月 4 日与天津市河西区房地产管理局签订了《天津市国有土地上房屋征收补偿协议》，并于 2014 年 7 月 21 日向再审被申请人申请行政复议，其主要复议请求是撤销该房屋征收补偿协议。根据当时理解与适用《行政复议法》第 6 条的一般标准，房屋征收补偿协议纠纷未被纳入行政复议范围。裁定书所谓当时的背景是指 2014 年修正的《行政诉讼法》还未生效，但其生效后是否应当对《行政复议法》第 6 条重新解释，最高人民法院的裁定并未给出答案。

在西安某马球竞技场有限责任公司与陕西省西安市人民政府行政复议案[1]中，西安某马球竞技场有限责任公司认为西安市人民政府作为一方当事人委托西安体育中心与其签订《合作协议》后未按约定时间履行，于是向陕西省人民政府申请行政复议，请求责令西安市人民政府书面确认由西安经开区管委会继续履行《合作协议》的权利义务并承担拆除马球场馆的赔偿责任。最高人民法院认为，根据《行政复议法》第 2 条的规定，行政复议针对的是具体行政行为。这一规定将当事人经协商自愿签订的协议所产生的纠纷排除在行政复议范围之外。根据上述法律规定，《合作协议》的履行及相关赔偿责任纠纷，不属于行政复议范围。

国务院法制办公室（现已撤销）于 2017 年 9 月 13 日作出的对《交通运输部关于政府特许经营协议等引起的行政协议争议是否属于行政复议受理范围的函》的复函（以下简称《交通部复函》）中称，政府特许经营协议等协议纠纷不属于《行政复议法》第 6 条规定的行政复议受案范围。最高人民法院在审理此类案件时，也有依据此复函否定行政协议属于行政复议受案范围的情形。在再审申请人屠某林诉被申请人杭州市余杭区人民政府行政复议案[2]中，最高人民法院指出，《行政复议法》对有关行政协议纠纷是否属于行政复议的受理范围没有明确规定。结合《交通部复函》规定的精神，政府特许经营协议等协议纠纷不属于《行政复议法》第 6 条规定的行政复议受理范围。因此，余杭区人民政府针对屠某林提出的要求仓前街道办事处履行征用集体所有土地房屋拆迁补偿安置协议的行政复议申请不予受理，不违反法律规定。

从最高人民法院的判决来看，似乎否定行政协议纳入行政复议受案范围是一种发展趋势，但是在地方法院的裁判中，也存在不同认识。在六安市国土资源局与六安市某房地产开发有限公司复议决定上诉案[3]中，针对国有土地使用权出让协议是否能够申请行政复议的问题，六安市人民法院认为，行政协议属于行政行为的一种，当事人认为行政行为侵犯其合法权益有权申请行政复议。案涉的《国有土地使用权出让合同》由裕安区国土资源局与六

---

[1] 最高人民法院（2018）最高法行申 9449 号行政裁定书。
[2] 最高人民法院（2018）最高法行申 3313 号行政裁定书。
[3] 六安市中级人民法院（2016）皖 15 行终 81 号行政判决书。

安市某房地产开发有限公司签订，该公司对该土地使用权出让协议不服，有权向上级行政主管部门申请行政复议。法院把行政协议解释为行政行为，认为只要是行政行为，当事人就有权复议。在荥阳市人民政府与王某红复议决定上诉案[1]中，河南省高级人民法院认为，在 2014 年《行政诉讼法》修正以前，原《行政诉讼法》和 2009 年实施的《行政复议法》关于行政诉讼受案范围与行政复议范围的规定均不含行政协议纠纷，修正后的《行政诉讼法》虽然将行政协议纠纷纳入行政诉讼受案范围，但《行政复议法》至今并没有修改，对行政复议范围的规定也未作调整，因此行政协议纠纷不属于行政复议范围。从行政诉讼与行政复议的衔接关系来看，虽然二者均是解决行政协议纠纷的法定途径，但是在《行政复议法》对复议范围规定未作修改的情况下，不能用《行政诉讼法》关于受案范围的规定推定行政复议范围。在肖某棠与赣州市人民政府复议上诉案[2]中，赣州市人民政府认为国有土地使用权出让协议不属于行政复议申请范围而作出不予受理行政复议申请决定，该决定是否正确成为案件争议焦点，江西省高级人民法院认为，根据《行政诉讼法》相关法律规定，人民法院受理公民、法人或者其他组织针对行政行为提起的诉讼，而根据《行政复议法》第 6 条的规定，行政复议机关受理公民、法人或者其他组织针对具体行政行为提起的复议申请。《行政诉讼法》上规定的行政行为包括行政机关签订、履行协议的行为，但《行政复议法》上规定的具体行政行为是否包括行政机关签订、履行协议的行为尚不明确。在此情形下，复议机关对是否受理针对行政协议提出的复议申请具有决定权。可以看出，就行政协议纠纷是否可以由行政复议解决，目前已有三种观点，一种观点认为行政协议是行政行为，应该被纳入行政复议受案范围；一种观点认为《行政复议法》没有明确规定，虽然《行政诉讼法》已修正，但这并不是肯定其受案范围的理由；还有一种观点认为在行政协议是否可以纳入行政复议范围尚不明确的情形下，复议机关就针对行政协议提出的申请具有决定权。

---

[1]　河南省高级人民法院（2017）豫行终 421 号行政判决书。
[2]　江西省高级人民法院（2016）赣行终 186 号行政判决书。

四、行政复议作为行政协议纠纷解决方式的必要性与可行性

无论是理论界的争论还是司法实务中模糊不明的标准，都可以看出行政协议纳入行政复议存在很多困难。但是不应否定在行政救济领域占据重要地位的行政复议制度对行政协议的纠纷解决作用。首先，行政协议的行政性决定了运用行政复议制度解决纠纷的可能与必要。行政复议的目的是纠正违法或者不当的行为，它所针对的对象是一种行政行为，是一种行政领域的活动，具有行政性。[1]行政协议也是行政机关行使行政权、履行行政职责的方式，具有行政性，其行为是否合法及合理应该受到司法与行政的各种监督。行政复议作为上级行政机关对下级行政机关的行为进行全面审查的一种法定层级监督和救济制度，从理论上讲，复议的制度特性和行政协议的本质属性是将行政协议纳入复议监督范围的基础。

行政协议虽然是双方行政行为，需要行政机关和行政相对人的合意，但是在行政协议的履行过程中，行政机关拥有行政优益权，这决定了行政机关可以基于公共利益单方变更或解除协议。行政权具有恣意扩张的天然属性，如果不予以限制，必定会导致行政优益权的滥用，损害行政相对人的合法权益。行政复议则是由行政机关以一种准司法的形式对行政权的行使进行监督，对行政权力进行制约。在行政协议的履行过程中，行政机关行使行政优益权侵犯行政相对人合法权益的，则行政相对人可以向复议机关提出复议申请，审查行政机关行使行政优益权的合法性与适当性。

行政复议和行政诉讼都是针对行政违法行为不服可以选择的法律救济手段。行政复议是行政系统内部的救济手段，与行政诉讼相比具有效率高、专业性强的优势，而行政诉讼有中立性强、法律化强的特点。根据《行政诉讼法》第44条[2]的规定，只要属于行政诉讼受案范围的行政案件，公民、法人或者其他组织既可以选择复议，也可以选择诉讼，除非法律、法规规定必

---

〔1〕 章剑生："行政复议程序的正当化修复"，载《江淮论坛》2010年第6期。

〔2〕《行政诉讼法》第44条："对属于人民法院受案范围的行政案件，公民、法人或者其他组织可以先向行政机关申请复议，对复议决定不服的，再向人民法院提起诉讼；也可以直接向人民法院提起诉讼。法律、法规规定应当先向行政机关申请复议，对复议决定不服再向人民法院提起诉讼的，依照法律、法规的规定。"

须先复议后诉讼。作为两种相互衔接的救济手段，受案范围上应该是相同的，否则就无法实现有效衔接，也违反司法最终决原则和穷尽救济原则。根据《行政复议法》的规定，有些行政复议案件是复议机关最终裁决，对复议决定不服的，也无法进入行政诉讼程序。从该程序设计来看，行政复议的案件范围应该大于行政诉讼的受案范围。

行政协议作为一种替代性纠纷解决机制，具有及时、便捷、低成本的特点，有自己独立存在的特殊价值，能够弥补司法救济上的不足，减少公民权利救济的空白领域。有学者就提出，运用非诉讼形式解决行政协议纠纷的重要出路是行政复议制度。[1]享有行政复议权的主体包括本级行政机关和上一级行政机关，具有多元性，可以赋予行政相对人选择权；行政复议制度在审查深度上也强于行政诉讼，行政复议制度体现出对行政权的监督，所以既审查行政行为的合法性，也对行政行为的合理性作出判断；行政复议制度在审理上没有费用的规定，能降低行政相对人的纠纷解决成本。

五、行政复议在行政协议纠纷解决运用中的限制

行政协议纠纷可以通过行政复议制度解决，但基于行政复议制度的特殊性，不代表对其没有任何限制。"行政复议是一种内部监督制度。行政复议是行政权对行政权的监督，不同于行政诉讼的司法权对行政权的监督。"[2]行政复议作为一种行政权的根本属性决定了行政复议只能解决行政性质的纠纷。行政复议作为行政机关解决行政协议纠纷的一种内部活动，承担的是国家赋予的部分纠纷解决的功能，并不承担全部纠纷解决的功能。对于行政协议纠纷，行政复议机关基于行政复议权可以"代替"行政机关作出原决定，并对外产生效力，这种决定的作出针对的是原具体行政行为。对于民事纠纷，行政复议机关并没有相应的法律上的理由，来对行政机关的民事行为进行判断并作出变更或予以撤销。行政复议针对的是具体行政行为引发的行政协议纠纷，例如《国有土地上房屋征收与补偿条例》第 26 条明确规定："房屋征收部门与被征收人在征收补偿方案确定的签约期限内达不成补偿协议，或者被

---

〔1〕　应松年主编：《行政行为法　中国行政法制建设的理论与实践》，人民出版社 1993 年版，第 628 页。

〔2〕　孔繁华："行政自制的维度分析"，载《华南师范大学学报（社会科学版）》2012 年第 1 期。

征收房屋所有权人不明确的，由房屋征收部门报请作出房屋征收决定的市、县级人民政府依照本条例的规定，按照征收补偿方案作出补偿决定，并在房屋征收范围内予以公告。补偿决定应当公平，包括本条例第二十五条第一款规定的有关补偿协议的事项。被征收人对补偿决定不服的，可以依法申请行政复议，也可以依法提起行政诉讼。"在此条规定中，考虑到补偿决定是行政机关单方作出的行政行为，对于补偿决定不服的，可以提起行政复议或诉讼。但是该条例第25条规定："房屋征收部门与被征收人依照本条例的规定，就补偿方式、补偿金额和支付期限、用于产权调换房屋的地点和面积、搬迁费、临时安置费或者周转用房、停产停业损失、搬迁期限、过渡方式和过渡期限等事项，订立补偿协议。补偿协议订立后，一方当事人不履行补偿协议约定的义务的，另一方当事人可以依法提起诉讼。"由于补偿协议是双方自愿订立的，行政机关不履行补偿协议，视为违反民事义务，仅规定可以提起诉讼而不赋予复议救济的权利。"对于行政协议争议，行政复议权仅能解决行政性质的争议；对于民事性的争议，由于行政复议权并不是司法权，不能解决民事争议，有关民事性的争议应当通过仲裁、诉讼等渠道解决。"[1]

纠纷解决方式的样式最终是由社会物质生活条件和发展所决定的，其合理性归因于社会主体对纠纷解决方式的多样性需求。行政协议以其合意性、变通性、柔和性等特征，已经在行政活动中得到了广泛应用。在行政协议中，双方的地位与角色发生了重大变化，由冲突与对抗向合作与融合的方向转化。伴随而来的，也有行政协议引起的越来越多的纠纷。我国行政协议纠纷的解决尚无统一、规范的立法规定，仅有的一些规定在条文设计上不够精确使得实践中操作呈现一种混乱状态，影响了行政协议纠纷的有效解决。只有2014年修正后的《行政诉讼法》明确规定行政协议纠纷可以通过行政诉讼解决，在此之外，应该充分考虑非诉讼纠纷解决方式在行政协议纠纷中的作用。行政协议纠纷解决机制应该是多元化的，如何合理定位各种纠纷解决途径的功能，使每种纠纷解决途径与其他纠纷解决途径有机衔接、相互协调，保证所有行政协议纠纷有出口，是研究行政协议纠纷的非诉讼解决渠道时要解决的问题。协商、行政调解、仲裁、行政复议作为非诉讼纠纷解决方

---

〔1〕 龙倩："行政协议争议解决机制研究"，中国政法大学2019年博士学位论文。

式，在行政协议纠纷解决的过程中，应该发挥其应有作用。

相较于其他纠纷解决方式，行政协商具有非正式性，也是一种低成本、高效的纠纷解决方式。基于这些优势，协商理应成为解决行政协议纠纷的首选方式，但是从我国目前实际来看，协商制度在纠纷解决过程中仍存在很多问题。为了更好地发挥行政协商的作用，在行政协议纠纷协商中，应该运用好自愿原则、合法原则等基本原则，将行政协商的内容确定下来。调解是中国传统文化所推崇的纠纷解决方式，契合国人以友好方式解决纠纷的需求。我国调解制度可以分为司法调解、行政调解、人民调解。从制度的实效性出发，行政调解在行政协议纠纷中应该发挥重要作用。调解的过程是双方表达意愿，根据合意达成协议的过程，行政调解能够维持双方的友好协作关系，精准地解决纠纷，在遵循最低限度的程序正义原则的基础上，运用调解模式、调解规则，对纠纷的解决具有很强的适应性。随着行政协议特别是政府特许经营协议的发展，肯定仲裁在行政协议纠纷中发挥的作用，才能使某些专业性比较强的协议得到专业人员的参与审理，及时解决纠纷，促进社会资本参与基础设施建设的积极性。行政协议纠纷适用仲裁解决并不违反我国相关法律和行政法规的规定，加上仲裁制度有其独特优点，仲裁制度应该作为多元化的行政协议纠纷解决方式之一。在实务中肯定行政协议纠纷通过行政复议制度解决仍存在很大困难，但是行政协议的行政性决定了运用行政复议制度解决纠纷的可能与必要。行政协议也是行政机关行使行政权、履行行政职责的方式，具有行政性，其行为是否合法及合理应该受到司法与行政的各种监督。行政复议作为上级行政机关对下级行政机关的行为进行全面审查的一种法定层级监督和救济制度，理应可以解决行政协议纠纷。

第八章

行政协议纠纷的诉讼解决渠道

2014 年《行政诉讼法》修正以后，明确规定行政机关不依法履行、未按照约定履行或者违法变更、解除政府特许经营协议、土地房屋征收补偿协议等协议的，属于行政诉讼的受案范围。2015 年 4 月公布的《过渡解释》用 6 个条文对行政协议诉讼的范围以及行政协议争议案件的时效、管辖、法律适用、判决、诉讼费用、附带民事处理等事项作出了详细规定，我国的行政协议诉讼制度已经有了初步的框架。但是在 2019 年新司法解释公布前，由于立法与司法解释的粗线条式规定，对于行政协议如何进行司法审查，仍有很多理论问题与技术问题需要厘清。本章将结合新司法解释的相关规定以及学界争论观点，并通过案件梳理对上述问题进行分析。

第一节 行政协议受案范围引出的问题与解决

一、行政协议的类型

2014 年修正的《行政诉讼法》第 12 条第 1 款第 11 项列举规定了行政协议的范围，即政府特许经营协议、土地房屋征收补偿等协议。2015 年《过渡解释》第 11 条第 2 款作了适当扩充，将"土地、房屋等征收征用补偿协议"纳入了行政诉讼。一般认为，这里的"等"是"等外等"，也就是说，除了列举的两类行政协议，还包括其他行政协议。2019 年新司法解释的规定，也为此种观点进行了正名。

但是在司法审判中，在 2019 年新司法解释公布前，对于政府特许经营协议、土地房屋征收征用补偿协议以外的协议是否属于行政协议，各法院立场不一，这并不利于行政协议纠纷的解决。首先，一些法院在审理行政协议相关案件中，采取的是一种相对保守的立场。例如在夏某仙与岱山县交通运输局交通行政协议及行政赔偿案[1]中，法院在未说理的情况下直接指出《房屋拆迁货币补偿协议》不属于该项规定的行政协议范围，故不属于行政诉讼受案范围。在酉阳县某纸厂管厂委员会、酉阳土家族苗族自治县麻旺镇平桥村六组与酉阳土家族苗族自治县国土资源和房屋管理局国有土地使用权出让合同案[2]中，法院认为，国有土地使用权出让协议并未作为行政协议进行列举，且有关国有土地使用权出让协议案件适用民事案件审理的司法解释未被废止，故在相关司法解释未更改前，不应将国有土地使用权出让协议案件作为行政案件受案，即国有土地使用权出让协议纠纷不属于行政诉讼受案范围。

其次，法院在审判中各行其是很容易作出相互矛盾的判决。比如国有建设用地使用权出让协议纠纷，是否应该纳入行政诉讼的范围，就存在两种完全不同的观点。例如在南通某置业有限公司与南通市通州区十总镇人民政府要求履行协议案[3]中，法院认为涉案备忘录既不符合为了实现公共利益或者行政管理目标的目的要素，其内容亦违反了相关法律法规的规定，超出了被告的法定职责范围，损害了国家利益、公共利益以及他人的合法权益，故涉案备忘录不属于行政诉讼法所规定的应当受理的行政协议范畴。又如在沈阳某房地产开发公司诉土地储备交易中心、规划和国土资源局国有建设用地使用权出让合同纠纷案[4]中，法院认为本案为建设用地使用权纠纷，是最高人民法院《民事案件案由规定》确定的民事案由之一，因此属于人民法院民事诉讼受案范围。但是在浠水县国土资源局诉浠水县某建筑安装工程公司国有建设用地使用权出让合同纠纷案[5]中，法院则认为，土地使用权的出让，是由行政机关通过行政权来实现的，是国家作为土地所有者处置土地的方式。其在法律上的表现，是政府机关对使用土地的批准，土地管理部门与

---

[1]　浙江省舟山市中级人民法院（2015）渝舟行终字第 28 号行政裁定书。
[2]　重庆市第四中级人民法院（2015）渝四中法行终字第 00052 号行政裁定书。
[3]　江苏省如东县人民法院（2015）东行初字第 00316 号行政裁定书。
[4]　辽宁省新民市人民法院（2017）辽 0181 民初 2674 号民事判决书。
[5]　湖北省浠水县人民法院（2017）鄂 1125 民初 827 号民事裁定书。

土地使用者之间的基本关系是管理与被管理的关系，因此，土地使用权出让实际上是国家配置土地资源、管理土地的方式，基于出让行为的土地出让协议应该是行政协议。再如息诉罢访协议是否属于行政诉讼受案范围，亦有结论完全相反的判决。在于某云诉西安市人力资源和社会保障局请求撤销"伪造的《息诉罢访承诺书》"案[1]中，法院认为上诉人请求撤销市人力资源和社会保障局"伪造的《息诉罢访承诺书》"的诉求，系信访人对市人力资源和社会保障局依据《信访条例》处理信访事项的行为不服提起的行政诉讼，该起诉不属于人民法院行政诉讼受案范围。但是在尤某乾与徐州市泉山区人民政府泰山街道办事处行政协议纠纷上诉案[2]中，法院则认为，本案中《停访息诉保证书》的签订主体系泰山街道办事处与尤某乾，属于行政机关与公民之间的行为；其就征地补偿安置费等内容进行约定，是行政机关在法定职责范围内为实现公共利益或者行政管理目标而进行的约定，具有行政法上的权利义务内容；故涉案《停访息诉保证书》属于行政协议。

审判案件标准的不统一导致的后果就是不能做到"同案同判"，不能使相同案件得到公平合理的解决，侵害当事人的合法权益。如国有建设土地使用权出让协议纠纷这样存在行政庭和民事庭审理的情况，很容易造成审判部门之间的推诿，不利于行政协议纠纷的解决。新司法解释对行政协议范围的明确规定，可以促使法院行政庭统一通过行政诉讼的方式审理国有自然资源使用权出让协议，有效解决过去一段时间国有自然资源领域政府不履约、不监管、权力寻租等乱象，确保国有资产等国家利益得到有力保护。

二、行政协议纠纷案件的范围

《行政诉讼法》第12条第1款第11项和新司法解释均规定了我国行政协议纠纷可以纳入行政诉讼的范围。《行政诉讼法》第12条第1款第11项规定，行政机关不依法履行、未按照约定履行或违法变更、解除政府特许经营协议、土地房屋征收补偿协议等纠纷都属于行政诉讼的受案范围。新司法解释第4条第1款的规定"因行政协议的订立、履行、变更、终止等发生纠

---

[1] 西安铁路运输中级法院（2017）陕71行终219号行政裁定书。
[2] 江苏省徐州市中级人民法院（2018）苏03行终58号行政判决书。

纷，公民、法人或者其他组织作为原告，以行政机关为被告提起行政诉讼的，人民法院应当依法受理"和第 6 条的规定"人民法院受理行政协议案件后，被告就该协议的订立、履行、变更、终止等提起反诉的，人民法院不予准许"，明确了行政协议诉讼的当事人资格。但是这样的规定也存在问题，即列举式的规定为在行政协议缔结、签订、履行过程中出现的其他行政协议纠纷是否可以纳入诉讼解决便成了问题。

在刘某山与黄石市下陆区人民政府等撤销行政协议案[1]中，对于行政机关和行政相对人在缔结行政协议过程中存在纠纷是否属于《行政诉讼法》第 12 条第 1 款第 11 项的规定，法院采取的是一种否定态度。2016 年 12 月 28 日，刘某山作为乙方同甲方下陆区有色长乐城中村棚户区改造项目指挥部签订《下陆区集体土地上房屋征收搬迁补偿安置协议书》，约定"第一阶段：房屋协商搬迁签约。甲乙双方在规定时间内就房屋征收签订房屋征收搬迁补偿安置协议书。第二阶段：房屋征收。在第一阶段签约率达到 95% 后，甲方启动房屋征收工作，甲乙双方根据已签订的协议进行结算。甲方补偿乙方若干元。乙方同意甲方对乙方房屋征收实行协商搬迁补偿，并对甲方的征收及相关行政行为无任何异议。本补偿协议在征收公告签订前，签订征收搬迁协议户数在协商搬迁期限内到达总户数的 95%，区人民政府发布征收决定后协议生效；如未达到生效条件，本协议终止……乙方须在本协议签订之日起 90 日搬迁腾退房屋"。2017 年 3 月 20 日，下陆区人民政府作出《关于下陆区有色长乐城中村棚户区地块房屋征收的决定》，载明"目前协商搬迁安置协议签约率已达 99.36%，协议生效条件已经成就，因此下陆区人民政府决定征收有色长乐城中村地块上色房屋……"随后，根据《下陆区集体土地上房屋征收搬迁补偿安置协议书》，甲乙双方均按照协议内容履行完各自付款及腾退义务。刘某山认为其系在受到胁迫情形下签订《下陆区集体土地上房屋征收搬迁补偿安置协议书》，且该协议违法、内容显失公平，所以向法院提起行政诉讼。一审法院认为，《行政诉讼法》第 12 条第 1 款第 11 项的立法目的是审判机关有权对行政机关不依法履行、未按照约定履行或者违法变更、解除政府特许经营协议、土地房屋征收补偿协议的行政行为是否合法

---

[1]　湖北省高级人民法院（2018）鄂行终 94 号行政裁决书。

进行司法审查，同时给行政相对人一种司法救济途径。但是在此案中，刘某山在行政协议中约定的义务已经履行完毕的情况下请求撤销行政协议，其起诉理由不属于行政机关不依法履行、未按照约定履行或者违法变更、解除协议内容的范畴。二审法院也认为，刘某山的起诉不符合《行政诉讼法》第12条第1款规定的人民法院受理公民、法人或者其他组织提起诉讼的受案范围。在刘某与黄石市下陆区人民政府等撤销行政协议案[1]、刘某志与黄石市下陆区人民政府等撤销行政协议案[2]、黄某元与黄石市下陆区人民政府等撤销行政协议案[3]中，人民法院都基于原告提出的行政机关在缔结行政协议过程中存在胁迫的起诉理由不属于行政机关不依法履行、未按照约定履行或者违法变更、解除协议内容的范畴，驳回原告的起诉。

在吉安市吉州区兴桥镇虎溪村委会张家村小组诉吉安市国土资源局吉州分局等撤销行政协议案[4]中，2016年12月8日，张家村小组长卢某、副组长张某及其他村委委员及村民等9人与吉安市国土资源局吉州分局签订了《征地协议书》，该协议书约定征地位置位于吉安市吉州区××张家组，农用地面积共计46.245亩［其中水田41.851亩、鱼（水）塘4.304亩、林地0.09亩］，征地补偿费水田3.88万元/亩、鱼（水）塘3.88万元/亩、林地1.6万元/亩，合计征地补偿费1 792 254元，协议签订之日起30天内由吉安市国土资源局吉州分局付款给兴桥政府，再由兴桥政府付款给原告，该协议书由两被告盖章。原告认为，卢某等9人与吉安市国土资源局吉州分局签订《征收协议书》并没有召开村民大会经三分之二以上的村民同意，请求撤销《征收协议书》。法院认为，原告在本案中的诉讼请求为请求撤销案涉《征地协议书》，经对照上述规定，被告的行为不属于不依法履行、未按照约定履行或者违法变更、解除《征地协议书》的情形，故原告的起诉不符合《行政诉讼法》及其司法解释关于行政诉讼受案范围的规定。

将行政协议纠纷纳入行政诉讼受案范围，如果仅仅机械地将被诉行为套入《行政诉讼法》第12条第1款的内容当中，并将行政机关不履行、未按

---

[1] 湖北省高级人民法院（2018）鄂行终92号行政裁决书。

[2] 湖北省高级人民法院（2018）鄂行终93号行政裁决书。

[3] 湖北省高级人民法院（2018）鄂行终95号行政裁决书。

[4] 江西省吉安市青原区人民法院（2017）赣0803行初33号行政裁定书。

照约定履行或违法变更、解除行政协议以外的纠纷都排除在行政诉讼的受案范围之外，一方面会造成行政相对人在面临一些行政协议纠纷时求助无门，没有可供提起诉讼的理由；另一方面会使签订行政协议的行政机关找到躲避被诉的抗辩理由。正如上述案例，如果行政机关在行政协议的签订过程中存在胁迫等行为或是行政机关已履行行政协议，但是行政协议从签订开始就存在重大的违法，此两种情况下应该通过行政诉讼给予行政相对人以救济。

三、对行政协议受案范围条款的理解和适用

（一）受案范围中的行政协议类型

针对行政协议类型，江必新法官认为，行政机关签订的协议涉及三类活动。第一类是与行政职权的行使有关的协议，第二类是与提供公共服务有关的协议，第三类是政府以私法主体身份签订的协议。由于目前我国学界对哪些协议应纳入行政协议范畴仍有争议，不宜将行政协议范围圈定得过大，多数潜在行政协议适用混合型规范，即共同适用公法和私法规范，较合适的路径是先将特别重要、特别需要加入公法元素加以调整的协议纳入行政协议范畴，防止"公法遁入私法"之弊。综合权衡之下，在上述三类行政机关可能签订的协议中，宜将第一类即与行政职权的行使有关的协议纳入行政协议范畴。[1]但是笔者认为，依据《过渡解释》第11条第1款的规定，行政机关为了实现公共利益或者行政管理目标，在法定职责范围内，与公民、法人或者其他组织协商订立的具有行政法上权利义务内容的协议，属于行政协议。在这个内涵的确定下，只要是满足这些条件的协议，都属于行政协议。目前实定法的"确定内涵+有限列举"模式存在问题，由于社会发展的不间断性以及法律修改的滞后性，无论如何通过正面列举，还是会存在挂一漏万的情形。因此可以通过否定式列举，将一些没有行政协议特征的协议排除在行政诉讼之外。第一，可以排除内部行政协议。新司法解释第3条即规定："因行政机关订立的下列协议提起诉讼的，不属于人民法院行政诉讼的受案范围：（一）行政机关之间因公务协助等事由而订立的协议；（二）行政机关与其工作人员订立的劳动人事协议。"《行政诉讼法》不将行政体系内部的

---

〔1〕　江必新："行政协议的司法审查"，载《人民司法》2016年第34期。

行政协议纠纷纳入司法审查，因此内部行政协议不能纳入受案范围。第二，具备抽象性的战略协议应被排除。行政主体签订的战略协议往往具有前瞻性，同时也非常抽象，对具体的权利义务规定不明确，不直接产生行政法上法律关系的变动，因此不宜纳入行政协议司法审查的受案范围。第三，法律规定属于终局裁决的涉及行政协议的纠纷，不纳入受案范围。终局裁决即行政机关的裁决具有最终性，不能再进入司法程序予以救济。这与行政诉讼法对受案范围的既有规定保持一致。第四，关于国防、外交的协议应排除。行政诉讼历来不管辖国家行为，因为带有高度政治性。[1]

此外，与行政协议相互独立的行为也应该排除在行政协议受案范围之外。行政机关与行政相对人签订行政协议后，双方之间会因为行政协议这一媒介存在互动往来的其他行为。如果其是独立于行政协议的行为，那么该行为就不能纳入行政协议受案范围。在北方公司与乌鲁木齐交通运输局案[2]中，北方公司、天山公司与乌鲁木齐交通运输局签订《BOT协议》《补充协议》。在协议终止后，双方就工程回购款支付依据的问题出现争议。最高人民法院认为，有关回购问题的基础行为即行政行为与回购争议相互独立，双方只是就回购依据出现争议，并不涉及具体行政行为。且各方当事人在回购款的支付问题上，处于平等的法律地位，本案应为民事纠纷。行政机关不在法定职责范围内的民事行为也应该排除在行政协议的受案范围之外。如在张某南等5人诉被告宁海县茶院乡人民政府行政协议案[3]中，法院认为，从被诉协议内容来看，是被告为发展农村经济，在与第三人协商一致的情况下订立的有关土地使用权租赁协议，该协议中的有关约定土地使用权租用年限、土地资金、税费承担、付款方式、争议解决方式等内容并不属行政法律规范调整范围，双方之间并未因此产生、变更或消灭相应的行政法律关系，该土地使用权租用协议书不具有行政协议的基本特征，因此将土地使用权租赁行为排除在行政协议范围之外。

（二）受案范围条款中的行为条件

根据《行政诉讼法》及《过渡解释》的规定，受案范围条款对行政协

---

[1] 江必新："行政协议的司法审查"，载《人民司法》2016年第34期。
[2] 最高人民法院（2014）民二终字第40号民事裁定书。
[3] 浙江省象山县人民法院（2016）浙0225行初39号行政裁定书。

议的行为限定条件包含的一个层面是：行政机关不依法履行、未按照约定履行或者违法变更、解除行为。从上文中提到的案例可以看出，这四种行为并不能囊括行政机关在行政协议成立、生效、履行、终止的过程中的所有行为。在整个行政协议的过程中，行政机关的行为除了以上四种行为，还存在对行政协议进行指挥、解释、监督等行为。受案范围中限定条款的存在，实际上引起的是司法实践中法院普遍采取一种保守的立场，导致行政协议受案范围缩窄，不利于对行政相对人的权益保护。新司法解释的公布在一定程度上解决了这个问题，新司法解释第 4 条第 1 款规定，因行政协议的订立、履行、变更、终止等发生纠纷，公民、法人或者其他组织作为原告，以行政机关为被告提起行政诉讼的，人民法院应当依法受理。新司法解释扩大了法院在整个行政协议过程中对订立、履行、变更、终止各个阶段发生的纠纷的审理与救济。

扩大行政诉讼的受案范围，保障当事人的诉讼权利，防止应当通过诉讼解决的纠纷进入信访渠道，一直以来都是行政诉讼立法工作的出发点和落脚点。[1]对行政诉讼受案范围条款的理解应当在探求立法原意的基础上作扩大解释。从行政诉讼受案范围的兜底条款体现的精神可以看出，行政相对人的人身权、财产权如果受到行政行为的侵犯，行政相对人都可以依法提起行政诉讼。[2]在行政协议纳入行政诉讼受案范围的背景下，有关行政协议的纠纷都有可能侵犯到行政相对人的人身权、财产权，有关行政协议的纠纷都应该能够纳入行政诉讼受案范围。对行政诉讼受案范围作扩大解释一方面可以避免相关的行政协议纠纷进入民事诉讼渠道，造成一个协议分别进入民事审判庭和行政审判庭而带来的纠纷解决的混乱局面；另一方面有利于行政协议纠纷诉讼路径保护的周延性，防止一些行政协议纠纷得不到行政诉讼的救济。

---

〔1〕　全国人大常委会法制工作委员会行政法室编：《行政诉讼法立法背景与观点全集》，法律出版社 2015 年版，第 5 页。

〔2〕　江必新、梁凤云：《行政诉讼法理论与实务（上）》，法律出版社 2016 年版，第 212 页。

第二节 行政协议诉讼的举证责任

一、"举证责任倒置"在行政协议纠纷案件中适用存在的问题

关于举证责任，一般法律会作出明确规定，如果承担举证责任的一方不能针对自己的主张提出充分的证据，就需要承担不利后果。我国目前行政诉讼制度的举证责任分配坚持的是"举证责任倒置"，即《行政诉讼法》第 34 条第 1 款规定，被告对作出的行政行为负有举证责任。行政协议案件事实认定的证据规则同样适用《行政诉讼法》的规定。因此，在当事人起诉签订行政协议、单方变更或解除行政协议、强制执行行政协议等行政机关作出的行政行为案件中，作为被告的行政机关必须对其作出的行政行为合法性、合约性承担举证责任。举证不能的，将承担败诉的风险。在起诉行政机关不依法履行、未按照约定履行行政协议案件中，被告行政机关主张已经依法履行、按照约定履行行政协议义务的，应当对此承担举证责任。但是行政协议的合意性与行政性的双重属性决定了如果都由行政机关来承担行政协议案件中的举证责任会造成行政机关举证困难。

在闫某玲、张某民与项城市人民政府房屋安置补偿协议争议案[1]中，法院针对双方的举证责任进行了论证。2014 年 7 月 28 日，闫某玲、张某民与项城市人民政府设置的临时机构项城市迎宾大道南通工程建设指挥部签订了补偿安置协议。闫某玲、张某民认为该协议系政府采取欺诈、胁迫手段逼迫签订，请求确认该协议无效，判令项城市人民政府依照《国有土地上房屋征收与补偿条例》的规定予以补偿。在此案中，法院注意到双方在举证责任中的不公平，在判决中指出，行政协议是行政机关为实现行政目标与行政相对人达成的一致意见，体现了行政机关和行政相对人的共同意志；行政诉讼关于被告对被诉行政行为合法性负举证责任的规则，适用于对体现行政机关意志的相应行政行为的审查，对行政协议诉讼不能简单适用。房屋征收补偿安置协议签订过程中，被征收人在补偿协议上签字行为的法律意

---

[1] 河南省高级人民法院（2016）豫行终 556 号行政裁决书。

义是自愿接受征收人的补偿条件，被征收人应对自己的行为承担法律责任，其事后提出相反主张的，应承担证明责任。本案张某民、闫某玲主张案涉补偿安置协议系被胁迫签订，仅提供了证据材料复印件，真实性无法核实，且该复印件的落款日期在补偿安置协议签订之前，无法证明被迫签订协议的事实；本案张某民和闫某玲没有提供涉案房屋的土地使用权证、房屋所有权证以及建筑规划等证明文件，没有证据证明案涉补偿安置协议存在显失公平的情形；在已签订补偿安置协议的情况下，张某民、闫某玲要求按照《国有土地上房屋征收与补偿条例》的规定予以补偿，缺乏事实根据和法律依据。

二、行政协议纠纷案件举证责任的完善

有学者认为，行政协议案件可分为优益权类争议案件和自治争议案件两类。在举证责任方面，涉及行政优益权及特定义务等行政行为时，依然采用责任倒置的举证规则，因为这类案件涉及行政机关主导的行政行为的合法性，因此应当由行政主体对其行为的合法性及其法律依据负责举证。对于自治争议的案件，在协议内容条款本身的举证上，应遵循民法的举证责任制度，由发起人来承担举证责任。视不同情形采用不同的举证责任，是一种行政诉讼模式为主导、民事规则为辅助的特色模式。我国行政赔偿之诉的举证模式就是这样一个先例，行政协议的举证模式可以比照建立。[1]有学者认为，基于行政协议的双重属性，在举证责任分配上法院也不能单一适用某一类型的实体法和程序法，而要在遵从行政法律规范的基础上，根据对相关法律事实的判断，有选择性地适用民事法律规范，以作出公正合理的裁判。[2]也有学者认为，行政协议纠纷案件的举证责任应结合行政诉讼制度中的证据规定和民事诉讼制度中的证据规定，基于行政协议纠纷自身的特点，合理分配原、被告之间的举证责任。行政协议纠纷案件司法审查中的举证责任可以作如下分配：就行政协议内容的合法性、合理性以及其行使与履约行为相关的行政优先权的合法性问题，遵循行政诉讼的举证原则，由行政机关承担举

---

〔1〕　钱文君："行政协议案件及其审理规则初探"，参见江苏省法学会行政法学研究会2017年年会论文。

〔2〕　赵宏："德国公私合作的制度发展与经验启示"，载《行政法学研究》2017年第6期。

证责任；就行政协议的违约责任及其引起的补偿和赔偿问题，遵循民事诉讼法"谁主张，谁举证"这一基本举证规则，由行政机关与行政相对人负同等证明责任。[1]

笔者认为，基于行政协议的特殊性，将行政协议纠纷的举证责任完全归到行政主体一方是明显存在不公的。对于行政协议案件，笔者赞同前文基于行政协议纠纷自身的特点，合理分配原、被告之间的举证责任的观点。涉及行政职权的事项，仍由被告行政机关承担举证责任。但是根据《最高人民法院关于行政诉讼证据若干问题的规定》第4条第1款规定，公民、法人或者其他组织向人民法院起诉时，应当提供其符合起诉条件的相应的证据材料。该条第3款规定，被告认为原告起诉超过法定期限的，由被告承担举证责任。原告对起诉符合法定条件应当提供证据材料予以证明，初步证明起诉人与被诉的行政行为存在利害关系；初步证明被诉行政行为是被告所为；要有明确的被诉行政行为，且初步证明被诉行政行为客观存在；在起诉行政机关不依法履行、未按照约定履行协议义务的案件中，要提供其向被告提出履行法定或者约定义务申请的证据，但依法或依约被告应当主动履行职责，或者因不可抗力、被告的原因等正当理由，原告不能提供证据的除外；提出行政赔偿、行政补偿诉讼请求的，对损失情况原告应当承担举证责任，但是，因行政机关的行为造成原告举证不能的除外。涉及协议约定的事项，就约定的内容而言，双方的法律地位是平等的，应该遵循"谁主张，谁举证"的证据规则，行政机关与行政相对人负同等证明责任。

三、2019 年新司法解释对举证责任的规定

2019 年新司法解释也注意到了目前我国行政协议纠纷案件中举证责任规定的不足，在第10条专门规定："被告对于自己具有法定职权、履行法定程序、履行相应法定职责以及订立、履行、变更、解除行政协议等行为的合法性承担举证责任。原告主张撤销、解除行政协议的，对撤销、解除行政协议的事由承担举证责任。对行政协议是否履行发生争议的，由负有履行义务的

---

〔1〕 黄学贤："行政协议司法审查的理论研究与实践发展"，载《上海政法学院学报》2018 年第 5 期。

当事人承担举证责任。"该司法解释根据当事人的不同诉求，结合行政机关在行政协议中的地位，区别情况规定了举证责任。〔1〕

被告对于具有法定职权、履行法定程序、履行相应法定职责以及订立、履行、变更、解除行政协议等行为的合法性承担举证责任；原告主张撤销、解除行政协议的，对撤销、解除行政协议的事由承担举证责任；对行政协议是否履行发生争议的，由负有履行义务的当事人承担举证责任。

第三节　行政协议案件的法律适用

一、法律适用的争论

法律适用是人民法院审理案件的标准、尺度和依据，即人民法院在受理行政协议案件后审理纠纷的依据。法院在审判行政协议时是否可以适用民法规范，在何种条件下可以援引民法规范，是一个十分现实的问题。在审理过程中，法院需要以法律规定作为依据，对行政协议案件进行审理。但是目前我国行政协议的规定只散见于行政诉讼法和相关司法解释当中，并未形成一个系统性框架，因此，在行政协议纠纷诉讼的法律适用领域，一直存在"公法论"与"混合论"的争论。"公法论"主张适用公法模式调整行政协议关系，因为行政协议关系本质上是一种应由公法规则调整的行政关系，而且公法模式相对于其他模式具有比较优势。〔2〕"混合论"则主张，由于行政合同具有合同性，不应以公共利益为理由排除民商法的适用。〔3〕"根据行政合同与普通合同有许多特征差异，尤其是行政主体一方拥有特权的特点，行政合同案件由法院行政庭依据行政诉讼法和民事诉讼法的相关规定审理最为合适，审理中的实体法依据应为相关的行政法规则和普通合同规则。"〔4〕

---

〔1〕　黄永维、梁凤云、杨科雄："行政协议司法解释的若干重要制度创新"，载《法律适用》2020年第1期。

〔2〕　周汉华主编：《行政法学的新发展》，中国社会科学出版社2013年版，第235页。

〔3〕　胡宝岭：《行政合同争议司法审查研究》，中国政法大学出版社2015年版，第296页。

〔4〕　朱新力："行政合同的基本特性"，载《浙江大学学报（人文社会科学版）》2002年第2期，第24页。

从《行政诉讼法》和《过渡解释》[1]的规定可以看出，将行政协议案件分为"不依法履行、未按照约定履行协议"和"单方变更、解除协议"两类，并对这两类适用何种时效作出了区分规定；行政协议案件的司法审查首先适用合法有效的行政协议约定，没有约定或者约定无效的情况下，优先适用行政法律规范的规定，在既没有约定也没有行政法律规范规定的情况下，可适用与行政法基本原则不相抵触的民事法律规范。[2]因此，王旭军法官提出，行政合同在实质和形式上是行政与合同、行政与民事相结合的产物，是公法与私法规则的有机结合，理应受到行政法与民法的双重调整，而适用行政法律规范和民事法律规范的主次程度只因诉讼的类别和诉讼的不同而有所差别，不能机械地停留在是否适用行政法律规范或民事法律规范的讨论上。[3]

二、完善行政协议诉讼的审理规则

行政诉讼审理的行政协议纠纷案件，主要是行政相对人认为行政主体行使优益权的行为侵犯了其合法权益，请求人民法院予以保护的涉及强行政性行政协议的诉讼案件。[4]因为强行政性行政协议往往产生并服务于积极达成行政管理任务的目标，具有较强的公法性质，在这类行政协议纠纷产生后，程序法主要依据《行政诉讼法》，实体法应当以行政实体法律规范为主，同时可以参照规章，在依法行政原则指导下进行合法性与合理性方面的司法审查。同时，为了兼顾行政协议的合同性特点，当事人在行政协议中也有一定的协商和选择余地，这个时候就有必要适用民事法律规则予以规范。同时，为了弥补行政立法的不足，对行政协议的司法审查亦不宜完全排除民事法律规范的适用。但是适用民事法律规范存在不违反法律、行政法规的强制性规

〔1〕《过渡解释》第12条规定：公民、法人或者其他组织对行政机关不依法履行、未按照约定履行协议提起诉讼的，参照民事法律规范关于诉讼时效的规定；对行政机关单方变更、解除协议等行为提起诉讼的，适用行政诉讼法及其司法解释关于起诉期限的规定。第14条规定：人民法院审查行政机关是否依法履行、按照约定履行协议或者单方变更、解除协议是否合法，在适用行政法律规范的同时，可以适用不违反行政法和行政诉讼法强制性规定的民事法律规范。

〔2〕袁杰主编：《中华人民共和国行政诉讼法解读》，中国法制出版社2014年版，第44页。

〔3〕王旭军：《行政合同司法审查》，法律出版社2013年版，第205页。

〔4〕郑秀丽：《行政合同过程研究》，法律出版社2016年版，第199页。

定的前提。

在潍坊某置业发展有限公司（以下简称某置业公司）诉安丘市人民政府行政协议案[1]中，2005年9月13日，被告安丘市人民政府与某某公司作为甲乙双方经协商签订案涉《合同书》，以开展安丘市长安路改造及沿街房屋开发建设项目工作。《合同书》共9条，分别对规划和开发建设的基本要求、合作及投资建设方式、房屋拆迁及补偿安置工作、政策优惠、甲方的权利和义务、乙方的权利和义务、违约责任、生效时间等事项作出了约定。根据《合同书》第4条的规定，甲方同意给乙方提供以下优惠政策，用于道路建设补偿：（1）免收基础设施配套费，人防易地建设费，综合开发费，墙改基金，散装水泥费，劳保统筹基金，抗震、防雷检测费；（2）免收土地契税、土地增值税、土地使用税；（3）营业税（含教育附加费、城市调节基金）、所得税地方留成部分用于项目市政设施投资补助，并于乙方交纳30日内返还乙方；（4）长安路新增经营户三年内免交工商税收；（5）乙方在领取《商品房销售许可证》后，可根据自己的经营模式对商品房进行预售、销售。在开发过程中，甲方协调有关部门协助乙方办理售房按揭贷款、产权手续等，免收购房人大修理基金。根据《合同书》第7条违约责任的规定，合同一经签定，双方必须严格遵守，一方违约必须赔偿给对方造成的经济损失。甲方安丘市人民政府、乙方某某公司均在《合同书》上签字、盖章予以确认。

在《合同书》签订后，长安路道路建设及沿街房屋开发建设过程中，自2007年7月3日至2015年6月1日，原告提供的268张税单证明其共交纳土地增值税4 141 406.92元、土地使用税978 759.43元、营业税9 439 342.06元、教育附加费272 343.67元、地方教育附加费142 604.86元、城市维护建设税660 753.32元、地方水利建设基金28 168.77元、专款收入10 836.6元、政府性基金收入3612.2元、企业所得税4 526 207.33元。原告最后一次交税时间为2015年6月1日。在此期间，被告安丘市人民政府向原告返还土地出让金计1817.6944万元，产生的道路建设及房产开发中基础设施配套费，人防易地建设费，综合开发费，墙改基金，散装水泥费，劳保统筹基金，抗震、防雷检测费等涉及1397.704299万元，安丘市相关行政部门未向

---

〔1〕　山东省高级人民法院（2017）鲁行终495号行政判决书。

原告收取。2011 年 11 月 12 日，原告某置业公司向被告递交"关于请求返还税收的报告"，请求被告依据《合同书》第 4 条第 2 项、第 3 项的规定向原告返还相应税款。11 月 13 日，被告安丘市人民政府相关领导批示了"请财政局、住建局按合同处理"的意见，但始终未果。原告认为，原告已经按合同要求完成长安路各项基础设施建设移交被告，被告应当履行合同义务，支付补偿资金。被告拒绝履行合同义务是违法行为，已经给原告造成经济损失。于是向法院提起行政诉讼，要求安丘市人民政府履行合同义务。

关于案涉《合同书》的效力问题，当事人双方意见分歧较大。某置业公司以及安丘市人民政府对案涉《合同书》效力是否违反法律强制性规定的问题提出了相反的观点，此案最终由最高人民法院进行再审。针对某置业公司与安丘市人民政府的《合同书》是否有效的问题，最高人民法院在裁定书中指出，行政协议具有两面性，既有作为行政管理方式"行政性"的一面，也有作为公私合意产物"合同性"的一面，故行政协议既是一种行政行为，具有行政行为的属性，又是一种合同，体现合同制度的一般特征。因此，对于行政协议无效的判断，既适用行政诉讼法关于无效行政行为的规定，同时也适用民事法律规范中关于合同无效的规定。二审法院已经从上述两个层面分别对本案被诉行政协议是否无效作出评判。再审申请人安丘市人民政府主张案涉《合同书》违反法律、行政法规的强制性规定而整体无效。然而，行政协议作为一类特殊类型的行政行为，对行政协议效力的判断首先应当适用行政诉讼法关于无效行政行为的规定。即依照行政诉讼法上的"重大且明显违法"标准进行严格判定。脱离行政协议的行政行为属性，单纯援用民事法律合同无效事由条款否认行政行为的效力，动辄将双方经磋商达成合意的行政协议退回原点，既阻碍行政协议功能的发挥，又悖于协议订立之初的目的实现，也不利于对行政相对人信赖利益的保护。

关于案涉《合同书》具体条款的效力问题。本案合同履行争议主要围绕《合同书》第 4 条第 2 项和第 3 项展开。《合同书》第 4 条第 2 项是关于免收土地契税、土地增值税、土地使用税的约定，该约定是安丘市人民政府以税收优惠的形式为某置业公司道路建设进行的补偿，具有合同对价性质，且意思表示真实。《国务院关于税收等优惠政策相关事项的通知》第 3 条规定："各地与企业已签订合同中的优惠政策，继续有效；对已兑现的部分，不溯及既往。"安丘市人民政府的税收优惠约定条款符合上述规定，应为有效约定。一审法院认为《合同书》第 4 条第 2 项约定超越了安丘市人民政府的法定权限，违反了《税收征收管理法》的强制性规定，缺乏充分依据，二审法院纠正一审错误，应予肯定。《合同书》第 4 条第 3 项涉及营业税、所得税地方留成在某置业公司交纳后予以返还问题，上述费用属于地方政府财政性收入，安丘市人民政府享有自主支配权，在此基础上订立的合同条款并不违反法律、行政法规的强制性规定，亦应为有效约定。[1]

对行政协议效力的判断，首先就应该适用行政诉讼法关于无效行政行为的规定，即适用《行政诉讼法》和《行政诉讼法解释》的"重大且明显违法"的判断标准。如果直接援用民事法律中规定的合同无效事由条款来否定行政行为效力，很可能导致行政协议丧失了其"行政性"与"合同性"融合的特征，阻碍行政协议功能的发挥。2019 年新司法解释也明确了法律及司法解释的全面适用。新司法解释第 27 条规定，人民法院审理行政协议案件，应当适用行政诉讼法的规定；行政诉讼法没有规定的，参照适用民事诉讼法的规定。人民法院审理行政协议案件，可以参照适用民事法律规范关于民事合同的相关规定。第 28 条规定，2015 年 5 月 1 日后订立的行政协议发生纠纷的，适用行政诉讼法及本规定；2015 年 5 月 1 日前订立的行政协议发生纠纷的，适用当时的法律、行政法规及司法解释。

第四节　行政协议案件的判决类型

一、行政协议案件的法定判决方式存在的问题

判决是人民法院在对案件审理终结后，依据查明的事实和适用的法律，对当事人之间所争议的权利义务关系或一方当事人的申请，作出具有法律约束力的判定。行政协议的判决是对此类纠纷作出司法处理的最后结果，是关乎行政协议纠纷能否有效救济的重要载体，[2]判决的正确适用既是一个理论

---

〔1〕　最高人民法院（2017）最高法行申 7679 号行政裁定书。
〔2〕　王旭军：《行政合同司法审查》，法律出版社 2013 年版，第 225 页。

上被关注的重要问题，也是实务中人民法院做好审判工作的关键。《行政诉讼法》借鉴 1999 年《合同法》[1]相关规定，明确了行政协议案件的违约责任。《行政诉讼法》第 78 条规定："被告不依法履行、未按照约定履行或者违法变更、解除本法第十二条第一款第十一项规定的协议的，人民法院判决被告承担继续履行、采取补救措施或者赔偿损失等责任。被告变更、解除本法第十二条第一款第十一项规定的协议合法，但未依法给予补偿的，人民法院判决给予补偿。"《过渡解释》第 15 条第 1 款规定，原告主张被告不依法履行、未按照约定履行协议或者单方变更、解除协议违法，理由成立的，人民法院可以根据原告的诉讼请求判决确认协议有效、判决被告继续履行协议，并明确继续履行的具体内容；被告无法继续履行或者继续履行已无实际意义的，判决被告采取相应的补救措施；给原告造成损失的，判决被告予以赔偿。

《行政诉讼法》和《过渡解释》规定的行政协议案件法定的判决方式主要包括确认判决、继续履行判决、采取补救措施判决、赔偿判决、补偿判决。但是，行政协议案件成因复杂，当事人可能诉请法院撤销行政协议、变更协议等。针对当事人诉求的多样性，《行政诉讼法》规定的行政协议案件判决方式难以适应实践需求，法定判决方式的局限性将限制行政协议纠纷的有效解决。因此，必须在法定判决方式之外，对行政协议判决方式进行完善，"行政协议案件是一种新类型的案件，撤销判决、确认判决、驳回诉讼请求判决、变更判决等传统的判决方式与行政协议案件不相适应，需要为其设定相应的判决种类"，[2]但是可以看到，《行政诉讼法》规定的行政协议法定判决方式极具有限性，需要探索将《行政诉讼法》规定的传统判决方式适用于行政协议案件的审理之中。实践中，针对非因合同履行和解除而产生的纠纷，即对合同成立、合同效力、合同合法性产生的纠纷，仍然可以沿用确认判决、撤销判决或继续履行判决。《行政诉讼法》规定的判决方式原则上都可以适用于行政协议案件。行政协议案件法定判决方式可以适用的情

---

[1] 1999 年《合同法》第 107 条规定："当事人一方不履行合同义务或者履行合同义务不符合约定的，应当承担继续履行、采取补救措施或者赔偿损失等违约责任。"

[2] 江必新、邵长茂：《新行政诉讼法修改条文理解与适用》，中国法制出版社 2015 年版，第 287 页。

形，则适用法定判决方式；法定判决方式不能适用的，则适用《行政诉讼法》规定的传统判决方式。[1]

二、行政协议案件可以适用的判决方式

从上述分析可以看出，对于行政协议案件应该采取什么样的判决方式虽存在很多讨论，但是笔者认为，无论是行政诉讼法规定的行政协议的法定判决方式，还是行政诉讼法上传统的撤销判决、履行判决、变更判决以及新增的确认判决和驳回诉讼请求的判决，都有适用于解决行政协议案件的可能，应该以行政诉讼原告的诉讼请求为出发点，以正确解决纠纷为目的，在法律的框架内作出合理的裁判。2019 年新司法解释第 9 条对行政协议的判决方式作出了规定，主要包括：判决撤销行政机关变更、解除行政协议的行政行为，判决确认该行政行为违法，判决行政机关依法履行或者按照行政协议约定履行义务，判决确认行政协议的效力，判决行政机关依法或者按照约定订立行政协议，判决撤销、解除行政协议，判决行政机关赔偿或者补偿，等等。下文将对司法实践中主要的几种行政协议判决方式进行分析。

（一）确认判决

确认判决适用于对行政协议有效或无效进行判断的情形，依据当事人的诉请，结合相关法律规定，既可以判决确认协议无效，也可以判决确认协议有效。结合《行政诉讼法》第 75 条与 1999 年《合同法》第 52 条的规定，行政协议无效包括以下情形：一是存在行政机关无职权、超越职权订立行政协议等重大且明显违法情形；二是禁止订立行政协议的情形；三是被告严重违反法定程序订立行政协议的情形；四是 1999 年《合同法》所规定的无效情形。[2]

在张某华与西阳土家族苗族自治县龙潭镇人民政府等确认行政协议无效上诉案[3]中，二审法院审理认为，行政协议具有两面性，既是一种行政行为，具有行政行为的属性，又是一种合同，体现合同制度的一般特性，因此

---

[1]　程琥："行政协议案件判决方式研究"，载《行政法学研究》2018 年第 5 期。

[2]　夏文浩、吴霞："行政协议案件判决方式研究"，载《法律适用》2019 年第 2 期。

[3]　重庆市第四中级人民法院（2017）渝 04 行终 128 号行政判决书。

对于行政协议无效的判断，既适用《行政诉讼法》关于无效行政行为的规定，同时也适用民事法律规范中关于合同无效的规定。本案中，龙潭镇人民政府与张某华签订的本案被诉的行政协议，系双方经协商达成一致意见签订。涉案土地系经重庆市人民政府批准被依法征收，征地补偿安置方案经酉阳县人民政府批准、酉阳县国土房管局公告，被诉行政协议经过酉阳县国土房管局的追认后，协议的签订也不存在《行政诉讼法》第75条规定的行政行为构成"重大且明显违法"的情形。故被诉的行政协议不具有法定无效的情形，协议有效。

在闫某顺等诉承德市双滦区西地满族乡人民政府行政协议及赔偿纠纷案[1]中，一审法院经审理认为，被告西地满族乡人民政府不具有征收土地的法定职权，其实施的签订征地协议等行政行为属于超越职权。同时，征地协议亦违反《土地管理法》第44条第1款关于"建设占用土地，涉及农用地转为建设用地的，应当办理农用地转用审批手续"的强制性规定。被告西地满族乡人民政府和第三人签订的《征地协议书》虽然存在上述应认定无效的情形，但因原告被征用的土地已经形成道路，撤销征地行政行为或认定协议无效势必影响此道路的通行，给社会公共利益造成重大损害，因此，被告签订征地协议行政行为不予以撤销或认定无效，但应当认定违法。

（二）履行判决

履行判决是指人民法院经过对行政协议案件的审查，确认被告存在应当履行而不履行法定职责的行为，而作出判决行政机关在一定期限内履行其法定义务和职责的一种判决形式。行政协议的签订就是为了履行，不履行行政协议约定的义务就可能构成违约。根据行政诉讼法以及司法解释的规定，行政协议案件适用履行判决需要满足以下四个条件：（1）行政机关负有履行协议的法定职责或约定义务；（2）存在行政机关不履行或者拖延履行协议法定职责或约定义务的事实；（3）行政机关不履行或者拖延履行协议法定职责或约定义务没有正当理由；（4）行政机关继续履行协议法定职责或约定义务仍有意义。

如在2017年度广东法院行政诉讼十大典型案件之六——植某某等诉原

---

[1] 河北省承德市中级人民法院（2018）冀08行终86号行政判决书。

封开县住房和城乡规划建设局行政协议纠纷案中，2007 年，开发公司根据县人民政府指示，委托原封开县住房和城乡规划建设局办理涉案改造项目的搬迁工作。植某某等三人作为乙方与甲方原封开县住房和城乡规划建设局签订了相关协议，约定甲方会将置换后的土地使用证及房屋建筑工程规划许可证交付给乙方。2010 年，植某某等人要求封开县国土资源局将置换后的土地使用证登记在其名下。2014 年，植某某再次要求原封开县住房和城乡规划建设局按照 2007 年双方签订的协议条款及时办理置换后的土地使用证。双方协商无果，植某某等人随后提起了行政诉讼。

法院审理认为，双方签订的协议属于行政协议，合法有效，并没有变更或解除，双方应严格按协议履行。行政机关在法定职权范围内与公民协商订立具有行政法上的权利义务内容的协议属于行政协议。在行政协议合法有效的情况下，行政机关未按照约定履行行政协议的，人民法院应判决行政机关继续履行协议。

（三）赔偿判决

行政协议中赔偿的情形主要包括行政机关不履行、未按照约定履行协议，或者违法变更、解除行政协议，给行政相对人造成损失的。行政协议案件的行政赔偿责任主要包括以下四个要件：一是作为行政协议一方主体的行政机关违法行使行政优益权或单方解除协议；二是行政优益权或单方解除协议行为给行政相对人造成损害且损害已经发生；三是行政机关行使行政优益权或单方解除协议行为与损害后果有因果关系；四是赔偿范围为行政相对人因签订协议和为履行协议作准备及行政机关解除协议后行政相对人处理善后工作所造成的直接经济损失。[1]

在沈阳市于洪区造化街道办事处与姚某萍行政协议纠纷案[2]中，二审法院审理认为：本案中，上诉人沈阳市于洪区造化街道办事处没有按照《置换协议》的约定为被上诉人姚某萍置换 2 个停车位，且湖畔新城小区地下停车位已无交付可能，故上诉人应承担赔偿损失等责任。原审法院通过走访询价酌定湖畔新城小区的地下停车位为 9 万元，上诉人赔偿被上诉人 18 万元

---

〔1〕　程琥："行政协议案件判决方式研究"，载《行政法学研究》2018 年第 5 期。
〔2〕　辽宁省沈阳市中级人民法院（2019）辽 01 行终 564 号行政判决书。

并无不当。此外，上诉人不依法履行协议，应当赔偿被上诉人的经济损失。

（四）补偿判决

依据《行政诉讼法》及《过渡解释》的规定，被告因公共利益需要或者其他法定、正当事由单方变更、解除协议，给原告造成损失，但未给予补偿的，法院判决被告依法给予补偿。判决被告予以补偿，是对行政相对人信赖利益的保护，行政协议亦可以成为"信赖基础"，补偿的目的是保护行政相对人的既得利益，也是出于保护法律秩序的安定性之考量。

在向某松与贵州省铜仁市碧江区人民政府（原县级铜仁市人民政府）、贵州省铜仁市碧江区灯塔街道办事处房屋征收补偿协议案[1]中，最高人民法院经审理查明：本案中，2011年9月30日灯塔街道办事处、某拆迁公司与向某松签订的《房屋搬迁补偿安置协议书》并不违反法律、行政法规强制性规定，合法有效，当事人本应当按照约定全面履行自己的义务。但2011年11月，国务院下发国函〔2011〕131号文件，撤销铜仁地区建制，设立地级铜仁市。新的铜仁市人民政府为了统筹经济社会的发展，调整和重新制定了市域城镇体系规划和城市整体规划，案涉《房屋搬迁补偿安置协议书》涉及的安置宅基地的土地规划已变更，该市规划区范围内禁止私人建房。碧江区人民政府据此于2012年11月22日作出通知，对原协议的安置方式进行变更，取消用宅基地进行安置。二审法院据此认定该变更行为系为了公共利益的需要，该单方变更行为合法，并无不当。与此同时，本案所涉地块亦已挂牌出让，碧江某某公司经过投标竞得该地块，并签订了《成交确认书》《国有建设用地使用权出让合同》，向某松请求按原《房屋搬迁补偿安置协议书》约定的宅基地进行安置建房已无实现的可能。

但是《行政诉讼法》第78条第2款规定："被告变更、解除本法第十二条第一款第十一项规定的协议合法，但未依法给予补偿的，人民法院判决给予补偿。"《过渡解释》第15条第3款规定，被告因公共利益需要或者其他法定理由单方变更、解除协议，给原告造成损失的，判决被告予以补偿。作为国家机关，维护公共利益是行政机关的重要职责，在公共利益与私人利益发生矛盾时，应优先考虑公共利益的实现，但是承认公共利益优先并不否认

---

[1] 最高人民法院（2017）最高法行申4595号行政裁定书。

个人利益的存在及实现。碧江区人民政府出于公共利益的需要，单方变更、解除协议，必须对行政相对人进行补偿。

（五）补救判决

补救判决是指被告不依法履行、未按照约定履行或者违法变更、解除行政协议，被诉行政协议已无继续履行可能的情形下，法院可以判决责令被告采取补救措施。在判决采取补救措施时必须注意以下几点[1]：一是补救措施必须与协议有所关联；二是补救措施必须确实、明确、可执行；三是补救措施不能超过必要限度。具体措施可以是财产上的返还、金钱上的给付、实现权利的替代方案等。

在黄某桂诉常德市市政公用事业管理局（以下简称市公用局）及原审第三人常德市城市管理和行政执法局（以下简称市城管局）违法解除行政协议案[2]中，一审法院经审理认为，本案所诉协议，系市公用局基于对城区公交停靠站点的行政管理职权，为实现公共利益，与黄某桂协商订立的具有行政法上权利义务内容的行政协议，对于黄某桂享有广告牌使用权的其他公交站亭的拆除，市城管局及市公用局未与黄某桂协商达成一致，市公用局认可了市城管局的拆除行为。公交站亭重建后，市城管局委托拍卖公司对公交站亭广告牌三年期使用权进行了拍卖。市公用局对市城管局的拍卖行为未予制止，拍卖行为最终导致了行政协议的实际解除，应承担违法解除协议的责任。黄某桂、市公用局签订的协议属于行政协议，合法有效。市公用局单方终止（解除）协议构成行政违法，黄某桂的诉讼请求成立，应予支持，但黄某桂对违法解除协议的判决方式认识有误，应按《行政诉讼法》的相关规定处理，因黄某桂未请求赔偿，本案以判决采取补救措施为宜。依照1999年《合同法》第44条、《行政诉讼法》第78条第1款之规定，判决：（1）确认黄某桂与市公用局于2002年3月14日签订的《关于有偿捐建公汽高档亮化候车亭兼作广告载体的协议书》有效；（2）市公用局于本判决生效之日起60日内对单方解除与黄某桂签订的上述协议的行为采取相应补救措施。二审法院也认为，案涉行政协议合法有效，且已部分实际履行。由于合同一方市

---

〔1〕　夏文浩、吴霞："行政协议案件判决方式研究"，载《法律适用》2019年第2期。

〔2〕　湖南省常德市中级人民法院（2016）湘07行终175号行政判决书。

公用局没有采取适当行为保障合同的继续履行，而导致合同另一方黄某桂的权利受损，合同目的不能完全实现，合同已经实际终止，市公用局应采取相应补救措施保证黄某桂的有关权利得到实现。一审判决认定事实清楚，证据充分，适用法律正确，应予维持。

（六）驳回诉讼请求判决

驳回诉讼请求判决是指人民法院经过对行政案件的实体性审查，认为原告诉讼请求不能成立，但又不适宜对被诉行政行为作出其他类型判决的情况下，直接作出否定原告诉讼请求的一种判决方式。[1]

如在黄某诉江苏省教育厅不履行教育行政协议案[2]中，法院经审理认为，根据本案所涉《协议书》的内容，双方的主要权利义务为：黄某毕业时由省教育厅安排回生源所在地从事中小学教育工作；省教育厅在黄某毕业时，组织用人单位与其进行双向选择，落实任教学校，确保有编有岗。据此可看出，该协议的目的在于落实黄某毕业后能够回生源地从事中小学教育工作。但对于实现该合同目的的具体履行方式，协议书中未作明确约定。本案中，省教育厅已为实现黄某毕业后到其生源地中小学任教这一合同目的下发通知，南长区教育局也向当地编制部门申报编制计划，组织体检，这些行为无需黄某的协助，但与南长区教育局面谈、参加南长区教育局组织的体检等事务需黄某本人参与，这些事务虽在《协议书》中未作约定，但根据该协议的目的和性质，应认定属《协议书》的附随义务，而黄某未予以协助，致该合同目的未能实现，不能认定省教育厅不履行该《协议书》的约定。因此，黄某的诉讼理由缺乏依据，其诉讼请求法院不予支持，遂判决驳回黄某的诉讼请求。

（七）撤销判决

《行政诉讼法》与《过渡解释》只规定了确认行政协议无效的判决，并未规定撤销行政协议的判决，但是在司法实践中仍存在当事人对行政协议提请撤销判决的情况，当一个案件符合可撤销情形时，只有通过撤销判决，才

---

〔1〕 江必新主编：《中华人民共和国行政诉讼法理解适用与实务指南》，中国法制出版社2015年版，第321页。

〔2〕 南京市中级人民法院（2014）宁行初字第276号行政判决书。

能对当事人的权利进行救济。

如在魏某英等与辛某庆行政协议上诉案[1]中，辛某庆于 1994 年在郑州市中原区常庄村二组取得宅基地一块，面积为 168 平方米。在该宅基地上建有房屋，现辛某庆与魏某英均称该宅基地上房屋为自己所建。2014 年，中原区人民政府对常庄村进行棚户区（城中村）改造，魏某英持登记人为辛某庆的宅基地使用证以及其他材料交付于由中原区人民政府成立的常庄拆迁指挥部，并经附属物普查后，常庄拆迁指挥部与魏某英于 2014 年 10 月 5 日签订了编号为动 2-063 选-0372 拆迁补偿安置协议，对魏某英进行了拆迁补偿安置。最高人民法院经审查认为，根据《中原区常庄村棚户区（城中村）改造拆迁补偿安置方案》的规定，该次补偿安置是对合法有效宅基地上的房屋进行补偿，以土地部门最终确认发放的宅基地使用证为准。本案中魏某英持有宅基地使用权人为辛某庆的宅基地使用权证与中原区人民政府成立的常庄拆迁指挥部签订安置补偿协议，宅基地使用证登记权利人与协议签订人明显不符，且宅基地上的房屋所有权亦存有争议。常庄拆迁指挥部在未听取宅基地使用权人辛某庆意见的情况下与魏某英签订安置补偿协议，未尽到审慎义务，其签订安置补偿协议的行政行为主要证据不足，所以一审法院判决撤销被诉拆迁补偿安置协议并责令在三个月内对涉案相关权利人进行补偿安置。

（八）变更判决

《过渡解释》第 15 条只规定了行政相对人请求解除协议的情况，并未规定行政相对人可以请求变更协议的判决。2019 年新司法解释也未规定行政相对人可以提起变更协议的判决。但在实践中，行政相对人对行政协议提起变更之诉并不鲜见。公民、法人或者其他组织在订立行政协议后，发现协议订立时显失公平，又不主张撤销原协议，而是希望变更协议内容以达到恢复协议公平的目的，应当赋予其向法院请求变更行政协议的权利。

如在李某寿诉柳河县人民政府、柳河县房屋征收经办中心、柳河县住房和城乡建设局要求变更行政协议纠纷案[2]，崔某东诉柳河县人民政府、柳河

---

[1] 最高人民法院（2018）最高法行申 1166 号行政裁定书。
[2] 吉林省通化市中级人民法院（2017）吉 05 行初 75 号行政裁定书。

县房屋征收经办中心、柳河县住房和城乡建设局要求变更行政协议纠纷案[1]，金某浩诉柳河县人民政府、柳河县房屋征收经办中心、柳河县住房和城乡建设局要求变更行政协议纠纷案[2]中，虽然三个案例都因为超过诉讼时效而被驳回起诉，但是法院在审理中指出，柳河县房屋征收经办中心在征收过程中与原告签订的产权调换协议书，系行政机关为实现公共利益或者行政管理目标，在法定职责范围内，与公民、法人或者其他组织协商订立的具有行政法上权利义务内容的协议，属于行政协议，是一种行政行为。《行政诉讼法》及相关司法解释虽仅规定了原告可以要求解除协议或要求确认协议无效，没有规定原告可以提出诉讼要求变更协议，但是《行政诉讼法》将行政协议纠纷从民事诉讼调整到行政诉讼，是为了更有效地监督行政机关依法行使职权，更有利于保护公民、法人和其他组织合法权益，更实质性解决行政协议纠纷。所以，对于利害关系人，行政诉讼的救济功能不应低于民事诉讼。既然解除、无效属于行政协议案件受案范围，那么变更、撤销当然亦属于行政协议案件受案范围，否则就无法构建完整的行政协议救济体系。故原告请求变更行政协议亦应属于人民法院的受案范围。金某浩与柳河县房屋征收经办中心签订的协议是双方经过协商，在自愿的前提下签订的合同，与民事合同具有法理上的共通性。原告金某浩现要求变更合同，也应当按照1999年《合同法》的有关规定处理。

由于行政协议的双重属性，使其纠纷解决机制一直存在分歧。修正后的《行政诉讼法》与《过渡解释》虽然对行政协议的纠纷解决机制有所规定，但因《行政诉讼法》所采用的列举式规定，以及《过渡解释》与《行政诉讼法》在行政协议相关规定上的差异，引起了关于行政协议纠纷解决机制问题的新的争论。围绕行政协议司法审查中的受案范围、举证责任、法律适用等问题的争论，也仍在进行中。

随着治理方式的多元化，行政协议适用领域日益广泛，使得以司法审查为核心的行政协议纠纷解决机制越显重要，也使得行政协议司法审查制度的构建愈益迫切。2019年新司法解释就是在这样的背景之下，由最高人民法院

---

[1] 吉林省通化市中级人民法院（2017）吉05行初78号行政裁定书。
[2] 吉林省通化市中级人民法院（2017）吉05行初79号行政裁定书。

通过的又一部重要司法解释，它对行政协议诉讼制度进行了专门规定，全文共 29 条，从 8 个方面实现了重大制度创新。

《行政诉讼法》明确规定行政协议案件属于人民法院行政诉讼受案范围，扩展了行政诉讼权利保障的边界。新司法解释就行政协议的范围与识别、管辖、审理规则、法律适用、判决方式等司法实践中的重点难点问题作了更加具体明确的规定，既坚持了解释定位，在法律规定的权限范围内作出司法解释，又充分运用了司法智慧，确保行政协议制度更具有可操作性，充分彰显了行政诉讼制度保护公民、法人和其他组织的合法权益，监督行政机关依法行使职权，解决行政协议纠纷的基本宗旨。

新司法解释通过制度构建依法规范政府和市场的边界，将平等保护理念贯穿于行政协议司法审查的各个环节，确保在涉及人民群众切身利益的土地房屋征收、国有资产出让、政府招商引资等领域政府所作出的行政允诺或签订的行政协议依法兑现。对于政府确因国家利益、社会公共利益等事由行使行政优益权的，明确规定政府必须依法做好法律政策释明、协议解除变更、依法合理补偿等善后工作，为推进法治化、国际化、便利化营商环境建设，实现经济社会持续健康稳定发展保驾护航。

参考文献

一、中文著作

1. 张树义:《行政合同》,中国政法大学出版社 1994 年版。

2. 应松年主编:《行政行为法 中国行政法制建设的理论与实践》,人民出版社 1993 年版。

3. 应松年主编:《行政法学新论》,中国方正出版社 1998 年版。

4. 应松年主编:《外国行政程序法汇编》,中国法制出版社 1999 年版。

5. 应松年主编:《当代中国行政法》(下卷),中国方正出版社 2004 年版。

6. 马怀德主编:《行政法与行政诉讼法学》,中国法制出版社 2005 年版。

7. 马怀德主编:《行政法学》,中国政法大学出版社 2007 年版。

8. 马怀德主编:《行政法与行政诉讼法》,中国法制出版社 2012 年版。

9. 罗智敏:《意大利行政诉讼制度研究》,中国政法大学出版社 2018 年版。

10. 余凌云:《行政契约论》,中国人民大学出版社 2006 年版。

11. 余凌云:《行政法讲义》,清华大学出版社 2010 年版。

12. 叶必丰:《行政行为原理》,商务印书馆 2019 年版。

13. 叶必丰主编:《行政法与行政诉讼法》,中国人民大学出版社 2011 年版。

14. 林纪东:《行政法》,三民书局 1983 年版。

15. 王名扬:《法国行政法》,北京大学出版社 2016 年版。

16. 王名扬:《英国行政法》,中国政法大学出版社 1987 年版。

17. 王名扬:《英国行政法 比较行政法》,北京大学出版社 2018 年版。

18. 江必新:《中华人民共和国行政诉讼法理解适用与实务指南》,中国法制出版社 2015 年版。

19. 江必新、邵长茂:《最高人民法院关于适用〈中华人民共和国行政诉讼法〉若干问题的解释辅导读本》,中国法制出版社 2015 年版。

20. 江必新、邵长茂：《新行政诉讼法修改条文理解与适用》，中国法制出版社 2015 年版。

21. 江必新、梁凤云：《最高人民法院新行政诉讼法司法解释理解与适用》，中国法制出版社 2015 年版。

22. 江必新、梁凤云：《行政诉讼法理论与实务（上）》，法律出版社 2016 年版。

23. 江必新主编：《新行政诉讼法专题讲座》，中国法制出版社 2015 年版。

24. 何渊：《区域性行政协议研究》，法律出版社 2009 年版。

25. 吴庚：《行政法之理论与实用》，中国人民大学出版社 2005 年版。

26. 吴庚：《行政法之理论与实务》，三民书局 2015 年版。

27. 罗豪才主编：《行政法学》，中国政法大学出版社 1996 年版。

28. 罗豪才、湛中乐主编：《行政法学》，北京大学出版社 2012 年版。

29. 王克稳：《政府合同研究》，苏州大学出版社 2007 年版。

30. 杨解君：《法国行政合同》，复旦大学出版社 2009 年版。

31. 杨解君主编：《中国行政合同的理论与实践探索》，法律出版社 2009 年版。

32. 姜明安主编：《行政法与行政诉讼法》，法律出版社 2003 年版。

33. 姜明安主编：《行政程序研究》，北京大学出版社 2006 年版。

34. 姜明安主编：《行政法与行政诉讼法》，北京大学出版社、高等教育出版社 2015 年版。

35. 张焕光、胡建淼：《行政法学原理》，劳动人事出版社 1989 年版。

36. 胡建淼主编：《行政法学》，复旦大学出版社 2003 年版。

37. 江利红：《行政法学》，中国政法大学出版社 2014 年版。

38. 胡建淼、江利红：《行政法学》，中国人民大学出版社 2015 年版。

39. 郑秀丽：《行政合同过程研究》，法律出版社 2016 年版。

40. 苗连营主编：《行政法学》，郑州大学出版社 2011 年版。

41. 施建辉：《行政契约缔结论》，法律出版社 2011 年版。

42. 王旭军：《行政合同司法审查》，法律出版社 2013 年版。

43. 步兵：《行政契约履行研究》，法律出版社 2011 年版。

44. 皮协纯：《行政程序法比较研究》，中国人民公安大学出版社 2000 年版。

45. 梁慧星主编：《民商法论丛》（第 9 卷），法律出版社 1997 年版。

46. 何海波：《行政诉讼法》，法律出版社 2011 年版。

47. 何海波：《行政诉讼法》，法律出版社 2016 年版。

48. 陈敏：《行政法总论》，神州图书出版公司 2003 年版。

49. 陈敏：《行政法总论》，新学林出版有限公司 2007 年版。

50. 张家洋：《行政法》，三民书局 2002 年版。

51. 陈盛清主编：《外国法制史》，北京大学出版社 1982 年版。

52. 朱景文：《比较法导论》，中国检察出版社 1992 年版。

53. 何勤华主编：《外国法制史》，法律出版社 2003 年版。

54. 叶秋华：《西方经济法律制度》，中国人民大学出版社 2001 年版。

55. 王人博、程燎原：《法治论》，山东人民出版社 1998 年版。

56. 沈宗灵：《比较法研究》，北京大学出版社 1998 年版。

57. 卢坤建、苗月霞：《回应型政府建设的理论与实践》，中山大学出版社 2011 年版。

58. 阎磊：《行政契约批判》，知识产权出版社 2011 年版。

59. 陈新民：《行政法学总论》，三民书局 1997 年版。

60. 于安：《德国行政法》，清华大学出版社 1999 年版。

61. 吴东镐：《日本行政法》，中国政法大学出版社 2011 年版。

62. 杨临宏：《中国公务员法：原理与制度》，云南大学出版社 2009 年版。

63. 杨临宏：《行政法：原理与制度》，云南大学出版社 2010 年版。

64. 惠生武主编：《行政法与行政诉讼法教程》，中国政法大学出版社 2011 年版。

65. 干万华：《中国行政程序法典试拟稿及立法理由》，中国法制出版社 2010 年版。

66. 杨桢：《英美契约法论》，北京大学出版社 2007 年版。

67. 林明锵：《行政契约法研究》，翰芦图书出版有限公司 2006 年版。

68. 许崇德、皮纯协主编：《新中国行政法学研究综述（1949—1990）》，法律出版社 1991 年版。

69. 张正钊、韩大元主编：《比较行政法》，中国人民大学出版社 1998 年版。

70. 张正钊、胡锦光主编：《行政法与行政诉讼法》，中国人民大学出版社 2015 年版。

71. 熊文钊：《现代行政法原理》，法律出版社 2000 年版。

72. 史笔、顾大松、朱嵘：《房屋征收与补偿司法实务》，中国法制出版社 2011 年版。

73. 邹爱华：《土地征收中的被征收人权利保护研究》，中国政法大学出版社 2011 年版。

74. 孙宪忠：《国家所有权的行使与保护研究》，中国社会科学出版社 2015 年版。

75. 张庆华：《土地物权疑难法律问题解析》，法律出版社 2007 年版。

76. 房绍坤主编：《物权法案例教程》，知识产权出版社 2012 年版。

77. 范愉：《纠纷解决的理论与实践》，清华大学出版社 2007 年版。

78. 耿宝建：《行政纠纷解决的路径选择》，法律出版社 2013 年版。

79. 胡宝岭：《行政合同争议司法审查研究》，中国政法大学出版社 2015 年版。

80. 杨海坤、章志远：《行政法学基本论》，中国政法大学出版社 2004 年版。

81. 全国人大常委会法制工作委员会行政法室编：《行政诉讼法立法背景与观点全集》，

法律出版社 2015 年版。

82. 周汉华主编：《行政法学的新发展》，中国社会科学出版社 2013 年版。

83. 袁杰主编：《中华人民共和国行政诉讼法解读》，中国法制出版社 2014 年版。

84. 王旭军：《行政合同司法审查》，法律出版社 2013 年版。

85. ［日］美浓部达吉：《公法与私法》，我国台湾地区"商务印书馆"1963 年版。

86. ［日］美浓部达吉：《公法与私法》，黄冯明译，中国政法大学出版社 2002 年版。

87. ［德］哈特穆特·毛雷尔：《行政法学总论》，高家伟译，法律出版社 2000 年版。

88. ［德］齐佩利乌斯：《德国国家学》，赵宏译，法律出版社年 2011 年版。

89. ［德］埃贝哈德·施密特-阿斯曼等著：《德国行政法读本》，于安等译，高等教育出版社 2006 年版。

90. ［日］盐野宏：《行政法总论》，杨建顺译，北京大学出版社 2008 年版。

91. ［日］藤田宙靖：《日本行政法入门》，杨桐译，中国法制出版社 2012 年版。

92. ［日］石井昇：《行政契约的理论和程序》，弘文堂 1988 年版。

93. ［日］田中二郎：《行政法总论》，有斐阁 1979 年版。

94. ［法］勒内·达维：《英国法与法国法：一种实质性比较》，潘华仿、高鸿钧、贺卫方译，清华大学出版社 2002 年版。

95. ［荷兰］勒内·J. G. H. 西尔登、弗里茨·斯特罗因克编：《欧美比较行政法》，伏创宇、刘国乾、李国兴译，中国人民大学出版社 2013 年版。

96. ［英］亚当·斯密：《国民财富的性质和原因的研究》（下卷），郭大力、王亚南译，商务印书馆 1972 年版。

97. ［美］昂格尔：《现代社会中的法律》，吴玉章、周汉华译，中国政法大学出版社 1994 年版。

98. ［日］和田英夫：《现代行政法》，倪建民、潘世圣译，中国广播电视出版社 1993 年版。

99. ［美］W·基普·维斯库斯、小约瑟夫·E. 哈林顿：《反垄断与管制经济学》，陈甫军、覃福晓等译，中国人民大学出版社 2010 年版。

100. ［美］奥斯本、盖布勒：《改革政府：企业家精神如何改革着公共部门》，周郭仁译，上海译文出版社 2006 年版。

101. ［美］罗伯特·B. 登哈特、珍妮特·V. 登哈特：《新公共服务：服务而不是掌舵》，丁煌译，中国人民大学出版社 2004 年版。

102. ［英］S. F. C. 密尔松：《普通法的历史基础》，李显东等译，中国大百科全书出版社 1999 年版。

103. ［法］莱昂·狄骥：《公法的变迁·法律与国家》，郑戈、冷静译，春风文艺出版社

1999 年版。

二、外文著作

1. Cf. Mahendra P. Singh, *German Administrative Law: in Common Law Perspective*, Springer-Verlag Berlin Heidelberg, 1985.

三、硕博论文

1. 张海鹏："民事合同与行政合同的区分与关联"，西南政法大学 2016 年博士学位论文。
2. 肖徐东："行政合同程序论"，华东政法大学 2017 年博士学位论文。
3. 龙倩："行政协议争议解决机制研究"，中国政法大学 2019 年博士学位论文。
4. 吴政钧："试论德国行政合同的若干法律问题"，同济大学 2006 年硕士学位论文。
5. 李靖源："我国行政合同救济制度初探"，延边大学 2006 年硕士学位论文。

四、中文论文类

1. 姜明安："新世纪行政法发展的走向"，载《中国法学》2002 年第 1 期。
2. 陈天昊："行政协议的识别与边界"，载《中国法学（文摘）》2019 年第 1 期。
3. 陈天昊："在公共服务与市场竞争之间　法国行政协议制度的起源与流变"，载《中外法学》2015 年第 6 期。
4. 王贵松："行政协议无效的认定"，载《北京航空航天大学学报（社会科学版）》2018 年第 5 期。
5. 王敬波："司法认定无效行政协议的标准"，载《中国法学》2019 年第 3 期。
6. 翁岳生："论西德一九六三年行政手续法草案——行政法法典化之新趋势"，载翁岳生：《行政法与现代法治国家》，台湾大学法学丛书编辑委员会 1990 年版。
7. 夏文浩、吴霞："行政协议案件判决方式研究"，载《法律适用》2019 年第 2 期。
8. 刘莘："行政合同刍议"，载《中国法学》1995 年第 5 期。
9. 王利明："合同的概念与合同法的规范对象"，载《法学前沿》编辑委员会编：《法学前沿》（第二辑），法律出版社 1998 年版。
10. 梁慧星："讨论合同法草案征求意见稿专家会议上的争论"，载《法学前沿》编辑委员会编：《法学前沿》（第二辑），法律出版社 1998 年版。
11. 叶必丰："长三角经济一体化背景下的法制协调"，载《上海交通大学学报（哲学社会科学版）》2004 年第 6 期。
12. 叶必丰："行政合同的司法探索及其态度"，载《法学评论》2014 年第 1 期。

13. 熊文钊、郑毅："试述区域性行政协议的理论定位及其软法性特征"，载《广西大学学报（哲学社会科学版）》2011 年第 4 期。

14. 张镜影："行政契约与行政协定"，载《现代行政法基本论》，汉林出版社 1985 年版。

15. 于立深："通过实务发现和发展行政合同制度"，载《当代法学》2008 年第 6 期。

16. 于立深："行政协议司法判断的核心标准：公权力的作用"，载《行政法学研究》2017 年第 2 期。

17. 张泽想："论行政法的自由意志理念——法律下的行政自由裁量、参与及合意"，载《中国法学》2003 年第 2 期。

18. 胡建淼、蒋红珍："论合意理念在行政领域中的渗透——基础、表现及其支撑系统"，载《法学杂志》2004 年第 4 期。

19. 秦宗文："行政契约的契约基础"，载《行政与法》2000 年第 4 期。

20. 杨小君："契约对行政职权法定原则的影响及其正当规则"，载《中国法学》2007 年第 5 期。

21. 余凌云："论行政契约的救济制度"，载《法学研究》1998 年第 2 期。

22. 余凌云："行政主体理论之变革"，载《法学杂志》2010 年第 8 期。

23. 余凌云："行政协议的判断标准——以'亚鹏公司案'为分析样本的展开"，载《比较法研究》2019 年第 3 期。

24. 刘飞："试论民营化对中国行政法制之挑战——民营化浪潮下的行政法思考"，载《中国法学》2009 年第 2 期。

25. 刘飞："行政协议诉讼的制度构建"，载《法学研究》2019 年第 3 期。

26. 章志远："行政法学视野中的民营化"，载《江苏社会科学》2005 年第 4 期。

27. 章志远、庄婧："公共行政民营化界限研究——'治安承包'引发的思考"，载《河南司法警官职业学院学报》2008 年第 3 期。

28. 朱新力："论行政主体在行政合同中的特权及其性质"，载《学习与思考》1998 年第 9 期。

29. 朱新力："行政合同的基本特性"，载《浙江大学学报（人文社会科学版）》2002 年第 2 期。

30. 戚建刚、李学尧："行政合同的特权与法律控制"，载《法商研究（中南政法学院学报）》1998 年第 2 期。

31. 何彤文、刘慧娟："行政优益权行使的合法性审查"，载《人民司法（案例）》2015 年第 22 期。

32. 贡世康："试析行政合同纠纷解决之法律轨道"，载《青海师专学报》2005 年第 5 期。

33. 陈俊生："论行政合同中的情势变更原则"，载《东南法学》2018年第1期。

34. 步兵："行政契约变更研究"，载《东南大学学报（哲学社会科学版）》2008年第10卷第1期。

35. 林明昕："行政契约法上实务问题之回顾——兼论公私契约之区别"，载《法学集刊》，台湾中正大学法律系2005年版。

36. 邢鸿飞、赵联宁："行政合同在BOT项目中的运用及其法律保障"，载《河海大学学报（哲学社会科学版）》2001年第4期。

37. 杨阳："行政合同：一种新型行政技术"，载《中国行政管理》2005年第5期。

38. 陈淳文："论行政契约法上之单方变更权——以德、法法制之比较为中心"，载《台湾大学法学论丛》2005年第2期。

39. 陈淳文："公法契约与私法契约之划分——法国法制概述"，载我国台湾地区"行政法学会"：《行政契约与新行政法》，元照出版公司2002年版。

40. 高峰、刘伟："行政合同界定及其救济方式研究——以比较为主要视角"，载《内蒙古大学学报（人文社会科学版）》2006年第6期。

41. 梁凤云："公私合作协议的公法属性及其法律救济"，载《中国法律评论》2018年第4期。

42. 黄永维、梁凤云、杨科雄："行政协议司法解释的若干重要制度创新"，载《法律适用》2020年第1期。

43. 于安："我国实行PPP制度的基本法律问题"，载《国家监察官学院学报》2017年第2期。

44. 于安："论政府特许经营协议"，载《行政法学研究》2017年第6期。

45. 湛中乐："我国土地使用权收回类型化研究"，载《中国法学》2012年第2期。

46. 湛中乐、刘书燃："PPP协议中的公私法律关系极其制度抉择"，载《法治研究》2007年第4期。

47. 喻文光："PPP立法中的八大重点问题探讨"，载《中国政府采购》2017年第9期。

48. 张莉："谈法国行政协议纠纷解决"，载《人民司法》2017年第31期。

49. 姜波、叶树理："行政协议争议仲裁问题研究"，载《行政法学研究》2018年第3期。

50. 江必新："中国行政合同法律制度：体系、内容及其构建"，载《中外法学》2012年第6期。

51. 江必新："行政协议的司法审查"，载《人民司法》2016年第34期。

52. 刘玉杰："论违反强制性规定的法律行为效力——来自德国法的实践与启示"，载《兰州学刊》2008年第11期。

53. 范文红："试论行政合同的功能"，载《河南省政法管理干部学院学报》2000 年第 2 期。

54. 孙笑侠："契约下的行政——从行政协议本质到现代行政法功能的再解释"，载《比较法研究》1997 年第 3 期。

55. 黄贤宏："论行政主体合同优先权"，载《法律科学》1999 年第 4 期。

56. 袁维勤："论行政合同的性质"，载《行政论坛》2004 年第 1 期。

57. 李振洋："行政合同中行政主体优益权的法律探析"，载《河北企业》2017 年第 1 期。

58. 黄希惠："当代西方经济思潮的演变及实践探析"，载《世界经济与政治论坛》2005 年第 3 期。

59. 陈尧："从参与到协商：当代参与型民主理论之前景"，载《学术月刊》2006 年第 8 期。

60. 黄锦堂："行政契约法主要适用问题之研究"，载我国台湾地区"行政法学会"：《行政契约与新行政法》，元照出版公司 2002 年版。

61. 程明修："公私协力契约与行政合作法——以德国联邦行政程序法之改革构想为中心"，载《兴大法学》2010 年第 7 期。

62. 刘淑范："公私伙伴关系（PPP）于欧盟法制下发展之初探：兼论德国公私合营事业（组织型之公私伙伴关系）适用政府采购法之争议"，载《台湾大学法学论丛》2011 年第 40 卷第 2 期。

63. 陈爱娥："行政上所运用契约之法律归属——实务对理论的挑战"，载我国台湾地区"行政法学会"：《行政契约与新行政法》，元照出版公司 2002 年版。

64. 孙晓光："加强调查研究 探索解决之道——就民商事审判工作中的若干疑难问题访最高人民法院民二庭庭长宋晓明"，载《人民司法》2007 年第 13 期。

65. 胡敏洁："困境与尴尬：行政契约的司法审查"，载余凌云主编：《全球时代下的行政契约》，清华大学出版社 2010 年版。

66. 肖芳："略论我国行政契约的认定标准"，载《兰州学刊》2002 年第 5 期。

67. 李煜兴："行政合同制度的比较反思与重构"，载《南京社会科学》2003 年第 7 期。

68. 吴秦雯："欧盟法对法国行政契约法制之影响——附论对国内相关契约领域之可能借镜"，载《东海大学法学研究》第 29 期（2008 年）。

69. 崔建远："论合同目的及其不能实现"，载《吉林大学社会科学学报》2015 年第 3 期。

70. 杨欣："论行政合同与民事合同的区分标准"，载《行政法学研究》2004 年第 3 期。

71. 李昭："德法行政合同制度之比较"，载《河北法学》2004 年第 3 期。

72. 杨解君："行政法平等原则的局限及其克服"，载《江海学刊》2004 年第 5 期。

73. 杨解君："法国的行政合同及其法律规则"，载《南京工业大学学报（社会科学版）》2008 年第 3 期。

74. 杨蔚林："法国公共合同法典的改革"，载赵海峰、卢建平主编：《欧洲法通讯》（第二辑），法律出版社 2001 年版。

75. 陈世民："行政契约广泛适用于公权力领域的可行性及风险预防之研究"，载《铭传大学法学论丛》2010 年第 14 期。

76. 李霞："论特许经营合同的法律性质——以公私合作为背景"，载《行政法学研究》2015 年第 1 期。

77. 谭启平："论房屋征收补偿争议的司法救济"，载《当代法学》2013 年第 5 期。

78. 王克稳："论行政审批的分类改革与替代性制度建设"，载《中国法学》2015 年第 2 期。

79. 栾秀芳、王磊："收回土地使用权的行政行为不应适用合同法"，载《山东审判》2009 年第 3 期。

80. 黄学贤、廖振权："行政协议法治化若干问题探讨"，载中国法学会行政法学研究会编，《中国法学会行政法学研究会 2008 年年会论文集（下册）》，中国法学会 2008 年版。

81. 黄学贤、廖振权："行政协议探究"，载《云南大学学报（法学版）》2009 年第 1 期。

82. 黄学贤、马超："行政复议：制度比较、功能定位与变革之途"，载《法治研究》2012 年第 6 期。

83. 黄学贤："行政协议司法审查的理论研究与实践发展"，载《上海政法学院学报》2018 年第 5 期。

84. 杨建顺："行政强制中的和解：三环家具城案的启示"，载《南通师范学院学报（哲学社会科版）》2002 年第 1 期。

85. 李国平："强制缔约制度浅析"，载《中国外资》2012 年第 23 期。

86. 刘建军："论强制缔约制度"，载《西安电子科技大学学报（社会科学版）》2011 年第 4 期。

87. 段孝刚、沈瞿和："行政合同归责原则的建构"，载《行政与法》2004 年第 1 期。

88. 徐博嘉："'合作'视角下的行政协商制度"，载《福建行政学院学报》2015 年第 2 期。

89. 欧阳庆芳、唐祖爱："行政救济中的 ADR 探讨——从行政纠纷解决机制看行政救济途径的拓展"，载《三峡大学学报（社会科学版）》2008 年第 1 期。

90. 方刘松、彭懿现子："当代中国行政协商：价值、实践与制度化构建"，载《福建行政学院学报》2015 年第 1 期。

91. 蔡武进："现代行政法治理念下的行政协商———一种诠释现代行政法治理念之行政方式"，载《天津行政学院学报》2013 年第 3 期。

92. 朱最新："社会转型中的行政调解制度"，载《行政法学研究》2006 年第 2 期。

93. 金艳："行政调解的制度设计"，载《行政法学研究》2005 年第 2 期。

94. 江国华、胡玉桃："论行政调解———以社会纠纷解决方式的多元化为视角"，载《江汉大学学报（社会科学版）》2011 年第 3 期。

95. 吕立秋："行政协议的纠纷解决路径与思考"，载《中国法律评论》2017 年第 1 期。

96. 方军："论中国行政复议的观念更新和制度重构"，载《环球法律评论》2004 年第 1 期。

97. 甘臧春、柳泽华："行政复议主导功能辨析"，载《行政法学研究》2017 年第 5 期。

98. 沙金："论中国行政复议制度的司法化改革"，载《河北法学》2015 年第 8 期。

99. 卢护锋："论行政复议的功能与构造———历史、现状与改进构想"，载《理论导刊》2011 年第 5 期。

100. 陈尚龙："海峡两岸行政复议制度的功能定位比较研究"，载《山东社会科学》2015 年第 2 期。

101. 章剑生："行政复议程序的正当化修复"，载《江淮论坛》2010 年第 6 期。

102. 孔繁华："行政自制的维度分析"，载《华南师范大学学报（社会科学版）》2012 年第 1 期。

103. 陈无风："行政协议诉讼：现状与展望"，载《清华法学》2015 年第 4 期。

104. 陈无风："司法审查图景中行政协议主体的适格"，载《中国法学》2018 年第 2 期。

105. 包李："新《行政诉讼法》下行政协议受案范围探析———以法院实践现状为契口"，载贺荣主编：《深化司法改革与行政审判实践研究（下）———全国法院第 28 届学术讨论会获奖论文集》，人民法院出版社 2017 年版。

106. 赵宏："德国公私合作的制度发展与经验启示"，载《行政法学研究》2017 年第 6 期。

107. 程琥："行政协议案件判决方式研究"，载《行政法学研究》2018 年第 5 期。

108. ［日］田中二郎："公法契约论系说"，载《行政行为论》，有斐阁 1954 年版。

五、外文论文类

1. Christopher T. Curtis. The Legal Security of Economic Development Agreements. Harvard International Law Journal，1988，29（2）.

2. Andreas Abegg. Banishing Administrative Contracts from Law‐Cooperation between the State and Private Persons in the German Law of the 18th Century. Translated by Annemarie Thatcher. Ancilla Iuris, 2012, (7).

3. Stern, Marie Louise. Some Lessons from French Administrative Law Experience. New York Law School Student Law Review, 1951, 1 (1).

4. Adriana Magdalena Sandu, Maria Sofia Pagarin. Study on Administrative Contracts, Contemporary Readings in Law and Social Justice, 2012, 4 (2).

5. Liana‐Teodora Pascariu. The Distinction of the Administrative Contracts from Other Types of Contract. The Annals of the "Stefan cel Mare" University of Suceava. Fascicle of The Faculty of Economics and Public Administration, 2010, 10 (Special Number).

六、裁判文书类

1. 最高人民法院（2014）民二终字第 40 号民事裁定书。

2. 最高人民法院（2015）民一终字第 244 号民事裁定书。

3. 最高人民法院（2016）最高法行申 3468 号行政裁定书。

4. 最高人民法院（2016）最高法行申 4701 号行政裁定书。

5. 最高人民法院（2017）最高法行申 195 号行政裁定书。

6. 最高人民法院（2017）最高法行申 4595 号行政裁定书。

7. 最高人民法院（2017）最高法行申 7679 号行政裁定书。

8. 最高人民法院（2018）最高法行申 1166 号行政裁定书。

9. 最高人民法院（2018）最高法行申 9449 号行政裁定书。

10. 最高人民法院（2018）最高法行申 9449 号行政裁定书。

11. 最高人民法院（2018）最高法行申 3313 号行政裁定书。

12. 萍乡市中级人民法院（2014）萍行终字第 10 号行政判决书。

13. 南京市中级人民法院（2014）宁行初字第 276 号行政判决书。

14. 南京市中级人民法院（2018）苏 01 行终 545 号行政裁定书。

15. 贵州省高级人民法院（2017）黔行终 1528 号二审行政判决书。

16. 滁州市中级人民法院（2015）滁行初字第 00008 号一审行政判决书。

17. 六安市中级人民法院（2016）皖 15 行终 81 号行政判决书。

18. 马鞍山市中级人民法院（2019）皖 05 行终 29 号二审行政判决书。

19. 阳谷县人民法院一审（2014）阳行执字第 2 号行政裁定书。

20. 昌邑市人民法院一审（2013）昌行初字第 3 号行政判决书。

21. 福建省高级人民法院（2018）闽民终 658 号民事裁定书。

22. 福建省厦门市中级人民法院（2016）闽 02 民特 52 号民事裁定书。

23. 浙江省东阳市人民法院（2015）东行初字第 52 号行政裁定书。

24. 浙江省舟山市中级人民法院（2015）渝舟行终字第 28 号行政裁定书。

25. 浙江省嘉兴市中级人民法院（2015）浙嘉仲撤字第 16 号民事裁定书。

26. 浙江省象山县人民法院（2016）浙 0225 行初 39 号行政裁定书。

27. 辽宁省沈阳市中级人民法院（2019）辽 01 行终 564 号行政判决书。

28. 辽宁省新民市人民法院（2017）辽 0181 民初 2674 号民事判决书。

29. 辽宁省葫芦岛市中级人民法院（2018）辽 14 行辖终 1 号行政裁定书。

30. 辽宁省沈阳市沈河区人民法院（2020）辽 0103 行初 4 号行政判决书。

31. 河南省高级人民法院（2016）豫行终 556 号行政裁决书。

32. 河南省高级人民法院（2017）豫行终 421 号行政判决书。

33. 江西省高级人民法院（2016）赣行终 186 号行政判决书。

34. 江西省吉安市青原区人民法院（2017）赣 0803 行初 33 号行政裁定书。

35. 广东省惠州市中级人民法院（2017）粤 13 行终 137 号行政裁决书。

36. 江门市中级人民法院二审（2015）江中法行终字第 110 号行政判决书。

37. 中山市第一人民法院其他（2015）中一法行非诉审字第 272 号行政裁定书。

38. 湖南省江永县人民法院（2015）年江永法行初字第 8 号行政裁定书。

39. 湖南省常德市中级人民法院（2016）湘 07 行终 175 号行政判决书。

40. 重庆市第四中级人民法院（2015）渝四中法行终字第 00052 号行政裁定书。

41. 重庆市第四中级人民法院（2017）渝 04 行终 128 号行政判决书。

42. 江苏省如东县人民法院（2015）东行初字第 00316 号行政裁定书。

43. 江苏省徐州市中级人民法院（2018）苏 03 行终 58 号行政判决书。

44. 西安铁路运输中级法院（2017）陕 71 行终 219 号行政裁定书。

45. 湖北省高级人民法院（2018）鄂行终 92 号行政裁决书。

46. 湖北省高级人民法院（2018）鄂行终 93 号行政裁决书。

47. 湖北省高级人民法院（2018）鄂行终 94 号行政裁决书。

48. 湖北省高级人民法院（2018）鄂行终 95 号行政裁决书。

49. 湖北省浠水县人民法院（2017）鄂 1125 民初 827 号民事裁定书。

50. 山东省高级人民法院（2017）鲁行终 495 号行政判决书。

51. 吉林省通化市中级人民法院（2017）吉 05 行初 75 号行政裁定书。

52. 吉林省通化市中级人民法院（2017）吉 05 行初 78 号行政裁定书。

53. 吉林省通化市中级人民法院（2017）吉 05 行初 79 号行政裁定书。

54. 河北省承德市中级人民法院（2018）冀 08 行终 86 号行政判决书。

七、案例

1. "王某某诉江苏省仪征枣林湾旅游度假区管理办公室房屋搬迁协议案"，载中国法院网，https://www.chinacourt.org/article/detail/2019/12/id/4719283.shtml，最后访问日期：2020 年 9 月 1 日。

2. "安吉某金属精密铸造厂诉安吉县人民政府搬迁行政协议案"，载中国法院网，https://www.chinacourt.org/article/detail/2019/12/id/4719283.shtml，最后访问日期：2020 年 9 月 1 日。

3. "英德中油燃气有限公司诉英德市人民政府、英德市英红工业园管理委员会、英德华润燃气有限公司特许经营协议纠纷案"，载中国法院网，https://www.chinacourt.org/article/detail/2019/12/id/4719283.shtml，最后访问日期：2020 年 8 月 16 日。

4. "金华市某商贸有限公司诉金华市金东区人民政府拆迁行政合同案"，载中国法院网，https://www.chinacourt.org/article/detail/2019/12/id/4719283.shtml，最后访问日期：2020 年 8 月 22 日。

5. "双输！廉江 4500 万回购中法塘山水厂"，载中国水网，http://www.h2o-china.com/news/85088.html，最后访问日期：2020 年 7 月 2 日。

6. "中法水务败走廉江 4500 万斩断 10 年恩怨"，载经济观察网，http://www.eeo.com.cn/industry/weekly_firms/2009/09/07/150356.shtml，最后访问日期：2020 年 7 月 25 日。

7. "徐某某诉安丘市人民政府房屋补偿安置协议案"，载中国法院网，https://www.chinacourt.org/article/detail/2019/12/id/4719283.shtml，最后访问日期：2020 年 7 月 27 日。

8. "本溪某广告有限公司与本溪市住房和城乡建设局城乡建设行政管理：其他（城建）一审行政判决书"，载北大法宝网，https://www.pkulaw.com/pfnl/a6bdb3332ec0adc4a890b98c5f03b3724d4128ba49c98fbbbdfb.html，最后访问日期：2020 年 9 月 1 日。

9. "崔某某诉徐州市丰县人民政府招商引资案"，载北大法宝网，https://www.pkulaw.com/chl/6d3f4c7f2ece2f02bdfb.html，最后访问日期：2020 年 8 月 26 日。

10. "寿光某燃气有限公司诉寿光市人民政府解除特许经营协议案"，载北大法宝网，https://www.pkulaw.com/chl/6d3f4c7f2ece2f02bdfb.html，最后访问日期：2020 年 8 月 16 日。

八、新闻报道类

1. "15000 字：最高院江必新副院长详解新《行政诉讼法》司法解释"，载江苏省人民政府网，http://www.js.gov.cn/art/2018/2/7/art_49042_7724776.html，最后访问日期：2019 年 6 月 3 日。

2. 应松年："行政合同不可忽视"，载《法制日报》1997 年 6 月 9 日，第 1 版。

3. 王霞："人民调解制度的沿革与发展"，载《学习时报》2018 年 8 月 13 日，第 3 版。

后　记

　　行政协议（行政合同）是行政机关和公民、法人与其他组织进行经济合作的主要形式之一，由此也产生了大量的纠纷，学术界对此进行了长期、大量的探讨，但由于缺乏明确的立法性规定，这种探讨很多只能限于理论探讨，很难运用于实践。随着 2014 年《行政诉讼法》第一次大修，首次将行政协议写入法律，成为行政诉讼的受案范围之一，随后司法解释又对处理行政协议案件应该注意的问题进行了具体规定，为行政相对人和行政机关的起诉与应诉，以及人民法院审理行政协议案件提供了法律依据。新《行政诉讼法》施行以来，学术界对行政协议又进行了广泛的讨论，大量的行政协议案件也起诉到人民法院，理论与实践都产生了大量的论争，行政相对人与行政机关在签订、履行行政协议，以及解决行政协议纠纷时也无所适从。本书就是基于这一问题，应一些公民、法人单位与其他组织和政府工作人员的要求而展开的研究，以期给公民、法人与其他组织和行政机关在进行行政协议实践时提供有益的参考。

　　本书是一个集体研究的成果，本人承担了 60% 的撰稿任务，其他参与撰稿的还有陈佳宁、潘坤、黄海、杨宁鑫。

　　在研究过程中，本书对学界已有成果的借鉴之处，我们都尽可能地注明出处，并由本人统一编订了参考文献，其中若仍有遗漏与不周之处，敬请各位师友先贤谅解。中国政法大学出版社牛洁颖老师为本书的出版付出了大量的辛劳，在此一并致谢！

卞修全　谨识

2022 年 2 月 22 日夜